U0523442

法律与科技译丛

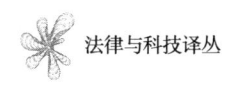

数字平台企业反垄断救济新论

〔美〕赫伯特·霍温坎普 著
李中衡 译

商务印书馆
创于1897 The Commercial Press

Article Copyright©
2021 by H. Hovenkamp.
All Rights Reserved.
Translation Copyright©
2021 by The Yale Law Journal Company, Inc.
All Rights Reserved.
Published with the Permission of H. Hovenkamp and
The Yale Law Journal Company, Inc.

❖ 作者简介

赫伯特·霍温坎普（Herbert Hovenkamp）

宾夕法尼亚大学凯里法学院詹姆斯·G.迪南校聘讲席教授，被视为当今时代极具影响力的反垄断法学者之一。霍温坎普教授于2008年因其对反垄断法的杰出贡献，获得美国司法部授予的以第一部反垄断法《谢尔曼法》命名的"约翰·谢尔曼奖"。他还是美国被援引次数最多的反垄断法教材《反托拉斯法》（*Antitrust Law*）的唯一在世合著作者。美国联邦最高法院审理的重大反垄断案件中，原告或被告均会援引其理论或意见作为重要辩护依据。

❖ 译者简介

李中衡

江西南昌人。上海交通大学凯原法学院法学博士候选人，美国南加州大学法律博士，英国布里斯托大学法学硕士，华东政法大学法学学士。主要研究领域为反垄断法基本理论、反垄断的政治与历史分析及法教育学。

中文版序

过去二十余年的时光见证了数字技术的深远发展,这为社会带来了巨大的福祉;数字经济相较于传统的经济业态也带来了更多创新与更强劲的经济增长。与此同时,新技术还带来了许多与竞争政策相关的新议题。网络效应能够给予拥有大量用户的公司诸多重要优势这一现象便是其中之一。这引起了一些人的关注,他们认为数字平台的核心特征即为具有自然垄断倾向或"赢家通吃"特征之市场的产生。事实却远非如此,因为这些市场同样也见证了史无前例的商品差异性。因此,几乎所有品类的相关商品都存在竞争,虽然并不是每一种商品都如此。而另一个相关的主张即为大型平台企业时常伤害甚至摧毁更小的企业,尤其是那些依靠旧技术的企业。但竞争政策应当在多大程度上对受损害的竞争者施以援手一直是一个颇受争议的话题。

数字平台革命带来的第二个后果则是"双边市场"作为一种独特市场类型的出现。双边市场中的经营者通常在两个(或两个以上)交易方之间充当中介,通过提供商品或服务以获取收入。例如,像杂志这样的期刊就可以向读者出售或赠送订阅刊物,但同时从广告商处获得全部或大部分收入。双边市场的具体形式种类繁多，对其进行竞争分析被证明是一个严峻的挑战。虽然双边市场早在数字革命之前就存在了，但数字平台的崛起大大增加了双边市场在经济中的数量和重要性。反垄断法也应当与时俱进。

数字平台革命带来的第三个后果便是信息的网络传播。众多企业——其中一些本就是竞争对手——之间的协作变得越来越普遍。数字革命的一个显著特征便是企业间沟通与协作越来越普遍，这两者都使得相关技术的价值日益凸显。与此同时，企业之间的协作也提升了限价或其他——甚至包括排除竞争对手——合谋行为出现的可能。网络技术日渐光明的前景必须与其所可能带来的反竞争威胁相权衡。

数字化的第四个后果即为传统上被称为搭售或"捆绑销售"的商品关系更为普遍且必须以不同的方式被理解。如今对搭售的看法已经与19世纪40年代将之几乎毫无例外地视为具有反竞争效果的模式相去甚远。眼下数字时代的绝大多数商品组合是有益的技术设计或分销体系的产物，而不是反竞争杠杆效应或封锁行为的结果。尽管如此，具有反竞争效果的搭售行为并未销声匿迹，而竞争政策必须对相关行为保持高度警惕。此外，数字革命还突显了那些并不绝对符合搭售情况的商业安排，例如默认商业条款。从历史上看，法院并不愿意谴责允许买家拥有退出权的商业条款，但这一点或会迎来变革。有一些默认条款实际上具有相当的"黏性"，并可能对已经拥有占据支配地位之企业的市场产生重大影响。

数字化还从根本上改变了一些商品甚至整个行业的成本结构，这便需要新的机制来解决诸如掠夺性定价等相关问题。例如，在不考虑双边市场两侧的运营对相应成本和收入全部影响的情况下，就无法评估双边市场的真正"成本"，而这将导致对此类案件的分析愈加复杂。

此外，对于数字商品来说，对市场力量的评估将更为困难，对于在双边平台售卖的商品尤其如此。例如，一家同时在双边平台两侧运营的企业可能在两侧市场中具有差异巨大的市场份额。并且，在商品数字化且成本趋近于零的数字市场中，通过参考价格-成本关系来评估市场力量要么是不可能的，要么必须先对相应评估手段进行改进。当我们思考与大型数字平台有关的问题时，还有一种将企业的体量与其市场力量相混淆的趋势。总的来说，市场力量取决于商品而非企业。销售多种商品的企业一般只有部分商品具有市场力量。例如，微软公司的视窗操作系统非常有可能拥有极强的市场力量，但其运营的与谷歌相比相形见绌的必应搜索引擎却远非如此。这一混淆并不必然意味着制定政策时我们忽视了企业的规模和体量，它总是会让我们思考这一问题，即：具体的商业实践究竟是如何损害竞争的？并且对不具有市场支配地位的商品施以严厉的制裁也是弊大于利的，即使相关商品由一家大型公司售卖。

同样非常重要的一点，同时也是本书收录论文所讨论的核心，即为有关救济手段的问题。在许多反垄断案件中，负责审理的法庭在认定违法行为方面战果累累，但在设计与之相对应的救济手段时却功亏一篑。有时，一个设计不当的救济手段甚至能造成比反垄断违法行为更大的损害。救济手段应当以这样一种方式被设计：它能解决眼前的竞争问题但不会破坏规模经济优势或正网络效应，因为正是后两者使得数字平台技术如此具有价值。而事实证明，这是一项极其困难的任务。例如，假设谷歌搜索这样的商品能够自然垄断市场，怎样的救济手段能够提升市场的竞争呢？资产剥离这种手段只不过是将垄断地位或垄断商品拱手让人而已。而结构性"拆分"甚至都很难进行具体设想，但若其被实施，显然将一定会摧毁绝大多数使得谷歌搜索富于价值的特性。更具有可行性——但相对而言并未过多被测试——的救济手段是"合作管理"，其可消灭或减少反竞争行为所带来的威胁。很多时候，对于反竞争行为发出一纸禁令往往是最好的救济手段。

本书编选的论文就包括我对上述问题所进行的分析，甚至在一些情况下是对它们进行解决的尝试。我是否成功完成了这一目标须交由他人评说。许多有识之士也对这些问题进行了分析，并且在我写就本序之时，对于数字平台企业实施的反竞争商业行为的评估及相关救济手段的构建很大程度上依然是一项正在进行的工作。我对相关问题的论述思路只能说是抛砖引玉。数字经济所蕴含的强劲力量为我们的社会造福良多。消费者大为受益，虽然依靠旧有技术安身立命的企业情况确实更加复杂。例如，像亚马逊这样的大型经销商肯定会通过竞争损害小公司的利益。然而它也可以为小公司提供他们自己永远无法提供的分销与销售服务。在任何情况下，反垄断法的执行者们都应当谨慎地采用重构公司的救济手段，除非对于反垄断法的违反是清晰的且相应手段是被合理设计以产生显著收益的。

非常有幸这本我所撰写的关于竞争政策和平台垄断的论文集能够在中国面世，我要对本书的翻译者与编辑者李中衡致以特别的谢意。

赫伯特·霍温坎普
费城，宾夕法尼亚，2022年8月

译序一

虽然本人已多次受邀为同行学者出版的著作撰写序言,但为在读博士生出版的译著撰写序言还是第一次。作为本书作者的忠实读者和译者的指导教师,同时也作为对本书主题非常感兴趣的学者,本人在抱着极大的兴趣阅读了全部译稿后,愿意就自己的一些想法与读者分享,也算是本书中文版的序言。

大家知道,近几年来,针对数字平台的反垄断在全球范围内风起云涌,此起彼伏,甚至遥相呼应,可以说形成了一股数字平台的反垄断浪潮。这不仅体现在传统的反垄断两大法域——美国和欧盟,而且也体现在其他一些国家和地区。当然,各个国家和地区在数字平台反垄断方面既有共同点,也存在差异。一方面,数字平台发展带来的现实挑战促使各个法域共同选择在这个领域强化反垄断,并且从政策、立法到执法、司法都呈现出某种趋同现象;另一方面,不同法域在平台经济发展上的不平衡决定了各自在反垄断的目标、方式和力度等方面也存在着差异,而这种差异最终服务于各个国家和地区整体利益的最大化。这种情况也伴随着或者引发了学术界对数字平台反垄断的研究热情及其观点的差异性。就美国理论界的讨论情况来看，以近年发布的几份颇具影响的调研报告为例，针对数字平台反垄断问题存在着不同的认识。芝加哥大学 2019 年发布的一份报告认为，目前数字平台的相关问题市场无法自动矫正，需要对现行规则予以完善，加大反垄断执法力度。乔治·梅森大学 2020 年发布的一份报告，汇集了一批反垄断领域重要的法学、经济学专家，就数字经济领域的系列反垄断问题进行了深入分析，该报告对于加大干预力度整体上持更为谨慎的态度。美国反垄断协会（AAI）2022 年的一份研究报告则强调当前的数字平台反垄断应扩大调整范围，应当关注整个行业的发展情况，包括"第二梯队"新兴数字企业，而非仅仅关注现存的第一代大型数字企业。

作为美国反垄断领域最权威的学者，宾夕法尼亚大学法学院和沃顿商学院的赫伯特·霍温坎普教授长期以来笔耕不辍，著作等身，发表了大量的学术论文和评论文章，并出版了多部有影响的专著（有的已在我国翻译出版），近年来更是就数字平台的反垄断问题发表了一系列具有重大影响的学术论文和相关报告、评论。本书收录的就是其中具有代表性的作品，尤其是第一篇长文《反垄断与平台垄断》，可谓数字平台反垄断领域的力作，既梳理和回应了这个领域的基本理论争议，也提出了自己的基本观点，特别是针对平台垄断的救济方案。其他几篇论文或者报告也从不同角度呈现了霍温坎普教授在平台反垄断方面的学术观点，特别是针对相关典型案例进行的评析，观点鲜明，见解独特，非常值得一读。当然，由于各国数字平台经济的发展程度和垄断情况等各不相同，因此本书的观点可以参考，但不可盲目照搬。例如，其关于通过改组平台企业管理

译序一

层以促进内部竞争的救济方案，虽然很有新意，但其可操作性也是存疑的。

本书是译者参与国家社科基金重点课题"强化反垄断促进平台经济健康发展研究"（21AZD017）成果的一部分，本人作为课题主持人感谢译者的辛勤付出和工作成果。同时，本人也要感谢权威出版机构商务印书馆对译者的信任和支持。译者虽然有国内著名政法大学本科和英国、美国著名法学院 LLM 和 JD 的良好教育背景，但目前毕竟还是在读博士生，商务印书馆决定将本译著列入"法律与科技译丛"予以出版，这既体现了该馆对国际前沿学术作品的慧眼识珠，也体现了对青年学者的热情扶持。本人希望并相信本书的翻译出版，将有助于国内学术界和实务界更充分地了解平台反垄断领域的国际前沿理论和法律实践动态，从而推动我国相关理论和实践的发展。同时，本人希望并相信本书的翻译出版，将成为译者学术生涯的新起点，为将来自己产出高水平的学术成果打下良好的基础。

是为序。

王先林

2022 年 9 月 3 日 于上海交通大学

译序二

2021年4月初,我的一位在《耶鲁法律评论》工作的好友来信告知,美国反托拉斯法耆宿赫伯特·霍温坎普教授正式发表了一篇重磅论文《反垄断与平台垄断》(Antitrust and Platform Monopoly),因我与这位好友曾有过共同翻译中美文献的学术交集,他问我是否有兴趣翻译这篇不可多得的美国平台反垄断论文。彼时,我刚刚入读上海交通大学凯原法学院的学术博士项目,研究方向就是反垄断法,而平台反垄断,正是当下中国反垄断理论界与实务界最为关注的话题之一。自然,如果能有机会翻译这篇论文并介绍给国内的各位同行,不仅可以锻炼我的学术翻译能力,还能够为时下我国平台反垄断理论的构建与完善,提供来自大洋彼岸的参考智慧。

随即,我准备好了个人履历与过往翻译作品的样稿,与霍温坎普教授取得了联系。令我意外的是,对于我的翻译申请,老教授欣然应允,他不仅第一时间同意我对论文进行翻译,还主动协助我对接《耶鲁法律评论》的学生编辑,敲定授权事宜。整个过程,沟通协商效率之高,令我记忆犹新。

随后，我将此事汇报给了我的导师王先林教授，王老师听闻此事，认为这是一个将老教授近年来发表的一系列有关平台反垄断文章"一网打尽"的绝佳机会。他鼓励我继续与老教授接洽，尝试将另外几篇论文的翻译授权一并拿下。于是，我再次与霍温坎普教授联系，列出了一份精心挑选的包含四篇论文、一篇国会陈述与三篇短评的翻译作品清单，并向老教授转达了王老师的想法与我希望能够完成这次翻译任务的决心。霍温坎普教授在我发出邮件后几小时便回复了我，对于翻译计划，他表示充分的认可，随后便陆续将所有文章的翻译权一并授予了我。

接下来的几个月，我便将主要精力投入到了翻译工作之中，几篇论文的正文翻译初稿定稿后，当年 8 月，我与商务印书馆取得了联系，就翻译出版事宜进行了充分沟通。承蒙诸位老师的抬爱，这部译著才有幸与读者见面。

本书共计收录了霍温坎普教授近五年来发表的八篇与互联网平台企业反垄断相关的学术作品，依据内容体裁与文字体量，正文由四篇论文组成，而国会陈述与三篇短评则收录于本书的附录之中。现逐一对各篇文章的主要内容进行简要介绍，方便读者进行阅读。

第一篇论文即为《反垄断与平台垄断》，其为霍温坎普教授近年来对互联网平台企业垄断问题研究成果的集大成之作。该文系统性地梳理回应了时下美国哈佛学派、芝加哥学派与新布兰代斯学派和反垄断民粹主义者之间就平台反垄断的目标与手段所进行的激烈论战，并提出了新的平台垄断救济方案。具体来说，该文主体由三部分组成：第一部分通过分析双边市场平台企业市场力量的评估方式与双边市场的主要特征，重点反驳了"平台企业"普遍具备"赢家通吃"特征这一观点。第二部分则通过分析美国反垄断法现有救济体系的特征与利弊,创新性地提出了两种新的平台垄断救济模式,即:"通过改组平台企业管理层以促进内部竞争"和"强制互操作性与信息汇总共享"。第三部分则涉及平台企业的收并购行为,通过分析不同行为对竞争所造成的不同程度威胁,提出了针对平台企业的特定收购行为,发现新的救济手段迫在眉睫的理论呼吁。

第二篇论文为《数字聚合市场》,该文通过深入分析数字经济背景下的"聚合市场"概念,推导了美国反垄断诉讼中"聚合市场"或可扮演的主导作用,进一步归纳整理了认定此类市场的最低要求,以及在识别此类市场的过程中网络效应所具有的相关性,并且在此基础上,进一步分析了如何避免因认定聚合市场的存在所可能造成的混淆情况。实际上,该篇论文也是对第一篇论文中有关互联网平台企业所提供的产品与服务可能处于"数字聚合市场"这一理论的进一步细化,在逻辑上,可以被认为是对前文的论证补充与拓展。

第三篇论文为《平台与合理原则:评美国运通案》,在多数研究者看来,运通案无疑为美国平台反垄断判例法体系的建立奠定了基础,也正是在该案中,美国最高法院试图正式将合理原则适用于被指控是由双边平台企业所实施的具有反竞争效果的商业行为之上,相关议题,国内研究者也著述颇丰。但该文认为,合理原则在平台企业所涉市场行为中的运用其实是一个远比想象中更为复杂的问题,其要求对案情进行细致的事实分析,以充分理解平台企业的行为模式及其对经济造成的影响,而这又要求正确识别界定平台企业所处的双边市场。所有这些问题,并未在运通案的判决中得到充分的解答。换言之,运通案对于美国平台企业反垄断判例法体系的建立所起到的作用，也许有些言过其实。

第四篇论文为《反垄断与信息技术》，该文主要分析了竞争政策与信息技术发展之间的互动关系。具体而言，该文认为，信息技术的改变既可以促进也可以消除信息使用所带来的反竞争商业行为。此外，信息技术的发展也为反垄断法处理与知识产权相关的问题带来了新的困难与挑战。最后，信息技术的发展也会对相关产品产生影响，而在此过程中，竞争被损害的可能性既有可能增加也有可能减少。该文的启示意义在于，以信息技术发家的互联网巨头企业的存在，本身并不必然会对竞争造成损害，问题的实质在于相关技术被使用与被监管的方式。

概言之，上述四篇论文，系统化地阐释了霍温坎普教授近几年来对平台反垄断问题的看法，并提出了解决其中诸多问题的可能方案。

附录中的国会陈述更接近于一篇平台反垄断领域的"通俗读物"，它深入浅出地解释了与美国平台反垄断相关的诸多基本理论与概念，并对美国反垄断立法、执法与司法实践中存在的相关问题进行了回顾。另外三篇短评聚焦于美国反垄断司法实践与行业监管之间的关系史和现有高科技企业反垄断救济手段的不足。如果对美国平台反垄断的相关理论与实践缺乏足够的知识储备，附录值得优先阅读。

此外，在成书过程中，我已尽己所能，以最忠实于原文的语序与行文逻辑进行了翻译，最明显的"自作主张"之处，便是将原文中的"antitrust"一词，直接翻译为"反垄断"，而非"反托拉斯"，即使我明知"反托拉斯"一词作为特定学术词汇，

指的就是美国的反垄断法律与实践。这样做的原因有二:

首先,从理解角度,由于本书主要讨论的是前沿的平台反垄断问题,在此背景下,虽然"反垄断"一词与"反托拉斯"一词在学术语境下存在概念差异,但至少在本书中,进行替换,并不会带来实质性的语义混淆,且对于中文读者而言,能够使得整体的阅读观感更加友好。其次,从传播的角度,大部分潜在的"非专业"读者们看到书名中的"反托拉斯"字样,难免会有"望题生畏"之感,而作为一本对平台经济感兴趣的研究者们均可一读的作品,"反垄断"一词更为"朗朗上口"。所以,为了让该作品有机会被更多反垄断法研究者之外的人们看到,才有了这么一个"重大"改动。

毕竟平台反垄断这一话题,至少现在看来,不可能只是"一阵风潮",甚至在看得见的未来,它有可能周期性地"刮起旋风",而在中美角力的时代大背景下,如何管控平台经济及其背后的资本力量使其既能够为社会发展与国家富强做出贡献,又不至于陷入"无序扩张"的本能生长路径与被超强监管所致的产业困境,来自美国反垄断法百年积淀的最新理论研究成果,当为我国关注此问题的所有有识之士,提供有意义的参考。而我本人,作为一个刚刚入门的反垄断法研究者,也希望能够通过本书,成为这一时代命题中的一个小小标点符号,为更伟大学术成果的诞生,做一点铺垫工作。而本书作为我的第一部译作与学术作品,也肯定存在诸多不足之处,我也希望各位读者阅毕能够不吝赐教。

最后,我还要再次感谢霍温坎普教授对我的信任、王先林教授对我的教导、金老师对我的鼎力协助以及不愿透露姓名的第一时间为我接洽翻译事宜的美国好友的赏识。此外,我还要感谢侯利阳教授在本书翻译之初对我进行的指导，方翔师兄对我的帮助，以及论文原文版权所有方对我的无偿授权。最后，我还要感谢父母、妻子与至亲好友一如既往的支持，以及在我翻译本书时陪伴在我左右的小狗智秀与涩琪。

是以为序，愿国泰民安。

李中衡

2022 年 4 月 30 日于上海

目 录

中文版序·····································赫伯特·霍温坎普 *i*
译序一···王先林 *v*
译序二···李中衡 *ix*

反垄断与平台垄断······································*1*

第一节　引言···*3*
第二节　数字平台企业的垄断问题·························*7*
第三节　对享有支配地位的平台企业的反垄断救济措施·····*65*
第四节　平台收购·····································*120*
第五节　结论···*134*

数字聚合市场···*138*

第一节　引言···*138*
第二节　聚合市场中的反垄断案件·······················*145*
第三节　网络效应与聚合市场···························*151*
第四节　聚合市场与市场力量的直接证据·················*158*
第五节　结论，以及对于救济方式的警示·················*162*

平台与合理原则：评美国运通案 ································· *164*

第一节　引言：双边平台企业反垄断 ····················· *164*
第二节　最高法院所审理的运通案 ························· *175*
第三节　观察：对平台排除竞争的行为适用合理原则 ······· *186*
第四节　结论 ··· *221*

反垄断与信息技术 ··· *225*

第一节　引言 ··· *225*
第二节　数字技术与市场力量 ·································· *229*
第三节　数字技术与消费者的选择：谷歌搜索 ············ *246*
第四节　数字化、成本结构与结论：电子书反垄断案 ····· *251*
第五节　网络中立性 ··· *263*
第六节　反垄断与信息技术领域的专利 ····················· *275*
第七节　结论 ··· *290*

附录一　关于美国国会众议院对于数字市场竞争质询的陈述 ···················· *292*

附录二　三篇短评 ·· *311*

反垄断与平台垄断[*]

和大众观念相反,那些直接与消费者打交道的大型数字平台公司,例如亚马逊、苹果、脸书与谷歌并不是"赢家通吃"的企业。它们必须仰仗优势进行竞争或者通过排他性的商业行为取得与维持支配地位,反垄断法因此才需要发挥作用。虽然在某些领域行业监管是合适的,比如消费者隐私保护,但是对于平台企业竞争的威胁,采取"公司定制"式的反垄断手段则是更被经常使用的方式。

当平台企业对其他企业滥用其市场力量,就会产生违法责任,但相应的救济方式却是另一个难题。例如,在对数起针对谷歌和脸书提起的正在进行的反垄断诉讼中,若存在违法行为,救济手段应当是什么?在许多案例中,将获益于极大规模经济与范围经济的大型公司进行拆分会伤害消费者与大部分供应商,包括那些提供劳动力的雇员。一种更好的救济方式应当是管理层重组,而不是重组公司

---

[*] 本文原载于《耶鲁法律评论》总第130期(2021)。

资产,这将使得平台企业完好无损,但使得其决策过程更具竞争性。其次,另一种比拆分企业更优的救济方式是提高互操作性——在信息产业背景下,其指的是强制信息池化。这些措施可以促进竞争并同时增加网络效应的价值。

最后,本文检视了平台企业的另一市场行为——并购。对于最不为人注意的平台企业对新兴公司的收购,该行为对竞争最大的威胁源于其对互补技术或差异技术的收购。然而,现行并购执法工具适用于横向并购而很难适用于分析此"变种收购"对于竞争的伤害。发现新的方式迫在眉睫。

第一节　引言

在数字平台市场中，反垄断政策应当进一步促进竞争吗？对于就业来说，这是最好的工具吗？左翼与右翼阵营都有人认为反垄断执法日薄西山，但这种观点招致了强烈的异议。对于反垄断执法高涨的呼声究竟多少来自于竞争所受的真正的伤害，多少来自于单纯地对数字平台龙头企业巨大规模的本能反应、个人偏见、鼠目寸光或若隐若现的政治力量？这些敌意的来源依然不清晰。

这一现状从美国众议院司法委员会（House Judiciary Committee）征询针对数字平台垄断的建议而获得的四十个回应当中可见一斑。[1] 有些人认为一切都是正常的，我们不应该实施太多实质性的变革。[2] 持该观点者认为政府的错位干预可能导致有史以来经济增长最强大的引擎脱轨。另一方则将挟持着权力的收割机长驱直入，丝毫不考虑拆分平台企业可能会对产出和消费者带来的影响。[3] 与此同时，执法者也并未袖手旁观。司法部的

---

1 参见：Digital Markets Investigation: Antitrust Investigation of the Rise and Use of Market Power Online and the Adequacy of Existing Antitrust Laws and Current Enforcement Levels, HOUSE COMM. ON JUDICIARY, https://judiciary.house.gov/issues/issue/?IssueID=14921 [https://perma.cc/HM6U-RW47]（以下简称"众议院反垄断调查"，包括从学者与前反垄断执法官员处提交的建议）。

2 同上（详见由杰弗里·曼恩，托马斯·黑兹利特，托马斯·兰伯特和国际法律与经济中心提交的建议）。

3 参见，例如：Zephyr Teachout, *Break Them Up: Recovering Our Freedom from Big Ag, Big Tech, and Big Money* 6-9 (2020); Sophia Lam, Opinion, It's Time to Break Up Big Tech, GATE (Oct. 20, 2019), http://uchicagogate.com/articles/2019/10/20/its-time-break-big-tech [https://perma.cc/K48V-GAVR]。一份更加敏感的与反垄断行政问题相关的建议来自：Rory Van Loo, In Defense of Breakups: Administering a "Radical" Remedy, 105 *CORNELL L. REV.* 1955 (2020)。

反垄断部门，联邦贸易委员会及数不胜数的州总检察长都向谷歌和脸书提起了反垄断诉讼。欧盟委员会已经发布了一份针对亚马逊的异议申明，[4] 而苹果也已卷入数起私人反垄断诉讼中。[5]

一个本质性的问题是：聚焦于反垄断法的以诉讼驱动的治理模式是否能够充分解决数字平台市场中的反垄断问题？平台企业是否对于传统的市场机制过度抗拒以至于对它们要适用更强力的公共控制手段予以监管？

若行动势在必行，反垄断的替代性方案即为某种形式的监管。但普遍适用的监管方式对于数字平台市场来说并不适用，因为平台企业的商业模式过于不同。相比之下，航空业、电力业与通信业的行业监管手段所针对的就是与（数字平台企业）拥有更多共同技术与相似市场关系的企业。然而，对于四家吸引了无数媒体与政治关注的科技巨头——亚马逊、苹果、脸书与谷歌——来说，情况又有不同。它们拥有不同的供应商（input）。它们售卖不同的产品，纵有产品范围的重叠，这些产品中只有很少一部分是数字产品。它们直接与消费者和一系

---

[4] European Commission Press Release, Antitrust: Commission Sends Statement of Objections to Amazon for the Use of Non-Public Independent Seller Data and Opens Second Investigation into Its E-Commerce Business Practices (Nov. 10, 2020), https://ec.europa.eu/commission/presscorner/detail/en/ip_20_2077 [https://perma.cc/5KVE-LKK8].

[5] 参见：*Apple Inc. v. Pepper*, 139 S. Ct. 1514, 1525 (2019) (支持了买家对苹果应用商店佣金规定的若干主张); *In re Apple iPhone Antitrust Litig.*, No. 11-cv-06714-YGR, 2021 WL 75741 (N.D. Cal. Jan. 8, 2021); *Blix Inc. v. Apple Inc.*, No. 19-1869-LPS, 2020 WL 7027494 (D. Del. Nov. 30, 2020) (起诉将与苹果竞争的某电子邮件程序从苹果应用程序商店下架的行为); *Epic Games, Inc. v. Apple Inc.*, No. 4:20-cv-05640-YGR, 2020 WL 5993222 (N.D. Cal. Oct. 9, 2020) (起诉将某游戏从苹果应用程序商店下架的行为)。

列不同的第三方打交道。它们所拥有的共同之处其实在于它们体量巨大且很大一部分驱动它们运行的技术是数字技术。不可否认，对于它们的若干业务——例如：广告、收购交易、信息控制——加强监管是可能，甚至是必须的。但对于它们核心业务模式的监管则必须依据反垄断法。

本文认为，在数字平台领域维持可持续竞争在其大多数业务领域是可能的。因此，干预更少且更加定制化的反垄断执法相较于普遍适用且一刀切的监管对于消费者、供应商和其他利益相关团体来说是更好的。相应监管会更少地减少产品或服务的质量、限制创新或减少产出。

对于聚焦反垄断法的实施路径最大的障碍并不是本质性的而是意识形态性的——对于"反反垄断执法"的偏见自20世纪后期开始便挥之不去。

反垄断实务界与理论界对于大型数字平台企业所涉及的竞争问题进行了全方位的探讨。而芝加哥学派尤其推崇一种持中的思路，即所有市场都是相似的。[6]这使得法官在面对以意想不到的方式运行的行业时缺乏必要的工具。

更加谦虚的反垄断法学习者们对此观点则更加地审慎，他们能感受到不同的市场与企业彼此之间的差异可以很显著。因此，他们的研究思路更聚焦于特定案件的案情而不是过于宽泛的概括性政策。数字平台企业，以此观之，只是这一规律的体现之一。例如，在俄亥俄州诉美国运通公司（*Amex*）案中，持反对意见

---

6 参见：Herbert Hovenkamp & Fiona Scott Morton, Framing the Chicago School of Antitrust Analysis, 168 *U. PA. L. REV.* 1843, 1846 (2020); Christopher S. Yoo, The Post-Chicago Antitrust Revolution: A Retrospective, 168 *U. PA. L. REV.* 2145, 2153 (2020)。

的布雷耶法官，更加赞同基于事实对数字市场进行特别的检视。[7]而多数意见只是从普遍性入手，忽视了案情（record），并且得出了与基本的经济原则不相符的法律结论。[8]反垄断法应当面对真实的数字平台市场：这一市场拥有一些独特性，但基于事实的反垄断法分析依然可以对其适用。

开始这一分析前，首先应当明确"数字平台"指的是让一个或多个用户进行商业性互动[9]的网站、手机应用或其他数字媒介。"双边数字平台"指的是撮合至少两个独立用户群的数字平台。[10]在许多实例中（谷歌、易趣与美国运通公司），不同用户群直接在网站上进行交易。在其他实例中（谷歌搜索、脸书、婚恋网站及其他期刊和电子游戏），用户并不与其他用户直接交易，但他们通过平台进行的交易使得平台成为利润的中心。

本文首先分析了平台企业权利的本质及被数字平台支配的市场（含双边市场）中竞争的存在及市场对竞争的渴求程度。随后本文探讨了相应的反竞争滥用行为的救济手段并提出了两种新的思考路径。随后，本文提出了改革方案：涉及大型平台的并购或需要新的立法配合或至少需要司法理念创新。[11]

对于救济方式，法院可在不需新立法的情况下适用全新的救济手段。其中一种是重构内部的决策机制，促进平台企业内

---

7 参见：138 S. Ct. 2274, 2294-97 (2018)（布雷耶法官的反对意见）。

8 参见：Herbert Hovenkamp, Platforms and the Rule of Reason: The American Express Case, 2019 COLUM. BUS. L. REV. 35, 47。

9 并非所有平台企业都参与商业行为，美国反垄断法只规范那些影响贸易的行为。参见：Phillip E. Areeda & Herbert Hovenkamp, *Antitrust Law: An Analysis of Antitrust Principles and Their Application* ¶¶ 260-62 (5th ed. 2020)。

10 见本文第二节第二部分。

11 见本文第四节。

部的竞争，而不是促进平台企业与其他实体的竞争。这一目标的达成不需对平台企业进行拆分。另一措施是强制提升互操作性或信息汇总共享，以通过扩展网络效应的范围来提高市场的效率。这两种救济方式都可以确保更激烈的竞争而不伤害生产效率与消费者福利，后两种利益都可能在企业被拆分时受到威胁。现行判例法也为这两种救济模式提供了足够的依据。[12]

第二节　数字平台企业的垄断问题

一、评估平台企业的市场力量

反垄断政策关注的是企业对市场力量的使用，这其实指的是企业通过减少产出低至有效竞争水平并同时以不合理的超过成本的涨价来谋取利润的能力。[13]而替代性的评估手段，例如对"竞争过程"的关注，[14]并未提供可以进行有效评估的标准。此外，反垄断理论并不仅仅因为企业具有极大的体量而对其进行谴责，虽然相关事实会简化对应的反垄断分析。其拒绝因为企业体量就对其施加责任，因为企业体量和其市场力量有时并不是一一对应的关系。

12　见本文第三节，第三"2"部分。
13　参见：Areeda & Hovenkamp, supra note 9, ¶ 501; William M. Landes & Richard A. Posner, Market Power in Antitrust Cases, 94 *HARV. L. REV.* 937, 937 (1981).
14　例如：*FTC v. Qualcomm Inc.*, 969 F.3d 974, 990 (9th Cir. 2020) [quoting *United States v. Microsoft Corp.*, 253 F.3d 34, 58 (D.C. Cir. 2001)]; *Viamedia, Inc. v. Comcast Corp.*, 951 F.3d 429, 453 (7th Cir. 2020) (进行了相同援引)。

对于数字平台来说，市场力量是很复杂的问题，因为每个平台公司在极广的产品与服务谱系中经营，且使用了多样化的技术手段。双边市场带来了更特殊的问题，因为一方不可能在不考虑与另一方进行互动的情况下去审视其在该市场中的力量。

1. 市场力量的"直接"与"间接"评估

传统上，法院以间接方式评估企业的市场力量，从企业在相关市场的市场占有率进行市场力量推导。[15] 相关市场指的是一个包含了一揽子能够互相替代的产品与服务的市场。[16] 这一分析法在 20 世纪占据了主导地位，但经济学家越来越偏好更加直接的评估方式，即：通过因价格变化而引起的产出变化的经验性评估来确定市场力量。这一方法一般不需要对市场进行界定，进而避免了界定相关市场时如何厘定相关产品与服务之范围的问题。此外，直接评估更加精确并允许更好地对评估结果进行调整，只要相关数据可以获得。[17] 这一方法对于评估数字平台中的市场力量

---

15 关于相关方法，参见：Areeda & Hovenkamp, supra note 9, ¶¶ 530-71。
16 Id. ¶ 530a（通过"假定卡特尔"或"假定垄断"的范围来确定相关市场）。
17 Id. 521（讨论了经济学理论）；另参见：Louis Kaplow, Why (Ever) Define Markets, 124 HARV. L. REV. 437, 438 (2010)（本文主张相关市场的界定方式应当被"全部"抛弃）。参见：Louis Kaplow, Market Definition: Impossible and Counterproductive, 79 ANTITRUST L.J. 361 (2013)（本文注意到了传统的市场份额评估方式存在诸多缺陷）；Louis Kaplow, On the Relevance of Market Power, 130 HARV. L. REV. 1303 (2017)（相似观点）。有关评估市场份额的方法，参见：Jonathan B. Baker & Timothy F. Bresnahan, Economic Evidence in Antitrust: Defining Markets and Measuring Market Power, in HANDBOOK OF ANTITRUST ECONOMICS 1 (Paolo Buccirossi ed., 2008); Jonathan B. Baker & Timothy F. Bresnahan, Empirical Methods of Identifying and Measuring Market Power, 61 ANTITRUST L.J. 3 (1992)。如何理解在宏观层面进行上述分析，参见：Robert E. Hall, Using Empirical Marginal Cost to Measure Market Power in the US Economy (Nat'l Bureau of Econ. Research, Working Paper No. 25251, 2018), https://www.nber.org/system/files/working_papers/w25251/w25251.pdf [https://perma.cc/BK6E-DB3E]。

尤其有效，因为平台市场中的所有交易都会留下记录。

今天，经济学家们同时通过直接与间接方式评估数字市场中的市场力量。他们同时也认为传统的相关市场界定与市场份额计算方式在涉及数字平台市场时尤其不可靠。[18]在相关情况下，必须通过数据、个案特定案情与经济学专家的证言来进行评估。[19]

尽管有其优势，在反垄断诉讼中使用直接评估方式依然是较为技术性且新奇的手段。司法的认可有利有弊。在并购政策中，直接评估方式因其不需界定市场，在横向并购的单边效应分析中取得了不小的成功。[20]最高法院也在涉及横向限制的若干案件

---

[18] 参见，例如：David S. Evans, *Multisided Platforms, Dynamic Competition, and the Assessment of Market Power for Internet-Based Firms* 29-32 (Coase-Sandor Inst. for Law & Econ., Working Paper No. 753, 2016), https://ssrn.com/abstract=2746095 [https://perma.cc/B5LH-P5ZK] (主张在使用市场份额数据时应当谨慎)。

[19] 参见，例如：Elena Argentesi & Lapo Filistrucchi, Estimating Market Power in a Two-Sided Market: The Case of Newspapers, 22 *J. APPLIED ECONOMETRICS* 1247, 1247 (2007); Eric Emch & T. Scott Thompson, Market Definition and Market Power in Payment Card Networks, 5 *REV. NETWORK ECON.* 45, 45 (2006); Chris Pike, Rethinking Antitrust Tools for Multi-Sided Platforms: 2018, OECD (Apr. 6, 2018), http://www.oecd.org/daf/competition/Rethinking-antitrust-tools-for-multi-sided-platforms-2018.pdf [https://perma.cc/ANS4-BHFN] (对各方法论进行了比较); Minjae Song, *Estimating Platform Market Power in Two-Sided Markets with an Application to Magazine Advertising* (Simon Sch., Working Paper No. FR 11-22, 2013), https://ssrn.com/abstract=1908621 [https://perma.cc/BM7F-KREG]。一些律师继续主要以传统的非直接方式进行评估，但会适用一些限定条件。参见，例如：Kenneth A. Bamberger & Orly Lobel, Platform Market Power, 32 *BERKELEY TECH. L.J.* 1051, 1062-63 (2017)。

[20] "单边效应"收购分析考虑的是两家在差异化市场产品相对近似的企业在合并后新成立的企业相较于并购前是否能够收取更高的价格。参见，例如：*United States v. H & R Block, Inc.*, 833 F. Supp. 2d 36, 84 n.35 (D.D.C. 2011) ["作为应用经济学问题，对于单边效应的评估并不需要对市场进行界定……" (quoting Areeda & Hovenkamp, supra note 9, ¶ 913)]。关于传统市场份额评估方式在高科技市场中的质疑的有益讨论，参见：Daniel A. Crane, Market Power Without Market Definition, 90 *NOTRE DAME L. REV.* 31 (2014)。

中批准了更多的横向评估手段。[21]

在涉及纵向协议的案件中，最高法院在运通案中表明此种情况下即使原告提供了关于市场力量的直接证据，相关市场也必须被界定。[22] 法院的想法令人费解，[23] 该判决观点的影响至今尚无定论。然而，运通案给数字平台的反垄断执法蒙上了阴影，因为很高比例的反垄断案件涉及纵向关系，即：合同涉及某平台及其不同的产品供应商、广告商甚至是消费者。这些合同可能包含最惠条款、独家交易条款、搭售条款或其他纵向排他性条款。[24]

然而，依然存在变通之法。对于并购行为的反垄断分析还受到了近六十年前最高院布朗鞋业案判决的束缚，即：《克莱顿法》第7条有关并购反垄断的条款要求对市场进行界定。[25] 但

21　参见，例如：*FTC v. Actavis, Inc.*, 570 U.S. 136, 157 (2013); *FTC v. Ind. Fed'n of Dentists*, 476 U.S. 447, 460-61 (1986)。

22　*Ohio v. Am. Express Co.*, 138 S. Ct. 2274, 2286 (2018).

23　法院并未在正式判决中详细讨论该问题，所有讨论都被收录在判决注解中，内容如下："原告主张本案中并不需要对相关市场进行界定，因为原告已经对竞争受到了不利影响提供了现实证据，即：交易手续费的上涨。我们不认可该主张。原告援引的用以支持该假设的案例评估的是横向限制行为是否会对竞争具有不利影响。鉴于横向限制涉及在某种意义上并不具有竞争关系的竞争者之间的协议，本院认为并不需要通过界定相关市场来判定这些协议是否具有反竞争效果。但纵向限制是不同的。这类限制一般不会对竞争产生威胁，除非施加限制的实体具有市场力量，但这类市场力量只有在法院首先确定了相关市场后才能被确定。" Id. at 2285 n.7（援引被省略）. 进一步的讨论，参见：Herbert Hovenkamp, The Looming Crisis in Antitrust Economics, 101 *B.U.L. REV.*, https://ssrn.com/abstract=3508832 [https://perma.cc/A4CK-BBXA]。

24　参见注222—224及相关上下文。

25　*Brown Shoe Co. v. United States*, 370 U.S. 294, 324 (1962).本案解释了《克莱顿法》中"国家范围"与"从事商业行为"的定义，定义分别对市场的地理范围与市场的产品范围作出了要求。

可以通过直接证据证明企业或团体对价格具有控制力来推论该特定公司或团体即为相关市场以绕过上述要求。毕竟相关市场就是一群销售者以不公平的价格涨价依然可以获利的市场。[26] 一旦直接的经济分析可以证明企业或企业团体拥有足够的力量收取非竞争性价格，我们可以认为相关产品构成相关市场。

传统的市场界定方式在平台市场的反垄断分析方面也会遇到特定阻碍。若某市场存在产品差异化，任何关于市场的界定都是错的。[27] 市场界定必须是二元的，相关产品要么在市场中，要么不在。绝不能以某产品在不同市场的替代率来进行评估。

例如，试判断"数字广告"是否构成相关市场。这一问题与所有在广告市场中提供涉及谷歌或脸书所提供之服务的企业相关。若我们认为数字广告是相关市场，则我们实际上也认为数字广告和其他更加传统的广告模式产品完全不与对方竞争。这是不对的。相比之下，若我们将所有形式的广告归入统一的"广告"市场，这又暗示了这些广告彼此之间完全可以相互替代，消费者也不会对它们的形式进行区分。这也是不对的。直接评估方式所具有的优点是它可以察觉细微的变化，诸如：企业为了回应某种类型广告价格的变化而作出的价格改变。[28]

双边性进一步使市场界定复杂化，因为价格的变化会使双

26　Herbert Hovenkamp, *Federal Antitrust Policy: The Law of Competition and Its Practice* § 3.1 (6th ed. 2020).

27　对于产品差异性的影响，见本文第二节，第三"4"部分。

28　对于该问题的详细阐述，参见：Complaint ¶¶ 72-81, *Colorado v. Google LLC*, No.1:20-cv-03715 (D.D.C. Dec. 17, 2020) [以下简称"Colorado Google Compl."]。其声称存在一个"一般性的文本搜索广告"相关市场，该市场将其他形式的线上与线下广告排除。本案中，应当直接使用数据来衡量相应广告的剩余弹性。

边市场两侧同时作出回应。[29] 比如，孤立地看，在平台一侧市场中的涨价行为或被认为是平台企业运用平台力量所致，但这可能被另一侧市场中成本或服务数量的提高而抵消。这一现象对于确定价格与成本之间的关系尤其重要。例如：不能因为谷歌提供的搜索服务是免费的就断言其提供的服务价格低于成本。谷歌的利润来源于广告商或竞价排名客户。在信用卡市场，企业的收费甚至是负值，因为信用卡公司提供给消费者的用卡福利会超过信用卡使用费。信用卡企业的利润几乎全部来自于合作商家。[30]

对于直接评估手段与间接评估手段来说，在衡量双边平台市场中企业的支配力量时必须要考虑每一侧市场的反应。[31] 不能通过界定相关市场来忽略上述步骤。比如，优步在交通繁忙时会收取"高峰费"。这种行为是否被认为是对消费者行使了市场支配力？毕竟价格增高了，但成本并未显著提升。或者这一行为是为了在高峰时段促使更多司机提供服务？[32] 这些假设都需要从双边市场的两侧获得数据加以判定。

在网络市场或双边市场中，与传统市场相比较小的市场份

---

29 对于双边市场的定义，见本章第二节第二部分。
30 参见：*Ohio v. Am. Express Co.*, 138 S. Ct. 2274, 2281-82 (2018); John M. Newman, Antitrust in Zero-Price Markets: Applications, 94 *WASH. U. L. REV.* 49, 80 (2016)。
31 Pike, supra note 19, at 15. "就评估市场竞争状况而言，区别对待双边市场与两个相互联系的市场意义不大，只要跨平台的网络效应得到了确认与分析。"
32 一桩正在进行的诉讼便涉及该事项，参见：*SC Innovations, Inc. v. Uber Techs., Inc.*, No. 18-cv-07440-JCS, 2020 WL 2097611, at *3 (N.D. Cal. May 1, 2020)（拒绝驳回声称优步高峰时段的定价行为构成非法垄断性价格歧视的指控）；另参见：*Meyer v. Kalanick*, 477 F. Supp. 3d 52, 57 (S.D.N.Y. 2020)（支持了仲裁员的优步高峰时段的定价行为并未违反反垄断法的主张）。

额也可用于认定存在市场支配力量，尤其当行业中的龙头企业之间的市场份额不平衡时。高昂的固定成本与网络效应使得较大的企业相较于小企业拥有巨大优势。这一点与联邦贸易委员会对脸书提起的诉讼有关，该案中，脸书被认为在"个人社交网络"服务市场占有大约60%的市场份额，这显然是基于用户数据的评估结果。[33] 这一数据处在通常主张企业拥有垄断地位之市场份额的较低点。尽管如此，考虑到持续下降的成本与网络效应，对于小企业来说从一个占据60%市场份额的企业中虎口夺食将会比在传统的不存在网络效应的市场中难得多。[34] 但持续下降的成本与网络效应并不是故事的全部；广泛存在的多栖性（multi-homing）与低转换成本会降低这些优势。[35]

脸书60%的市场份额当然足够用以尝试证明其试图攫取垄

---

[33] 要求颁布禁止令和同等效果救济手段的起诉状有：¶ 64, *FTC v. Facebook, Inc.*, 1:20-cv-03590-JEB (D.D.C. Dec. 9, 2020) ［以下简称"FTC Facebook Compl."］。48个州都递交了类似的、诉求更为广泛的起诉状，这些案件都在审理之中。¶ 4, *New York v. Facebook, Inc.*, No. 1:20-cv-03589-JEB (D.D.C. Dec. 9, 2020) ［以下简称"New York Facebook Compl."］。这些起诉状援引了脸书自己发表的"占据所有社交媒体95%市场份额"的言论（id. ¶ 68），在一项调查中，至少78%的受访者表示每月会访问一次脸书（id. ¶ 69）。根据StatCounter对包括YouTube在内的网站的数据统计，其在2021年1月认为脸书在美国拥有60.68%的市场份额；其认为脸书所拥有的Instagram公司拥有1.56%的市场份额。参见：Social Media Stats in United States of America—January 2021, STAT COUNTER, https://gs.statcounter.com/social-media-stats/all/united-states-of-america [https://perma.cc/4NGU-G7PQ]。StatCounter以包括机器人活动在内的网页每月浏览量为统计基本单位。

[34] Pike, supra note 19, at 16. "跨平台网络效应可以放大已经存在的竞争约束，同时提升潜在竞争对手进入市场的门槛并管控新的竞争性约束的出现。"

[35] FTC Facebook Compl., supra note 33, ¶ 65. 指控脸书用户面临高转换成本，因为转换平台时其必要性要转移在平台积累的个人数据。对于多栖性，参见注90—100及相关上下文。

断地位，[36]虽然联邦贸易委员会与州政府提起的诉讼都未作出如此指控。但若脸书继续收购新兴公司并对应用开发商和其他相关方施加限制，尝试提起相关诉讼是颇为合适的。[37]试图获得垄断地位与已经获得垄断地位的区别之一即为对于前一种查证属实的情况，法院更不愿意下令进行资产剥离。

法院还未解决的另一问题是，评估双边市场中的市场份额时，哪一侧市场应当被评估？例如，在脸书相关案件中，联邦贸易委员会声称脸书拥有"个人社交网络服务"60%的市场份额。[38]其还声称脸书"实质性利润几乎全部来自于广告业务"，而这又是另一侧市场的数据。[39]另一数据显示脸书拥有数字广告市场大约22%的市场份额。[40]谷歌搜索相关案件也存在相同的现象，其拥有互联网搜索市场90%的份额，但其向用户免费提供服务；而其所获得的绝大部分利润来源于数字广告，在相关市场其份额为29.4%。[41]

36　《谢尔曼法》第 2 条明确禁止企业具有垄断地位或试图获得垄断地位的行为。15 U.S.C. § 2 (2018). 对于试图获得垄断地位企业所应具有的最低市场份额，参见：Areeda & Hovenkamp, supra note 9, ¶ 807d。

37　各州政府，而不是联邦贸易委员会，也都依据《克莱顿法》第 7 条，就脸书对 Instagram 和 WhatsApp 的收购交易发起诉讼。New York Facebook Compl., supra note 33, ¶¶ 263-67 (有关 Instagram 的收购); id. ¶¶ 268-72 (有关 WhatsApp 的收购).

38　FTC Facebook Compl., supra note 33, ¶ 2.

39　Id. ¶ 50.

40　参见：Greg Sterling, Almost 70% of Digital Ad Spending Going to Google, Facebook, Amazon, Says Analyst Firm, MKTG. LAND (June 17, 2019), https://marketingland.com/almost-70-of-digital-ad-spending-going-to-google-FB-amazon-says-analyst-firm-262565 [https://perma.cc/H9US-AEY4].

41　参见：Google's US Ad Revenues to Drop for the First Time, INSIDER INTELLIGENCE (June 22, 2020), https://www.emarketer.com/newsroom/index.php/google-ad-revenues-to-drop-for-the-first-time [https://perma.cc/ZY6Q-2C8Q].

在市场份额占有率较低一侧的市场被据称受到的伤害可能会导致一种与传统反垄断法原则不一致的概念冲突,虽然结果不应如此。例如,联邦贸易委员会提出的一项由脸书(在一侧市场)造成的损害即为消费者拥有的用户特征、用户功能、多样性与选择被减少。[42] 然而,其同时又主张"广告销售市场"受到了伤害,而在相应市场,脸书并未被指控拥有支配地位。具体而言,在相关市场,脸书被指控造成的伤害包括:更高的价格、广告领域创新减少、持续降低的"广告浏览及消费者服务的透明度、公正性与权威性"以及广告制作指标的减少。[43] 在诉状中,联邦贸易委员会声称:

> 通过持续压制、中立化与恐吓新兴的与壮大中的个人社交媒体对手,脸书也抑制了广告销售市场中的有效竞争。个人社交网络提供商在销售广告的过程中会将之货币化;因此,在个人社交网络竞争越激烈,在广告市场中的竞争也会增加。通过垄断个人社交网络市场,脸书也剥夺了广告商从竞争中获得的收益,例如较低的广告价格、更多的选择、更高的质量以及和广告市场相关的创新。[44]

这一主张与"垄断杠杆"类似,即:企业通过在某一市场(用户服务市场)不法使用其支配地位,以获取另一市场(广告市场)中的竞争优势而不需直接在后一市场谋求垄断地位。虽然某些

---

[42] FTC Facebook Compl., supra note 33, ¶ 162.
[43] Id. ¶¶ 166-67.
[44] Id. ¶¶ 28.

版本的"垄断杠杆"概念在欧盟的"滥用支配地位"测试中被接受，[45]美国反垄断法并未接受此理论。[46]

尽管如此，双边市场的固有特性即为在一侧市场中的行为可以对另一侧市场带来收益或造成伤害。双边市场不可分而视之，即使两侧市场中企业的市场占有率不同。换言之，谷歌可以垄断搜索引擎市场，即使这一垄断造成的伤害在另一侧相关市场。解决这一问题最好的方式即为确立新的反垄断法判例，在该判例中，企业在双边市场两侧的市场份额均不足以依据《谢尔曼法》第2条之规定被检视时，法院最终依然判定该企业具有垄断力量。双边市场中一侧市场内的使用市场力量的行为主要在另一侧市场中产生损害效果只不过是双边市场的特性之一。若市场力量能够被直接评估，这一特性不太可能制造任何麻烦。

对市场支配力量的要求在不同反垄断抗辩中也不相同。例如，证明存在不法合同约束——竞争者协同、搭售、排他交易——所需要的市场份额比证明企业具有垄断地位要低。对于认定这种合同约束行为的违法性，被告不需要在相关市场中具有支配地位。[47]然而联邦贸易委员会对脸书提起的诉讼完全基于《谢尔曼法》第2条，该部分主要规定的是单边行为，且一般需要使用更加复杂的方式对市场力量进行证明。[48]

45　参见：Herbert Hovenkamp, The Legal Periphery of Dominant Firm Conduct, in *Competition Law and Economics: Advances in Competition Policy Enforcement in the Eu and North America* 238, 249-63 (Abel M. Mateus & Teresa Moreira eds., 2010)。

46　参见：Areeda & Hovenkamp, supra note 9, ¶ 652。

47　例如：Hovenkamp, supra note 26, § 10.3a（尝试采取此类行为的公司所拥有的最低市场份额大约为30%）; id. § 10.9e（采取排他交易行为的公司所拥有的最低市场份额与前述近似）。

48　FTC Facebook Compl., supra note 33, ¶ 174.

时至今日，美国法院从未在没有界定相关市场的情况下认定垄断地位的存在。[49]尽管如此，基于相关市场的界定来推导市场力量毫无疑问干扰了结论的得出。例如，在重要的有关数字平台垄断的合众国诉微软案中，[50]政府通过间接证据证明了相关市场中微软所占有的市场份额。法院接受了将苹果的 Mac 操作系统排除出相关市场的主张。[51]这一方法直接导致了上文提到的问题：若将视窗操作系统与 Mac 操作系统置于同一市场，则其将被视为完美竞争者（替代者），这显然是不对的。但若排除 Mac 操作系统，则意味着两者没有竞争关系，这也是错的。

如前所述，在数据可获得的情况下，对于市场力量的直接评估将会获得更好的结论。有关市场力量的问题与案情高度相关。这也预示了最高法院在运通案中的判决所存在的另一个本质性问题：当法院判定对于纵向约束行为的评估需要界定相关市场时，其将一个被恰当（且直到运通案时都被一致地）理解为事实问题的事项，转变为了一个法律问题。

---

[49] 微软案中有一些判决附带意见认为或可基于直接证据依据《谢尔曼法》第 2 条提起诉讼，但法院最终依据相关市场中的支配性市场份额作出了判决。参见：*United States v. Microsoft Corp.*, 253 F.3d 34, 51, 56-57 (D.C. Cir. 2001); id. at 57-58 （微软的行为证明其拥有市场力量，即使政府已经基于其市场份额作出了该认定）。第九巡回法院曾经认为在指控存在试图获取垄断地位的案件中，并不需要对相关市场进行界定，但最高法院坚决拒绝了这一观点。参见：*Spectrum Sports v. McQuillan*, 506 U.S. 447, 452-53 (1993) [推翻了第九巡回法院的判决并废除了早先确立的判例，如：*Lessig v. Tidewater Oil Co.*, 327 F.2d 459 (9th Cir. 1964)]。

[50] *United States v. Microsoft Corp.*, 253 F.3d at 34. 关于法院在该案中证明市场力量时所使用的间接评估方式的标准，参见：Crane, supra note 20, at 70-72。

[51] *Microsoft*, 253 F.3d at 53; 另参见：*Commission Decision No. AT. 40099*（谷歌安卓公司），slip op. at 56-74 (18 July 2018), https://ec.europa.eu/competition/antitrust/cases/dec_docs/40099/40099_9993_3.pdf [https://perma.cc/LP2B-LD3Y]（将苹果公司的手机操作系统排除出安卓手机操作系统的相关市场）。

2."聚合"(cluster)市场

已经有足够多的反垄断法判例用以确立"聚合市场"这一概念,即:销售互不竞争的货物与服务的共同的工厂或平台。例如,通过汇总收治病人的信息来提供不同医疗服务的平台,病人需要的不同医疗服务并不彼此竞争。[52] 另一个例子即为销售互不竞争的诸如纸夹、订书机和铅笔的办公室用品专营商店。[53]

最高法院已经确认了下级法院的结论,即:银行提供的不同服务,例如活期存款与贷款业务,可以被聚合在同一市场中。[54] 最高法院还认为涵盖抢劫报警、火灾报警与水淹报警的服务可被归入同一市场。[55] 若在联邦贸易委员会对脸书的诉讼中适用这些先例,则可有效支持"个人社交网络服务"市场为聚合市场这一结论,该市场囊括了信息交互、活动管理、讨论群组、新闻推送、照片分享及视频分享等一系列服务。这些服务可作为彼此之间的互补品,而非彼此的替代品。

除了需要确认相关产品在相同的商店或网站出售之外,用以分析评估市场支配地位的由非竞品构成的聚合市场这一概念还拥有其他构成要件。比如,沃尔玛同时销售烤面包机与链锯,但仅仅这一事实不足以说明存在一个烤面包机—链锯相关市场。只

---

52 例如:*Promedica Health Sys., Inc. v. 'FTC*, 749 F.3d 559, 565-68 (6th Cir. 2014)(将使用相似设备与资产的医疗服务进行聚合)。

53 例如:*FTC v. Staples, Inc.*, 190 F. Supp. 3d 100, 117 (D.D.C. 2016)("聚合市场允许并不具有相互替代关系的产品聚集在同一垄断市场,该概念便于进行相应分析")。

54 参见:*United States v. Phila. Nat'l Bank*, 374 U.S. 321, 356-57 (1963)(银行服务市场包括存款服务与商业贷款和住房贷款服务);*United States v. Conn. Nat'l Bank*, 418 U.S. 656, 660-66 (1974)(相似判决);*United States v. Phillipsburg Nat'l Bank & Tr. Co.*, 399 U.S. 350, 379-83 (1970)(哈兰法官部分同意部分反对相应判决意见)(相似判决)。

55 *United States v. Grinnell Corp.*, 384 U.S. 563, 571-75 (1966).

有当产品的聚合能够节约成本或带来交易优势,且这些优势难以被复制时,认定存在聚合市场才是恰当的。在经济学上,这有时被称为"联合供应经济"(economy of joint provision)。[56] 实际上,传统市场被认为是相互替代品的聚合,而聚合市场还认为"生产中的结合补充品"(combining complements in production)有时也能创造市场力量。网络效应使得品味多样但却又有重合的消费者更加认可这种聚合价值便印证了上述论断。

判例法只有在为了界定相关市场——例如:采用间接评估手段——时,才使用过"聚合"这一概念。相应概念的使用方式也可被用于直接评估中,因其涉及评估聚合效应到底节省了多少交易成本。[57] 若交易成本的改变影响了"价格成本利润率"(price-cost margin),这可影响对于市场力量的直接评估。例如,脸书对于消费者的价值可被认为高于五个各自为政的提供信息交互、照片分享、视频上传、新闻与讨论区的网站。此外,共同成本的存在使得同时提供这些服务更加划算。这使得脸书可以较低成本涨价。

聚合市场分析是判断类似亚马逊这样的公司在一系列商品所涉及的市场中是否具有支配力量的方式之一,即使这些产品分别在竞争市场中销售且亚马逊在每个市场中的份额也许也并不高。

---

56 参见:Areeda & Hovenkamp, supra note 9, ¶ 565c。

57 参见:Ian Ayres, Note, Rationalizing Antitrust Cluster Markets, 95 *YALE L.J.* 109, 114-15 (1985)(解释了为何聚合效应使得拥有多种产品的企业在规模经济与交易互补性方面拥有竞争优势); Jonathan B. Baker, Market Definition: An Analytical Overview, 74 *ANTITRUST L.J.* 129, 157-59 (2007)(反对在界定相关市场时使用聚合市场这一概念); Gregory J. Werden, The History of Antitrust Market Delineation, 76 *MARQ. L. REV.* 123, 165-66 (1992)(法院在使用聚合市场这一概念时所依据的原理有一些"晦涩")。

若仅仅认定单独的产品——例如"轮胎"——构成相关市场，将会得出亚马逊在该市场中支配力量很小的结论。但若我们讨论的是亚马逊是否在零售业具有支配地位，则我们可自问，亚马逊的平台销售渠道作为一个整体是否使其可盈利性地增加成本利润率。

例如谷歌这样的公司，其提供的多样化的产品和服务甚至都没有出现在相同的网站。如今还不存在将多样化、非竞品且不在一起生产或售卖的产品仅仅因其由相同的卖家提供而将它们归入同一相关市场这样重大的判例。若我们讨论的是节约交易成本，那么两种商品在不同的平台销售这一问题并没有那么重要。

二、识别双边平台市场

双边市场是至少处于两个互相依赖的群体当中的市场。这些群体可以是使用搜索引擎的用户与广告商、网约车软件使用者与司机、信用卡消费者与商家等。仅仅因为商业行为在数字平台进行并不意味着其为双边市场。比如，有些数字平台的作用仅仅是商家进行销售的渠道。例如，特斯拉生产轿车且主要在互联网通过自己的数字平台销售。[58]

运通案中，最高法院以一种极为独特的狭义方式界定了双边市场。首先，其认为"若市场中间接网络效应与价格所受影响较小，则该市场为单边市场"。[59] 法院举例道"报纸销售广告"

58　参见：TESLA, https://www.tesla.com [https://perma.cc/Z28A-GMTK]。然而，特斯拉与一些要求制造商生产的车辆必须由位于本州的经销商进行销售的州存在一些法律纠纷。参见：Jon Fingas, Tesla May Open 'Centers' to Get Around Pro-Dealership Laws, ENGADGET (Oct. 12, 2019), https://www.engadget.com/2019-10-12-tesla-centers-leak.html [https://perma.cc/9WQR-UL6N]。

59　*Ohio v. Am. Express Co.*, 138 S. Ct. 2274, 2286 (2018).

可被"争议性地认定为一个双边平台",但在这一背景下双边效应较小。[60]这一结论使许多研究双边市场的经济学家与专家诧异。因为同时从订阅读者与广告商处获利的期刊业即为典型的双边市场。[61]

运通案中,法院将双边市场的界定限制为"在市场参与者间促成单一、即时交易(的市场)"。[62]此外,若交易直接在信用卡平台上的供货方与消费者之间进行,优步或爱彼迎也被包括在这一双边市场中。在这些实例中,平台向消费者的信用卡收取费用,并在抽取佣金后补偿服务提供商。

法院对于市场双边性的界定会将谷歌搜索排除在外,其从广告业务获利,但并不具有在消费者与广告商之间促成单一、即时交易的特性。同理,脸书与其他社交网站也会被排除在外。类似网飞、声破天(Spotify)这样的用户直接付费,但费用并不直接支付给版权许可人的流媒体服务提供商也会被排除在外。这一界定也会将 Match 或 OkCupid 这样的约会服务提供商排除在外,因为相关场景下,每一侧的用户支付给平台会员费,[63]但两侧群体间却不存在即时的交易(即不存在一个购买价格)。

---

60 同上。

61 例如:Argentesi & Filistrucchi, supra note 19, at 1247; Ulrich Kaiser & Julian Wright, Price Structure in Two-Sided Markets: Evidence from the Magazine Industry, 24 INTL J. INDUS. ORG. 1, 2 (2006)。

62 *Amex*, 138 S. Ct. at 2286.

63 一些约会网站提供相较于其提供的付费服务而言受到更多功能限制的免费服务。Jonah Engel Bromwich, Wait, People Pay for Tinder?, N.Y. TIMES (Aug. 6, 2019), https://www.nytimes.com/2019/08/06/style/tinder-gold.html [https://perma.cc/E2T3-YA4C]。

试图将每一个数字销售平台都纳入双边市场的范畴是不准确且无助益的。但最高法院在运通案中给出的定义同样如此。更好的定义是：双边市场是至少在两个互相依赖的用户群体之间运营，且通过决定不同群体之间的最优价格及价格或收益的最优分配来盈利的平台。互相依赖意味着一侧市场中商业行为的规模与数量受到另一侧市场中行为的影响，反之亦然。根据运通案中多数判决[64]与反对意见[65]都援引的两位学术专家的意见，双边市场是"终端用户间交易的规模不仅取决于平台收取的费用的总体水平，也取决于平台收取费用的结构（的市场）"。[66]

本文的重点在于分析数字平台垄断企业及完善规制其市场支配力量的方式。市场的双边性是相关议题，但并不是全部。例如，谷歌搜索与脸书因为不满足运通案的定义而不被认为是双边平台。尽管如此，从经济学家普遍使用的评估手段看，它们显然都是双边的（平台）。

三、平台市场真的"赢家通吃"吗？

"赢家通吃"的市场是以"平衡数值"计的卖家永远只有一个的市场。其他市场至少能容下两个或更多企业，而企业想要在这样的市场维持垄断地位，只能通过竞争优势或排他商业行为。虽然有大量证据指向相反的结论，数字平台市场总是被

---

64 *Amex*, 138 S. Ct. at 2281.
65 Id. at 2300（布雷耶法官的反对意见）.
66 Jean-Charles Rochet & Jean Tirole, Two-Sided Markets: A Progress Report, 37 *RAND J. ECON.* 645, 646 (2006).

认为是一个"赢家通吃"的市场。[67] 但该结论很少能成立。即使我们假设一些平台企业所涉市场是赢家通吃的，这一认定的政

---

67 参见，例如：Daniel A. Hanley, A Topology of Multisided Digital Platforms, 19 *CONN. PUB. INT. L.J.* 271, 289-91 (2020); 比较：Thomas R. Eisenmann, Winner-Take-All in Networked Markets, *HARV. BUS. SCH.* 1, 4 (Sept. 11, 2007)（讨论了在线拍卖网站）; Thomas Noe & Geoffrey Parker, Winner Take All: Competition, Strategy, and the Structure of Returns in the Internet Economy, 14 *J. ECON. & MGMT. STRATEGY* 141, 141-43 (2005)（排除了那些以正边际成本销售产品的诸如亚马逊这样的公司，也排除了"其价值显然取决于网络外部性"的诸如易趣这样的公司）。其他分析对于将相应观点限制于拥有间接网络效应的市场持谨慎态度。参见：David S. Evans, Antitrust Issues Raised by the Emerging Global Internet Economy, 102 *NW. U. L. REV. COLLOQUY* 285, 302 (2008)（拥有间接网络效应市场中的平台企业处于"赢家通吃或少数赢家通吃所有市场"的环境中）; Rob Frieden, The Internet of Platforms and Two-Sided Markets: Implications for Competition and Consumers, 63 *VILL. L. REV.* 269, 270-74 (2018); K. Sabeel Rahman, Regulating Informational Infrastructure: Internet Platforms as the New Public Utilities, 2 *GEO. L. TECH. REV.* 234, 240-41 (2018)。一些传播更广的文章，参见：Scott Galloway, *The Four: The Hidden DNA of Amazon, Apple, Facebook, and Google* (2017); Jonathan Taplin, *Move Fast and Break Things: How Facebook, Google, and Amazon Cornered Culture and Undermined Democracy* 2-10 (2017); Zeynep Tufekci, Google Buzz: The Corporation of Social Commons, TECHNOSOCIOLOGY (Feb. 17, 2010), http://technosociology.org/?p=102&cpage=1 [https://perma.cc/GCR3-YVRD]; Jack M. Balkin, Information Fiduciaries and the First Amendment, 49 *U.C. DAVIS L. REV.* 1183, 1187-90 (2016)（就若干企业对于数据的支配性控制进行了描述）; Kristen E. Eichensehr, Digital Switzerlands, 167 *U.PA. L.REV.* 665, 665-67 (2018)（对于若干私营企业拥有与政府相同的权力这一现象进行了描述）; Ryan Grim, Steve Bannon Wants Facebook and Google Regulated Like Utilities, INTERCEPT (July 27, 2017, 12:31 PM), https://theintercept.com/2017/07/27/steve-bannon-wants-facebook-and-google-regulated-like-utilities [https://perma.cc/NMJ5-B788]。对于反驳上述观点的文章，参见：David R. Keith & Hazhir Rahmandad, Are On-Demand Platforms Winner-Take-All Markets? (Aug. 1, 2019)（未正式发表的草稿），https://journals.aom.org/doi/pdf/10.5465/AMBPP.2019.150 [https://perma.cc/W5LJ-BEXN]。

策后果仍不清晰。有些人认为自然垄断市场需要更密集的反垄断执法,因为这种市场本身不会规制具有支配地位的平台企业。[68] 另一些人则认为"赢家通吃"的状态需要更克制的反垄断执法,因为这种市场就应该由一家企业提供服务。一些较早确立的反垄断法判例支持后一种主张,甚至认可以"自然垄断抗辩"对抗具有垄断地位的指控。[69] 根据这一推理,自然垄断状态意味着相关市场需要的是公共设施类市场的监管,而不是反垄断执法。

只有极少数平台市场才存在天然垄断。若市场中存在数家企业进行竞争的空间,进行行业监管通常不是一个理想的选择。[70] 行业监管手段绝少借鉴市场竞争行为中的智慧。行业监管势必将同一规则体系适用于相关领域的所有企业,而反垄断执法则

---

[68] Hanley, supra note 67, at 272-75, 289-91; Joint Response to the House Judiciary Committee on the State of Antitrust Law and Implications for Protecting Competition in Digital Markets, CTR. FOR EQUITABLE GROWTH 3-5 (Apr. 30, 2020), https://equitablegrowth.org/wp-content/uploads/2020/04/Joint-Response-to-the-House-Judiciary-Committee-on-the-State-of-Antitrust-Law-and-Implications-for-Protecting-Competition-in-Digital-Markets.pdf [https://perma.cc/P32V-ZENK].

[69] 参见,例如: *Greenville Publ'g Co. v. Daily Reflector, Inc.*, 496 F.2d 391, 397 (4th Cir. 1974) (本案法庭认为若被告是自然垄断企业,则依据反垄断法其将对手排除出市场的行为并不违法);同上 ("自然垄断企业的特点使得成功将竞争者从市场中排除能够成为获取不法垄断地位的证据这一论断对其并不适用"); *Union Leader Corp. v. Newspapers of New Eng., Inc.*, 284 F.2d 582, 584 (1st Cir. 1960) (部分认可了上述辩护观点); *City of Cleveland v. Cleveland Elec. Illuminating Co.*, 538 F. Supp. 1306, 1314-15 (N.D. Ohio 1980) (认可了前述观点,但拒绝适用相应观点宣告本案被告无罪); Richard A. Posner, Natural Monopoly and its Regulation, 21 *STAN. L. REV.* 548, 586-87 (1969) (讨论了将自然垄断地位作为并购交易辩护理由)。拒绝接受自然垄断抗辩这一观点的有益讨论,参见: Einer Elhauge, Defining Better Monopolization Standards, 56 *STAN. L. REV.* 253, 325-27 (2003)。

[70] 参见: Stephen G. Breyer, *Regulation and Its Reform* 191-97 (1982)。

是基于每个企业的实际情况。当相关市场的企业组成较为多元化时，这一区别尤为重要。

行业监管还会加强既存科技企业的固有地位。例如，联邦通信委员会一直试图在对手发起的竞争中维护 AT&T 的市场支配地位，这极有可能在数十年间阻碍了整个通信行业的创新。[71] 当然，适当的行业监管可以缓解这一问题。但若可行的且强劲的市场竞争是存在的，行业监管就绝非最佳答案。

虽然有时我们用"自然垄断"形容一个企业或市场，但这一词汇只适用于特定的技术领域。例如，电力行业因为特定技术——通过供电网络传输电力——而被认为是自然垄断的，因供电系统只有在由一家供应商运营时对于每位消费者来说才是最高效的。然而电力公司也提供电力，电力能源市场能够被设计为具有竞争结构。电力通过消耗石油、矿物或风力发电而来，这些都可以在竞争市场获得。

即使某数字平台企业被认定在一个赢家通吃的市场中具有支配地位或自然垄断地位，也有非常的必要去区分那些涉及自然垄断的企业资产和运营行为与未涉及的部分。例如，无论亚马逊平台是否具有自然垄断地位，其销售的大部分产品并不处于自然垄断市场。一个精密设计的反垄断政策应当作用于那些具有垄断特征的产出，而将其他生产资料留给竞争。在很大程

---

[71] 参见注 256 与相关上下文；另参见：Howard A. Shelanski, Adjusting Regulation to Competition: Toward a New Model for U.S. Telecommunications Policy, 24 *YALE J. ON REG.* 55, 58-60 (2007)（在过去一个世纪持续游说在通信行业加强对 AT&T 的监管）。经典的资料包括：Michael A. Crew & Paul R. Kleindorfer, *The Economics of Public Utility Regulation* 120-24 (1986); Harvey Averch & Leland L. Johnson, Behavior of the Firm Under Regulatory Constraint, 52 *AM. ECON. REV.* 1052 (1962)。

度上，取消管制在若干市场达成了这一目标，相同的思路应当被适用于平台市场领域。[72]

若某平台企业不是自然垄断企业，竞争（在相关市场）应当是可行的与被需求的。市场中不存在可以被反垄断法规制的排他性商业行为时，自然垄断状态才极有可能存在。

平台公司不具有自然垄断地位正当化了对其收购新兴企业的高度关注。新的市场进入者应促进竞争，但系统性地收购新的市场进入者会阻挠这一促进竞争的趋势。[73]

相比之下，若平台公司是自然垄断企业，其能够简单地通过收取一个并不远高于其成本的价格来维持其市场地位。即使在这种情况下，认定其具有垄断地位还须满足若干条件。首先，成为自然垄断者的竞争或会存在，而反垄断政策可以鼓励这种竞争。[74]其次，自然垄断状态并不必然是永久的。其存在期间取决于技术与市场体量，这些都会改变。

五大因素决定了是否存在自然垄断。许多要素是外生的，只主要适用于企业经营的市场或消费者行为。有些要素，例如成本的降低，与企业内部抉择的内生特性相关。这些要素是：

— 市场中的企业缺少稳定的竞争或多栖性产品体系；
— 市场长期存在具有支配地位（的企业）且（该企业）

72　参见：Joseph D. Kearney & Thomas W. Merrill, The Great Transformation of Regulated Industries Law, 98 *COLUM. L. REV.* 1323, 1324-29 (1998)。
73　参见本文第四节。
74　例如：Harold Demsetz, Why Regulate Utilities?, 11 *J.L. & ECON.* 55, 57-60 (1968)。该文认为，即使最终只有一家公司能够成为卖家，企业之间也可以为了获得该特权而相互竞争，这会使得价格具有竞争性。

有能力管理或抵制技术变革；

——由一家企业控制市场的结构会使得产品成本持续下降、网络效应持续存在；

——相关市场中的产品缺乏显著的产品差异性；

——相关市场中的产品缺乏互操作性或信息共享。

1. 市场中企业的稳定竞争：单一生态与多栖性及互操作性

大多数数字平台企业至少在其运营的某几个市场拥有竞争对手。今天，各种体量的线上销售商几乎无处不在，从个体餐馆到小杂货店，到线上鲜花店，再到无数的报纸、杂志与其他期刊销售者。诸如 Carvana.com 这样的互联网公司在二手车销售领域必须与全国范围内的成千上万的拥有实体店的小经销商——很多自己也拥有线上网站——进行竞争。[75] 在最大的线上销售者中，有些也在竞争激烈的线下市场拥有实体店。例如2020年，排名前十的线上零售商就包括沃尔玛、家得宝、易买得、塔吉特与开市客。[76]

竞争市场瞬息万变，企业的市场份额也如此。此外，新技术的市场会存在很长一段时间，这期间多种技术会互相竞争直到新的赢家出现。一个广为人知的例子即为录像带市场。索尼

75　CARVANA, https://www.carvana.com [https://perma.cc/97RR-PXQD].
76　参见：Top 10 E-Commerce Retailers in the U.S. in 2020, MKTG. CHARTS (Mar. 2020), https://www.marketingcharts.com/charts/top-10-e-commerce-retailers-in-the-us-in-2020/attachment/emarketer-top-10-e-commerce-retailers-in-the-us-in-2020-mar2020 [https://perma.cc/9ZUQ-ADX2]（以降序列出了 2020 年美国十大电子零售商的排名，它们分别是：亚马逊、沃尔玛、易趣、苹果、家得宝、Wayfair、百思买、塔吉特、开市客与梅西）。

的 Betamax 格式在市场中存在了 25 年之久，直到其最终败给了 VHS 格式录像带。[77] 而 HD、DVD 与蓝光之间的高解析度数字格式录像带竞争结束的更为迅速，其自 2006 年始，至 2008 年蓝光格式胜出时止。[78] 数十年来微软与苹果两大科技巨头之间就苹果操作系统与微软操作系统的竞争从未停歇。数年间，苹果手机操作系统与安卓手机操作系统在智能手机市场中也持续保持竞争。[79]

有些市场中的竞争因科技的进步而变得更加激烈。一个好的范例即为下文讨论的电话产业。[80] 电脑硬盘市场是另一个好的范例。在大型主机电脑的全盛时期，IBM 被认为是市场的领导者，

---

77 Dave Owen, *The Betamax vs. VHS Format War*, MEDIA C. (Jan. 8, 2008), https://www.mediacollege.com/video/format/compare/1922ikiped-vhs.html [https://perma.cc/QN3U-8TWX].

78 参见：Ben Drawbaugh, Two Years of Battle Between HD DVD and Blu-Ray: A Retrospective, ENGADGET (Feb. 20, 2008), https://www.engadget.com/2008-02-20-two-years-of-battle-between-hd-dvd-and-blu-ray-a-retrospective.html [https://perma.cc/3YR6-LHQX]。

79 参见：Jignesh Padhiyar, iPhone vs Android: A Look at Competitive Past and Future, GEEKS BLOG (July 21, 2020), https://www.igeeksblog.com/iphone-vs-android [https://perma.cc/9J76-DDN4]。美国的市场基本上被安卓与苹果操作系统平分，然而世界范围内，安卓占据 87% 的市场份额。S. O'Dea, U.S. Smartphone Subscriber Share by Operating Platform 2012-2020, by Month, STATISTA (Aug. 17, 2020), https://www.statista.com/statistics/266572/market-share-held-by-smartphone-platforms-in-the-united-states [https://perma.cc/Y3DX-5EBY]。世界范围智能手机的市场数据，参见：S. O'Dea, Global Market Share Smart Phone Operating Systems of Unit Shipments 2014-2023, STATISTA (Feb. 28, 2020), https://www.statista.com/statistics/272307/market-share-forecast-for-smartphone-operating-systems [https://perma.cc/3WG9-3LCS]。

80 参见注 113 及相关上下文。

其市场份额足够使其面临令人瞩目的反垄断指控。[81] 可随后IBM市场份额陡降,而相应市场变得更加多元与富于竞争。这并不是源于对IBM的反垄断诉讼,因为相应案件被撤诉,[82] 而是源于IBM自发激起的通过提供开放式授权而产生的技术革新。[83]

只有一个赢家的市场通常是这样一个市场:规模经济、网络效应或对于互操作性的需求使得该市场偏爱组成单一的被个体私人控制的经济实体。但这种情况并不常见。在上文提及的数字视频格式的市场竞争中,一个通用标准最终胜出是因为互操作性在该行业至关重要,维持两种不同的视频格式成本太高。然而,基于共同的技术标准,不同视频格式所使用的技术得到了广泛传播。[84] 相同的情况也发生在同样具有显著网络效应的手机市场。虽然网络制式是单一的,绝大部分技术是通过不同企业基于相同

81　参见: *In re IBM Peripheral EDP Devices Antitrust Litig.*, 481 F. Supp. 965, 981 (N.D. Cal. 1979) (1969年到1975年间IBM的平均市场份额均高于57%); 比较: Lawrence A. Sullivan, Monopolization: Corporate Strategy, the IBM Cases, and the Transformation of the Law, 60 *TEX. L. REV.* 587, 599 (1982) (IBM的市场份额在1964年达到75%, 在1971年达到70%)。

82　Edward T. Pound, Why Baxter Dropped the I.B.M. Suit, N.Y. TIMES (Jan. 9, 1982), https://www.nytimes.com/1982/01/09/business/why-baxter-dropped-the-ibmsuit.html [https://perma.cc/3KUL-N2YB]。

83　参见: Joseph Farrell & Philip J. Weiser, Modularity, Vertical Integration, and Open Access Policies: Towards a Convergence of Antitrust and Regulation in the Internet Age, 17 *HARV. J.L. & TECH.* 85, 92-93 (2003); Christopher S. Yoo, Modularity Theory and Internet Regulation, 2016 *U. ILL. L. REV.* 1, 59; Michael Miller, Why the IBM PC Had an Open Architecture, PCM AG UK (Aug. 9, 2011, 1:59 AM), https://uk.pcmag.com/opinion/111663/why-the-ibm-pc-had-an-open-architecture [https://perma.cc/EW3D-JZRR]。

84　比较: Optical Disc Standards, INT'L ASS'N SOUND & AUDIOVISUAL ARCHIVES (2009), https://www.iasa-web.org/tc04/recordable-optical-disc-standards [https://perma.cc/6RBH-F7D8] (对相关标准进行了总结)。

的技术标准通过竞争产生的。[85]对于这种市场竞争结构的借鉴也可以成为一种针对诸如亚马逊这种单一平台企业的反垄断救济方式。[86]（这种救济方式）可以带来强劲的竞争同时又保持只有单一的大型平台企业才能提供的规模经济与范围经济的优势。

  那些产生了单一科技赢家或使之持续存在的市场很少具有互操作性或关键信息数据汇总共享的特征。[87]安卓手机、苹果手机和其他智能手机互相连接，使得使用者可以各种方式与彼此通信。[88]所有主要的移动通信服务都支持苹果手机与安卓手机在相同的移动网络使用。大部分与苹果手机或安卓手机品牌签署独家销售协议或不被苹果手机或安卓手机品牌所拥有的零售商也同时销售这些手机。[89]在电子游戏领域，许多游戏以各种不同格式被销售，且兼容不同玩家使用的不同设备。[90]是否存在"赢

---

85 参见：Hans van der Veer & Anthony Wiles, Achieving Technical Interoperability—The ETSI Approach, EUR. TELECOMM. STANDARDS INST. (Apr. 2008), https://portal.etsi.org/CTI/Downloads/ETSIApproach/IOP%20whitepaper%20Edition%203%20final.pdf [https://perma.cc/33JD-TZBN]; ETSI, https://www.etsi.org [https://perma.cc/SH4F-754D]。

86 参见注347—357及相关上下文。

87 对于强制提升互操作性这一问题，参见注367—377及相关上下文。

88 存在一些例外情况。例如，苹果的iMessage程序的功能只能在苹果设备上使用。Use Messages with Your Mac, APPLE (Oct. 18, 2019), https://support.apple.com/en-us/HT202549 [https://perma.cc/658H-BJHE]. "通过Mac版'信息'，您可以向使用iMessage信息（Apple的安全通信服务）的任何Mac、iPhone、iPad或iPod touch发送不限量的信息。iPhone所有者也可以使用它来发送短信和彩信。"

89 参见，例如：All Smartphones, VERIZON, https://www.verizon.com/smartphones [https://perma.cc/7BXR-TGWQ]（其提供的无线上网套餐合约机包括多种苹果型号手机与安卓型号手机）。

90 参见：Vardit Landsman & Stefan Stremersch, Multihoming in Two-Sided Markets: An Empirical Inquiry in the Video Game Console Industry, 75 J. MARKETING 39, 40 (2011)。

家通吃"取决于买方在提供不同标准化产品的卖方之间进行转换的能力所受到的限制,或卖方提供满足多种标准之产品的能力。

在技术标准之战中胜出的一个原因是市场对"单生态系统"的偏好。单生态系统发生于若干技术的使用者在作出抉择的同时也排除了其他竞品的适用。之所以发生这种情况是因为同时使用两种产品的边际成本大于收益。比如,一个人会随身携带一部手机和多张信用卡。再带另一部不同"生态"的手机成本很高,而收益较小甚至不存在。相比之下,对于大多数人来说额外多使用一张信用卡的成本接近为零,而使用不同的信用卡可以获得不同的福利。此外,多张信用卡可以使人们更灵活地对个人财务状况进行规划。简而言之,多张信用卡既互为补充也互为替代。人们也会同时下载优步与来福车(Lyft)程序,但在网约车市场它们提供相互竞争的服务。

在个人手机上安装并使用一个应用程序的边际成本为零,在任何时候某位司机在某个应用上可以随时接单或被支付更多的报酬。而在某些城市某个网约车应用可能比另一个更普及。所以消费者对多栖性的偏好会带来相应市场更多的竞争。

有些消费者甚至会在电子平台与传统市场之间进行多栖选择。比如许多使用多张信用卡的用户有时也会使用现金或支票完成消费。或者即使他们的手机上同时下载了优步与来福车,有时他们依然会直接在街上打车。同样,许多消费者会在亚马逊网站购买生鲜,但其他时间他们会光顾传统的杂货店。最高法院在运通案中认为作为一个法律问题,数字平台与其他市场之间不存在竞争，显然忽略了上述事实，[91]且这些事实甚至从未被报告或讨论过。若运通案能重视该问题，那么将导致以事实评估手段分析数字平台市场中的市场支配力量成为不可能。

在其他市场，使用者都偏好单一生态。模拟视频格式中的VHS制式与数字媒体格式中的蓝光格式之所以胜出就是因为相应市场的用户喜好单一生态；他们不希望同时与两种不同的视频格式标准打交道。[92]

单一生态并不会在市场中阻碍竞争，反而，这会促使企业互相竞争以期成为用户独家的选择。单一生态体系是一浪接一浪的，某段时间人们会选择某种技术，之后一段时间会进行转换。例如，当某用户的苹果手机损坏了，她可能会选择安卓手机，反之亦然。然而，在使用期间，她一般只会选择其中一种。

最后，一些单栖产品或通过合同约束的方式来阻止多栖性。导致蓝光与高清DVD的竞争终结的原因之一即为硬盘制造商会补贴那些只用一种制式发行电影的工作室。所有竞争者都会进行这种补贴，但最终索尼为其蓝光制式赢得了胜利。[93]电子游戏外接设备厂商也同样希望通过排他使用协议来达到单一生态

---

91 *Ohio v. Am. Express Co.*, 138 S. Ct. 2274, 2287 (2018). "只有其他的双边平台企业才能够与另一家双边平台企业就获取交易进行竞争。"

92 参见：Consumers More Aware of HD-DVD over Blu-ray Disc, CHAIN STORE AGE (Sept. 20, 2007), https://chainstoreage.com/news/consumers-more-aware-hd-dvd-over-blu-ray-disc [https://perma.cc/7Q4U-9724]; Drawbaugh, supra note 78。

93 参见：Brooks Barnes, Warner Backs Blu-ray, Tilting DVD Battle, N.Y. TIMES (Jan. 5, 2008), https://www.nytimes.com/2008/01/05/technology/05disc.html [https://perma.cc/9TQV-QS72]。对于独家支付行为的学理论战回顾，参见：Kevin L. Spark, Format War, Antitrust Casualties: The Sherman Act and the Blu-ray—HD DVD Format War, 83 *S. CAL. L. REV.* 173, 174-76 (2009)。

的目的。[94] 这些补贴本身就可能受到反垄断法有关排他性协议法律的规制。[95] 例如，司法部最近针对谷歌提起的诉讼声称，谷歌支付给苹果高额费用以保证谷歌搜索引擎是苹果的默认搜索引擎。[96] 相似地，联邦贸易委员会最近对脸书提起的诉讼声称，脸书向第三方应用开发商开放接入脸书的权限是以要求它们开发的程序不会接入竞争者运营的社交网络为条件的，这会使得使用者们更难进行转换。[97]

虽然广泛存在的多栖性使得自然垄断很难发生，但它不可能消灭自然垄断。谷歌搜索就是一个即使广泛存在多个不同的搜索引擎但依然屹立不倒的典型。[98] 设备使用者都能够轻易免费安装不同搜索引擎并快速进行切换。但谷歌依然保持支配性市

---

94 参见：Robin S. Lee, Vertical Integration and Exclusivity in Platform and Two-Sided Markets, 103 AM. ECON. REV. 2960, 2965 (2013); Elias Carroni, Leonardo Madio & Shiva Shekhar, Superstar Exclusivity in Two-Sided Markets 3, 8-9, app'x at 2 tbl.1, 3 (Jan. 2021)（未发表文章）, https://ssrn.com/abstract=3243777 [https://perma.cc/Q5TQ-CB42-ZVNJ]（讨论并以图表形式展现了电子游戏行业与其他平台市场中存在的独家协议）。

95 参见：Areeda & Hovenkamp, supra note 9, ¶ 1800。

96 Complaint ¶ 45, *United States v. Google LLC*, No.1:20-cv-03010 (D.D.C. Oct. 20, 2020)［以下简称"United States Google Compl."］；比较：Colorado Google Compl., supra note 28, ¶¶ 123-24（指控谷歌与安卓设备制造厂商进行利润分成以换取对谷歌产品的优待或将谷歌产品设置为默认选项）; id. ¶¶ 137-43（提出了相同的指控，例如在手机移动端的语音助手技术授权领域）。

97 参见：FTC Facebook Compl., supra note 33, ¶¶ 23, 136-37, 141, 143（指控脸书以应用开发商不得开发与脸书竞争的产品或与脸书竞争者合作为条件向开发商开放其应用程序接口权限）。通俗地说，应用程序接口指的是一个数字节点，其他实体通过该节点与相应公司的程序进行交互。

98 参见：United States Google Compl., supra note 96, ¶ 93（指控谷歌搜索的搜索市场占有率约 90%）。

场份额。[99]这或是由于内生成本或产品优势导致的。但很有可能的是，这也是由成功的排他性商业实践导致的。[100]

2. 长期存在的支配地位：准入门槛、无过错垄断与排他行为

只有非常少的经验性证据能够证明数字平台是赢家通吃的这一猜测。相反，数字平台市场的轮廓与普通市场依然相似：其中一些平台市场更容易出现单一支配地位企业；其中一些市场会出现一家支配地位企业与一个强有力的竞争者。[101]剩下的市场依然是体量相当的竞争者们自由竞争的市场。一个与此市场结构相关的问题即为新进入者的市场预期。

在反垄断案件中查明市场准入门槛是否存在、存在的程度及相关性一直是一个高度基于事实的调查。[102]对于数字平台来说，许多要素对应不同的研究方向，使得分类处理变得不可能。一方面，网络效应可以构成实质性的准入门槛。尤其在那些无法达成实质性产品差异化的市场，这类市场大部分以平台的一侧市场或两侧为基础，这将新进入者置于极为不利的地位，从而构成极强的市场准入障碍。积累海量客户信息或专利也能构成这种障碍。通过较低的消费者转换成本与广泛的多栖布局能够减少这种障碍，这两个要素在平台市场都很常见；这两个要素，也能够鼓励新进入市场的个体。产品异化也为新进入者打开了

99　参见注 143—157 及相关上下文。

100　至少有一起对谷歌发起的诉讼提出了这一指控。参见：Colorado Google Compl., supra note 28, ¶¶ 36-37（指控谷歌需要通过排他商业行为来维系其市场支配地位）。

101　参见：Don E. Waldman & Elizabeth J. Jensen, *Industrial Organization: Theory and Practice* 190-210 (5th ed. 2019)（对相关市场进行了描述）。

102　参见：Areeda & Hovenkamp, supra note 9, ¶¶ 420-23。

大门，因为技术更新换代极快。[103]

对于市场准入的关注也体现在并购政策方面，对此政府提供了政策指南。由反垄断执法机关颁布的《2010横向并购指南》表明具有事实上反竞争效果的并购或不被追诉，若新进入者可迅速进入相关市场以使上述并购的反竞争效果难以实现。[104] 相关证据必须证明新进入者可维持足够低的价格，这样消费者并不会显著因并购受到损害。[105] 旧版本的并购指南对于时间的规定更加清晰。例如，《1992横向并购指南》认为执法机构不会反对在并购发生后的两年内相关市场中新进入者很可能使价格保持在并购前水平的并购交易。[106]

除了要求存在高准入门槛外，反垄断法拒绝除了在有反竞争行为证据的情况外认定企业具有支配地位。我们从不谴责"无过错的"垄断地位。在写于20世纪70年代的书中，菲利普·阿里达教授与唐纳德·特纳教授认为持续的垄断是一个严重的问题。

---

103 参见：Daniel L. Rubinfeld & Michal S. Gal, Access Barriers to Big Data, 59 *ARIZ. L. REV.* 339, 350-68 (2017)（主张平台市场领域由于涉及大数据的收集与使用，市场准入门槛其实很高）。相反观点参见：D. Daniel Sokol & Jingyuan (Mary) Ma, Understanding Online Markets and Antitrust Analysis, 15 *NW. J. TECH. & INTELL. PROP.* 43, 48-50 (2017)（主张大部分线上市场的准入门槛较低）。持中论者参见：Marina Lao, No-Fault Digital Platform Monopolization, 61 *WM. & MARYL. REV.* 755, 778-79 (2020)（认为对大数据的使用所带来的促进或抑制竞争的效果进行分类归纳"是困难的"）。

104 U.S. Dep't of Just. & Fed. Trade Comm'n, *Horizontal Merger Guidelines* § 9.1 (Aug. 19, 2010), https://www.justice.gov/atr/horizontal-merger-guidelines-08192010 [https://perma.cc/2XCU-K5RK].

105 同上。

106 U.S. Dep't of Just. & Fed. Trade Comm'n, *1992 Merger Guidelines* § 3.2 (1992), https://www.justice.gov/sites/default/files/atr/legacy/2007/07/11/11250.pdf [https://perma.cc/4W8E-PRGK].

他们主张应当允许政府（而不是私人）拆分垄断企业，而无需证明其存在过错，只要垄断状态持续了至少五年。[107]

对于持续存在的垄断企业的解释之一即为市场是赢家通吃的，这种情况下我们自然会期望市场是被一家企业控制的。因此，以市场是自然垄断市场作为抗辩在一个持"无过错垄断"责任的法域是必需的。否则，反垄断法可多此一举地在无法存在多个企业之平衡的市场拆分具有支配地位的企业。这可能导致成本高昂的价格战或合谋，因为自然垄断市场中的激烈竞争是不可持续的。

相比之下，若市场并非自然垄断，那么支配地位企业的出现则须依仗排他性的商业实践、领先的管理、好运气（或对手的坏运气）或合谋。正如最高法院一个多世纪前于标准石油案中所指

---

[107] 参见：3 Phillip Areeda & Donald F. Turner, *Antitrust Law* ¶¶ 620-23 (1978)（提出了无过错垄断规则）。阿里达教授与特纳教授共同基于特纳教授早先的研究成果，并得到了奥利弗·E. 威廉姆森教授学术成果的支持，提出了前述规则。参见：Donald F. Turner, The Scope of Antitrust and Other Economic Regulatory Policies, 82 *HARV. L. REV.* 1207, 1225 (1969)（"《谢尔曼法》第 2 条应该适用于持续存在了实质性时间的市场垄断力量，除非其取得垄断地位所倚仗的是规模经济优势或其发迹于某专利技术且持续通过该尚未失效的专利维持其垄断地位"）; Oliver E. Williamson, Dominant Firms and the Monopoly Problem: Market Failure Considerations, 85 *HARV. L. REV.* 1512, 1527 (1972)（认为持续 5 年的时间足以证明垄断地位的取得不是出于运气或巧合）。更多相关述评，参见：Robert H. Lande & Richard O. Zerbe, The Sherman Act Is a No-Fault Monopolization Statute: A Textualist Demonstration, 70 *AM. U. L. REV.* 497 (2020); Marina Lao, No-Fault Digital Platform Monopolization, 61 *WM. & MARY L. REV.* 755 (2020)。欧盟法与很多其他法域都要求存在"滥用"市场支配地位的行为，显然，这类规定排除了无过错垄断主张的适用。阿里达教授与特纳教授所著最新《反垄断法》的版本并未对无过错垄断理论进行任何修改，并且添加了我（即作者本人）的评述。参见：Areeda & Hovenkamp, supra note 9, ¶¶ 630-38。

出的，"若没有外来的或政府的力量实施垄断且订立具有垄断倾向的不法合同的权利不被允许，则垄断会不可避免地被阻止"[108]。

在一个稳定的自然垄断市场，一个具有支配地位的企业只需要收取一个具有竞争力的价格就能够排除竞争对手，或偶尔以此来抵御竞争对手的挑战。[109] 在没有排他性商业实践的市场，市场会决定多少企业存在。因此，判定是否存在排他性商业实践使我们无需再判定市场是否为自然垄断市场。

持续存在的排他性商业实践可以表明相关市场并非自然垄断市场。这很可能就是如今面对联邦司法机关与州司法机关提起的若干反垄断诉讼的谷歌搜索与脸书的情况。[110] 这些司法指控都声称存在若干排他行为。这些指控的存在暗示谷歌并非具有自然垄断地位。若其如此，谷歌并不需要每年支付苹果数十亿美元以使得其搜索引擎成为苹果手机的默认搜索引擎，或者与数个商业合作伙伴签订优待谷歌搜索的协议。

对于长期垄断问题，我们可以采取若干措施。首先，可以在无过错证据的情况下判定一个企业具有相对长期的垄断状态，但随后允许以相关市场为自然垄断市场作为其抗辩。或我们可以假设若某市场在一段时间内盛行垄断，则相关市场主体或涉嫌违反反垄断法。被告可通过证明自然垄断或其他迫使其拥有垄断地位的证据来进行反驳。[111]

108　221 U.S. 1, 62 (1911).

109　参见：*Union Leader Corp. v. Newspapers of New Eng., Inc.*, 284 F.2d 582, 587 (1st Cir. 1960) ("我们不认为自然垄断市场中存在竞争这一情况可以限制被告为自己辩护的权利")。

110　参见注 28、33 及相关上下文。

111　参见，例如：*United States v. Aluminum Co. of Am. (Alcoa)*, 148 F.2d 416, 429 (2d Cir. 1945) ("垄断地位或许是被强加的")。

这便是 20 世纪中叶在著名的美国铝业公司案中，维赞斯基（Wyzanski）法官就汉德法官于案件判决中所发表观点进行讨论的精髓。[112] 最后，我们可以采取我们确实采取过的措施，那就是证明存在排他行为且在不判定相关市场是否允许只存在一家有效率的企业的情况下宣告垄断的存在。

我们坚持证明排他行为的存在，部分是因为我们不确定某个市场是否存在具有支配地位的企业。也许相关市场自然会催生自然垄断，或支配地位是源于排他商业行为或偶然事件。在任何情况下，即使是自然垄断状态也不能为排他行为开脱。电话行业就是一个随着技术从有线传输向无线传输升级而从自然垄断向高度竞争结构转变的范例。对于 AT&T 的拆分是因为相关市场中的竞争变得可持续后，其依然采取排他行为以维持其垄断地位。[113]

从历史的角度来看，绝大部分公司最终都失去了其支配地位。联邦法院早在 1916 年的合众国诉美国罐业公司案中就已面对过垄断持续性的问题。[114] 在取得了支配地位后，美国罐业公司涨价幅度之高吸引了许多新的公司进入市场，甚至包括那些只有落后技术的公司。[115] 而在法院作出判决时，其市场份额已经急剧下降。

在大萧条期间，引起国会注意并促成《罗宾逊-帕特曼法》[116]

---

112 参见：*United States v. United Shoe Mach. Corp.*, 110 F. Supp. 295, 341-42 (D. Mass. 1953) (discussing *Alcoa*, 148 F.2d at 427)。
113 参见注 256 及相关上下文。
114 *United States v. American Can Co.*, 230 F. 859, 879 (D. Md. 1916).
115 同上。"价格的上涨一定会到达一个让市场外的潜在竞争者认为有利可图的高点，进而使其开始通过任何可能的手段获得哪怕是用老旧厂房中的制罐设备进行罐头的生产……"
116 15 U.S.C. § 13 (2018).

通过的企业即为大西洋太平洋茶叶公司（A&P），这一大型连锁企业使得许多小杂货店无以为继。那些年，其一直是美国最大的杂货经销商。[117] 在1929年，其成为了美国任何种类商品最大的经销商，规模是排名第二的西尔斯公司的2.5倍。[118]

今天，相关市场的领头羊是沃尔玛，克罗格公司紧随其后。A&P公司在2015年破产且其资产大部分被出售给了其他杂货零售商。西尔斯公司在2018年提交了破产申请。1929年排名前十的美国公司没有一家在今天仍然保持其地位，很多早已消失。[119]

公司为何会失去支配地位是一个复杂的问题，没有一个单一的答案。有些失去支配地位仅仅是因为其具有市场支配力的专利保护期失效。这是施乐衰败的主要原因，其通过收购一揽子纸张复印技术的专利获得了统治地位，随后随着专利过期而逐渐失去相应地位。[120]

某些企业失去市场支配地位是反垄断的结果。例如标准石油公司、美国铝业公司与美国鞋业公司（USM）。标准石油公

---

117 参见：Marc Levinson, *The Great A&P and the Struggle for Small Business in America* 69, 112-14 (2011)。

118 Id. at 113. 以降序列出了1929年美国十大零售商的排名，它们分别是：A&P公司、西尔斯公司、伍尔沃斯公司、蒙哥马利·沃德公司、克罗格公司、西夫韦公司、彭尼公司、克瑞斯吉公司、美国商店公司与金贝尔兄弟公司。

119 参见：The Top 10, FORTUNE 500 (2019), https://fortune.com/fortune500/2019 [https://perma.cc/62EP-XQ58]。

120 施乐的商业策略首先在该案中得到关注：*SCM Corp. v. Xerox Corp.*, 463 F. Supp. 983, 986-87 (D. Conn. 1978) (将施乐的商业策略描述为购买所有与普通纸张复印相关的专利); 该案再次提及该策略：*SCM Corp. v. Xerox Corp.*, 645 F.2d 1195, 1197 (2d Cir. 1981). 另参见：R. Cross & A. Iqbal, The Rank Xerox Experience: Benchmarking Ten Years On, in *Benchmarking—Theory and Practice 3* (Asbørn Rolstadås ed., 1995) (对施乐公司所购买的专利过期后其与日本竞争者艰难的竞争进行了描述)。

司案中依据反垄断法其被拆分为 34 个较小的公司。[121] 美国铝业公司并未被拆分，但其被禁止收购两家大型国有铝业公司，这两家公司在"二战"后被出售。而其买家，凯撒公司与雷诺兹公司，随后成为美国铝业公司的主要竞争对手。[122] 在漫长的自 20 世纪 10 年代始至 20 世纪 60 年代止的美国鞋业案中，[123] 联邦法院先是认定其具有垄断地位但拒绝对其进行拆分，这主要是因为其只在一家工厂进行生产。[124] 18 年后，最高法院判决对其进行部分资产剥离。[125] 在 1949 年，美国鞋业公司占有制鞋业近 90% 的市场份额。[126] 随后，缝纫皮革鞋类的需求急剧下降，美国鞋业公司也失去了三分之一的市场份额。[127]

121　参见: William E. Kovacic, Designing Antitrust Remedies for Dominant Firm Misconduct, 31 *CONN. L. REV.* 1285, 1295 n.46 (1999); Briscoe Ctr. for Am. History, ExxonMobil Historical Collection, 1790-2014, U. TEX. AUSTIN, https://legacy.lib.utexas.edu/taro/utcah/00352/cah-00352.html [https://perma.cc/NCS5-BWTQ] （"在 1911 年 5 月，经过数年的诉讼，美国最高法院最终宣布位于美国新泽西的标准石油公司拥有'不合理的'垄断地位并要求其进行拆分；该判决最终导致了 34 家不同的独立公司出现。"）。

122　参见: 2 Simon N. Whitney, *Antitrust Policies: American Experience in Twenty Industries* 97-98 (1958); Spencer Weber Waller, The Past, Present, and Future of Monopolization Remedies, 76 *ANTITRUST L.J.* 11, 16-17 (2009)。

123　参见，例如: *United States v. United Shoe Mach. Co.*, 247 U.S. 32 (1918); *United States v. Winslow*, 227 U.S. 202 (1913)。最早的一系列判决由州法院做出，例如: *United Shoe Mach. Co. v. Kimball*, 79 N.E. 790, 791-92 (Mass. 1907) (对排他交易合同是否属于合理的商业限制行为进行了评估)。

124　*United States v. United Shoe Mach. Corp.*, 110 F. Supp. 295, 351 (D. Mass. 1953), aff'd, 347 U.S. 521 (1954); Carl Kaysen, *United States v. United Shoe Machinery Corporation: An Economic Analysis of An Anti-Trust Case* 272-75 (1956).

125　*United States v. United Shoe Mach. Corp.*, 391 U.S. 244, 251 (1968)。

126　参见: Kaysen, supra note 124, at 52-53。

127　参见: Scott E. Masten & Edward A. Snyder, United States Versus United Shoe Machinery Corporation: On the Merits, 36 *J.L. & ECON.* 33, 66-67 (1993)。

持续的垄断有时也会被技术革新终结。其中一个例子便是柯达相机，保持垄断近一个世纪的商界传奇。20 世纪 10 年代其被认定为具有垄断地位，[128]1979 年第二巡回法庭将之形容为"其领域的泰坦巨人"。[129] 在 1979 年之前的 27 年，其在电影胶片市场的份额至少为 82%。[130] 其在业余相机中的市场份额从 20 世纪 50 年代的 61% 增长到了 20 世纪 60 年代中期的 90%。[131] 然而在 2012 年，柯达宣告破产，原因与反垄断法几乎没有关联。新的数字摄影技术和传统摄影技术在方方面面都差异巨大，而柯达依然固守在其传统摄影技术领域。讽刺的是，柯达在数字摄影领域是开创者，并开发了许多早期专利。但其在传统技术方面投入了太多资源，并疏于预见数字时代的到来。其投入了太多资源在胶片摄影这一行将就木的领域，其进入数字时代的时间太晚、步伐太小。[132]

微软的故事与消费者互联网的兴起也有着相似的脉络，虽然微软依然在持续发展。[133] 多亏了 IBM 的开源模型，绝大部分硬件市场仍存在竞争，软件市场的竞争也越来越激烈。在这两个市场中间的，则是操作系统市场。在比尔·盖茨治下，微软

128　参见：*Loeb v. Eastman Kodak Co.*, 183 F. 704, 711 (3d Cir. 1910)（支持了相应反垄断起诉并驳回了要求驳回起诉的动议）；*United States v. Eastman Kodak Co.*, 226 F. 62, 81 (W.D.N.Y. 1915)（认定对数个小公司的一揽子收购行为及准排他交易行为违法）。

129　*Berkey Photo, Inc. v. Eastman Kodak Co.*, 603 F.2d 263, 271 (2d Cir. 1979).

130　Id. at 269-70.

131　同上。

132　参见：Elliot Brown, Ben Hattenbach & Ian Washburn, From Camera Obscura to Camera Futura: How Patents Shaped Two Centuries of Photographic Innovation and Competition, 98 *J. PAT. & TRADEMARK OFF. SOC'Y* 406, 436 (2016)。

133　参见：*United States v. Microsoft Corp.*, 253 F.3d 34 (D.C. Cir. 2001)。

开发的操作系统与苹果操作系统一道，成为个人计算机领域所有软件与应用绕不过的看门人。[134] 与此同时，微软的程序设计使得大部分系统进程处理与数据处理的工作本地化，通信仅仅是这一程序设计的附加部分。

网景公司的网为中心模式对于微软的模式是严重的威胁。正如盖茨写给雇员的电子邮件标题所述，（网景的模式）是"互联网海啸"，当时网景正在开发一个将操作系统的功能嵌入不同应用之中的"多栖性策略"并以此将"底层操作系统商品化"。[135] 微软采取了一系列措施试图打压网景公司以维系微软的市场支配地位。

盖茨的目的是保护视窗操作系统。而视窗操作系统的垄断地位就是政府对微软提出指控的核心。但对于微软真正的威胁则来自互联网浏览器。实际上，后来被商品化的并不是操作系统，而是浏览器。虽然之后微软继续在不同的操作系统市场占据较大市场份额，其在浏览器市场因受到监管而变得"泯然众人"。[136] 这部分源于先前微软案的判决，其禁止微软实施若干（相较于网景的产品所受之待遇）优待本公司浏览器的排他协议。这还

---

134 值得借鉴的分析，参见：Andrew I. Gavil & Harry First, *The Microsoft Antitrust Cases: Competition Policy for the Twenty-first Century* (2014); William H. Page & John E. Lopatka, *The Microsoft Case: Antitrust, High Technology, and Consumer Welfare* (2007)。

135 1995 年 5 月 26 日，由微软的 CEO 比尔·盖茨发给管理层员工的报告原文，https://lettersofnote.com/2011/07/22/the-internet-tidal-wave [https://perma.cc/D85V-WTHX]。该封邮件也是微软案中相关案情记录的一部分（253 F.3d 34）。

136 参见：Ben Schoon, Microsoft Continues to Gain an Edge in the Browser Wars as It Builds More Market Share, 9TO5GOOGLE (Nov. 2, 2020, 9:11 AM PT), https://9to5google.com/2020/11/02/microsoft-edge-market-share-2020-gain/#more-387510 [https://perma.cc/HN3K-YUHA]；参见注 148 及相关上下文。

部分源于宽带网的普及与许多高质量替代浏览器的出现。

总之,数字平台的垄断史与其他行业并无显著不同。虽然资料有限,但并无证据表明数字平台企业的垄断对竞争具有更强的抵制能力,或者这些大型互联网企业的寿命比传统制造业巨头更长。

此外,如同传统市场一样,每个公司的境遇也各不相同。微软在1975年成立,随后在操作系统市场享有支配地位,输掉了绝大部分政府向其提起的指控其在操作系统市场试图维持垄断地位的反垄断诉讼。[137] 在当时,微软的操作系统在所有与IBM兼容的(采用英特尔技术)计算机市场中占有超过95%的市场份额。[138] 而苹果操作系统,并不是基于英特尔技术,所以不被包括在上述市场中。今天微软在包括苹果操作系统在内的整个市场中占有大约76%的市场份额。[139] 市场界定改变的一个解释是2001年微软的操作系统主要在英特尔架构的芯片上运行,而苹果的设备运行的是摩托罗拉的芯片。在2006年,苹果也使用了英特尔芯片,使得两个公司的系统有了更多相似性,这也使得软件更容易在两个平台上运行。[140] 若去除苹果操作系统的市场份额,微软今天依然具有97%的市场份额,[141] 和其多

137　*Microsoft*, 253 F.3d at 117-19.

138　Id. at 51.

139　参见:Desktop Operating System Market Share Worldwide, STATCOUNTER, https://gs.statcounter.com/os-market-share/desktop/worldwide [https://perma.cc/F47B-RT5B]。

140　参见:Press Release, Apple, Apple to Use Intel Microprocessors Beginning in 2006 (June 2, 2005), https://www.apple.com/newsroom/2005/06/06Apple-to-Use-Intel-Microprocessors-Beginning-in-2006 [https://perma.cc/ZCN2-M6YC]。

141　Schoon, supra note 136.

年前面对诉讼时并无二致。微软的操作系统势必可被认为是存续时间最长的平台企业技术。但其是否为自然垄断企业则令人生疑。更有可能的情况是，其只是一个操作系统多样化的市场中的一个替代品，这一市场包括苹果操作系统、谷歌操作系统和其他小型设备可使用的操作系统。[142]

微软公司浏览器的故事则不一样。有趣的是，围绕微软在操作系统市场具有支配地位而提起的反垄断诉讼中，政府的许多指控涉及微软在商业上推广其网页浏览器的行为。微软通过要求购买其操作系统的用户也购买其浏览器实施了搭售行为。[143] 随后，其将浏览器的代码嵌入操作系统中，直到今天。[144] 其还对原始设备制造商（OEMs）与应用开发者施加了许多限制，要求他们独家或至少"优待"其浏览器。[145] 这些行为带来的后果

---

142 确实，就在本文撰写之际，苹果再一次升级了其最新产品所使用的芯片，这次其使用的是自己生产的芯片。参见：Brian Heater, Apple Is Building Its Own Processors for Future Macs, TECHCRUNCH (June 22, 2020), https://techcrunch.com/2020/06/22/apple-is-building-its-own-processors-for-future-macs [https://perma.cc/VE5K-Q74A]。

143 Herbert Hovenkamp, IP Ties and Microsoft's Rule of Reason, 47 *ANTITRUST BULL*. 369, 376 (2002). 对于相关争议的反垄断诉讼历史介绍，参见：Gavil & First, supra note 134。

144 *United States v. Microsoft Corp.*, 253 F.3d 34, 66 (D.C. Cir. 2001). 在 2015 年，微软开始使用 Edge 浏览器，该浏览器现在是基于谷歌开发的 Chromium 引擎所打造。关于华盛顿特区法院对复杂技术混同（comingling）问题的看法，参见：id. at 65-68。

145 Windows 98 操作系统会在多种情况下自动运行 Internet Explorer 浏览器，即使在网景浏览器已被设置为默认浏览器的情况下。微软还禁止 OEMs 修改 Windows 的程序启动顺序，这使得 OEMs 在面对微软 Internet Explorer 浏览器及其相关特性时更难改进网景的产品。微软同时也不允许 OEMs 从其"开始"菜单中移除任何程序。参见：*United States v. Microsoft Corp.*, 84 F. Supp. 2d 9, 62-64 (D.D.C. 1999)。

即为在微软面对上述反垄断诉讼期间，其在浏览器市场的份额从 5% 上升到大约 50%；这一上升大部分是以占领网景的市场份额为代价的。[146]

今天，谷歌浏览器显然是行业领跑者——拥有 60% 到 70% 的用户市场份额——紧随其后的是苹果公司的浏览器与火狐浏览器。[147] 在过去数年间，微软推出了两款浏览器产品："Edge" 浏览器是其现时的主打产品，"Internet Explorer" 浏览器则几乎被逐步淘汰。而微软现在的市场份额只有 3% 到 5%。[148]

多么讽刺，微软继续保持了其在操作系统市场中的地位，但却输掉了相应的反垄断诉讼，同时，它又在浏览器市场失去

---

[146] 参见：id. at 101-02。相应市场份额的变化依然不足以支持微软具有垄断地位的指控，但政府也指控微软试图在浏览器市场获得垄断地位。然而，在华盛顿特区法院认定浏览器市场被过于模糊地界定后，该指控被驳回。*Microsoft*, 253 F.3d at 82-84.

[147] United States Google Compl., supra note 96, ¶ 49（指控 Chrome 拥有近 60% 的市场份额）。另参见：StatCounter GlobalStats，其基于页面浏览量来评估世界范围内的与地区性的不同浏览器所占有的市场份额。世界范围内浏览器的市场份额如下：Chrome 浏览器（63.63%）、Safari 浏览器（19.37%）、Firefox 浏览器（3.65%）……Edge 浏览器（3.24%）。在美国市场，市场份额如下：Chrome 浏览器（46%）、Safari 浏览器（38.7%）、Edge 浏览器（5.24%）。之所以在世界范围内的市场与美国市场会存在数据差异，主要是因为苹果手机在美国比在世界其他地区更为流行，而其搭载运行的是 Safari 浏览器。Browser Market Share United States of America, STAT COUNTER (Jan. 2021), https://gs.statcounter.com/browser-market-share/all/united-states-of-america [https://perma.cc/HEX4-LSRZ].

[148] 参见：Browser Market Share United States of America, supra note 147; Schoon, supra note 136。Chrome 浏览器与 Edge 浏览器都是基于 Chromium 这一开源引擎，其为谷歌产品，且 Edge 浏览器新近市场份额的增加也可被认为源于谷歌。参见：Mike Moore, Millions of People Are Still Using Internet Explorer for Some Reason, TECHRADAR PRO (Nov. 2, 2020), https://global.techradar.com/en-za/news/watch-out-chrome-microsoft-edge-just-hit-an-important-landmark [https://perma.cc/S4SS-L2EW]。

了市场份额，而相关反垄断诉讼中，微软赢得了胜利。微软失去浏览器的市场份额一部分原因在于相关案件判决禁止其再以多种排他性手段推广其浏览器。但互联网的推广，其他开源替代产品（谷歌浏览器与火狐浏览器）的存在与苹果公司进入相关市场才更有可能是导致这一结果的外部原因。[149] 最终，最有可能的解释是由默认设置、低转换成本与多栖商业模式造成的消费者偏好的变化。毕竟浏览器是免费使用的，且新的浏览器只需要几分钟就能安装好。浏览器也很容易受到多栖性的影响，用户可以在电脑和智能手机上安装多个不同的浏览器。

社交网络平台的故事则在很多方面都不相同。MySpace 于 2003 年面世，而在 2007 年就有评论者担忧其会成为一个永久的自然垄断者。[150] 这一论断很大一部分原因在于其忽视了在 2004 年面世的脸书。[151] 在 2008 年，脸书取代了 MySpace 的主导地位。[152]

149 Apple Releases Safari 1.0, APPLE (June 23, 2003), https://www.apple.com/newsroom/2003/06/23Apple-Releases-Safari-1-0 [https://perma.cc/9JKZ-A9BM].

150 Victor Keegan, Will MySpace Ever Lose Its Monopoly?, GUARDIAN (Feb. 8, 2007, 7:41 AM ET), https://www.theguardian.com/technology/2007/feb/08/business.comment [https://perma.cc/HA3C-45NK] (not mentioning Facebook); 另参见：John Barrett, MySpace Is a Natural Monopoly, TECH NEWS WORLD (Jan. 17, 2007, 4:00 AM PT), https://www.technewsworld.com/story/55185.html [https://perma.cc/89YB-9N6A] (预测 MySpace 将有可能成为"唯一拥有显著影响的社交媒体"且其竞争者"将无可避免地在小众市场与细分市场中生存")。

151 Sarah Phillips, A Brief History of Facebook, GUARDIAN (July 25, 2007, 5:29 AM EDT), https://www.theguardian.com/technology/2007/jul/25/media.newmedia [https://perma.cc/TFX7-MN65].

152 Evan Tarver, 3 Social Media Networks Before Facebook, INVESTOPEDIA (Apr. 3, 2020), https://www.investopedia.com/articles/markets/081315/3-social-media-networks-facebook.asp [https://perma.cc/9SQ9-PBAG].

今天，根据联邦贸易委员会 2020 年的指控，脸书占据了高度异质化的"个人社交网络"服务市场 60% 的份额。[153] 而 MySpace 在该市场中都没有挤进前五。[154] 这一市场最能够被形容为拥有一个具有支配地位的企业与竞争性边界（competitive fringe）的市场。[155]

数字搜索引擎市场也很相似。AltaVista 在 1995 年创立，随后成为市场领先者直到其不敌谷歌搜索。在 2000 年，AltaVista 拥有 18% 的市场份额，而谷歌只有 7%。[156] 在 2003 年，雅虎收购了 AltaVista 并将其技术嵌入了自己的搜索引擎。AltaVista 最后在 2013 年作为独立搜索引擎被关停。[157]

---

[153] 参见：FTC Facebook Compl., supra note 33, ¶¶ 33, 64（指控脸书的市场份额自 2011 年后持续"超过 60%"）。另一些网站则认为随着社交媒体市场的多样化与细分化，脸书正逐渐失去其市场份额。Priit Kallas, Top 10 Social Networking Sites by Market Share Statistics [2021], DREAMGROW (Jan. 4, 2021), https://www.dreamgrow.com/top-10-social-networking-sites-market-share-of-visits [https://perma.cc/VXC9-QJP3]。

[154] J. Clement, U.S. Market Share of Leading Social Media Websites 2020, STATISTA (Nov. 18, 2020), https://www.statista.com/statistics/265773/market-share-of-the-most-popular-social-media-websites-in-the-us [https://perma.cc/EMB3-8J8N]; see also Elise Moreau, Is MySpace Dead?, LIFEWIRE (Dec. 16, 2020), https://www.lifewire.com/is-myspace-dead-3486012 [https://perma.cc/747L-PFLL]。

[155] 不可否认，美国的市场一直存在波动。StatCounter 列出了美国领先的社交媒体公司的市场份额，它们分别是：脸书（60.68%）、Pinterest（20.2%）、推特（14.47%）与 YouTube（1.56%）。参见：Social Media Stats United States of America, STATCOUNTER (Jan. 2021), https://gs.statcounter.com/social-media-stats/all/united-states-of-america#monthly-201806-202101 [https://perma.cc/HN9T-J4L2]。

[156] 参见：Don't Count AltaVista Out Yet, FORBES (Oct. 20, 2000, 5:09 PM ET), https://www.forbes.com/2000/10/20/1020alta.html [https://perma.cc/FB5R-T86H]。

[157] 参见：Danny Sullivan, A Eulogy for AltaVista, the Google of Its Time, SEARCH ENGINE LAND (June 28, 2013, 6:53 PM), https://searchengineland.com/altavista-eulogy-165366 [https://perma.cc/GGE9-CZTE]。

所以，即使是在数字技术市场，出现与离开总是不断发生，市场份额持续变化，支配地位时有时无。[158]虽然丰富的知识产权组合可以让市场更难进入，广泛存在的授权许可可以促进新进入者的产生。IBM、AT&T与施乐公司一开始都通过大量专利获得了支配地位。随后也都失去了支配地位，相关市场现在也更富于竞争。此外，多栖产品市场相较于单栖产品市场也更容易进入。[159]对于这些技术变革的威胁来自于排他商业实践，包括合同约束与平台企业对那些有可能成为其竞争者的公司的收购。[160]

3. 下降的成本、网络结构及竞争程度

若一个自然垄断企业收取一个具有竞争力的价格，那么没有生产相同产品、拥有相同成本与技术的竞争对手可以成功与其竞争，即使垄断者并未采取任何排他商业行为。导致自然垄断的情况一般是高固定成本并伴随可以供给整个市场需求的生产能力。这发生在生产成本持续降低直至以竞争价格销售的产出能至少满

---

[158] 对于垄断地位持续时间的值得借鉴的讨论，参见：Yale Brozen & George Bittlingmeyer, *Concentration, Mergers and Public Policy* 19-43 (1982)（主张经营者集中的不利影响并不如预期）; Timothy F. Bresnahan, Empirical Studies of Industries with Market Power, in 2 HANDBOOK OF INDUSTRIAL ORGANIZATION 1011, 1051-53 (Richard Schmalensee & Robert Willig eds., 1989); David Encaoua, Paul Geroski & Alexis Jacquemin, Strategic Competition and the Persistence of Dominant Firms: A Survey, in *NEW DEVELOPMENTS IN THE ANALYSIS OF MARKET STRUCTURE* 55, 61-73 (Joseph E. Stiglitz & G. Frank Mathewson eds., 1986)（描述了战略投资对于市场结构的影响）; Paul A. Geroski & Alexis Jacquemin, Dominant Firms and their Alleged Decline, 2 *INT'L J. INDUS. ORG.* 1, 13-19 (1984)。对于平台企业存续时间的比较，参见：Jonathan A. Knee, Why Some Platforms Are Better than Others, 59 *MIT SLOAN MGMT. REV.* 18, 19-20 (2018)。

[159] 对于多栖性的重要性的论述，参见本文第二节，第三"1"部分。

[160] 相关讨论，见本文第四节第一部分。

足市场一半需求之时。任何拥有相同生产效率与相同技术但产出不足市场需求一半的企业都会因此承受更高的成本。

例如,假设一家企业以较高的固定成本生产某商品,随着产出的增加其生产成本持续下降。在某单位时间生产 1000 单位该商品时成本最低。假设该产品的竞争性价格为单价 1 美元,市场将在 1800 单位被供应时出清。假设竞争对手在相同情况下生产 800 单位或更少量的产品,则其成本会更高,那么其在 1 美元售价时利润会更少或无利可图。[161] 假设自然垄断企业可以低价供应整个市场,社会化的最佳产量也会促使其这么做——在上例中,就是以 1 美元向市场供应 1800 单位该商品。然而,作为一个不受监管的垄断企业,为了利润最大化,其可以收取一个远高于 1 美元的价格。传统的观点即为对自然垄断企业在这种情况下会收取的价格进行监管。[162]

三个限定条件非常重要。[163] 首先,若企业收费高于成本,那么市场对于其他企业或有机可乘。其次,垄断企业有满足整个市场需求的产能。第三,使用更低成本进行生产的竞争者可以在市场中存活甚至替代垄断者。

首先,当企业的收费高于成本,这为其竞争对手创造了机会。从历史的角度看,这给予了享有支配地位且生产成本不断降低的企业一个战略选择:要么立刻收取一个非常低的价格,这会

---

161 参见:Hovenkamp, supra note 26, §1.4b。
162 对于以非常规手段对自然垄断企业进行价格监管这一模式利弊的分析,参见:Paul L. Joskow, Regulation of Natural Monopoly, in 2 *Handbook of Law and Economics* 1227 (A.M. Polinsky & S. Shavell, eds., 2007)。
163 对于相关讨论,为了避免整个模型陷入混乱,我们忽略产品多样化所带来的各种可能性。见本文第二节,第三"4"部分。

打败竞争对手；或收取一个较高的价格，这会带来短期内的高额利润，但也让竞争者得以进入市场。企业选择哪种战略取决于多种元素，包括：对于未来需求的不确定性、变革中的技术、竞争对手的市场地位、短期内对利润的需求以及对反垄断诉讼的担忧。例如，美国钢铁公司采取了收取更高价格这一策略多年，其将价格维持在允许少数公司在市场中存在的程度，但这些小公司的成长也因此受到了限制。[164]

其次，一家生产成本不断降低的企业也必须有能力以其收取的价格来满足市场的需求。企业未能达到此目标的经典场景即为提供飞往指定终点航班的客运航空公司：一趟航班搭乘的旅客越多，运输每位旅客的成本越低，当航班满载时这一成本降到最低。但其实对于航空公司来说大部分成本是固定的：购买飞机的固定成本不会受到乘客数量的影响。即使飞机满员，飞行员的用工成本也不会提高。虽然乘客数量增加会导致燃料成本上升，但（相比上述成本）这一数额较小。

尽管如此，若在特定时间希望前往某特定终点的乘客数量大于某航空公司的运力，那么就不可能在相关市场形成自然垄断。在这种情况下，另一架飞机的存在成为了必要，这架飞机可以是相同或不同的航空公司提供的。[165] 若由另一家航空公司提供，那么自然就产生了竞争。

---

164 Thomas K. McCraw & Forest Reinhardt, Losing to Win: U.S. Steel's Pricing, Investment Decisions, and Market Share, 1901-1938, 49 *J. ECON. HIST.* 593, 599-600 (1989).
165 若存在多架飞机班次的规模化经营，则相关市场仍然有可能是自然垄断市场。这意味着，市场中的某家航空公司可以较之另外一家航空公司更低的成本为某航线提供第二趟航班。

巨大的产能需求说明了为什么许多公共事业企业（例如电力公司）至少在零售端是自然垄断公司。一旦铺设好了输电网络，随之而来的供给提升而导致的成本升高是非常有限的，而往往一条供电线就能满足全部需求。而航空公司案例中的情况则更多变。对于繁忙航线，诸如芝加哥至洛杉矶，需要很多飞机来满足每日需求，这也给多家航空公司提供了业务。然而，在更为冷门的航线，例如从密歇根州的卡拉马祖市到印第安纳州的南本德市，大概率只能长期存在一架往来执飞的航班。

销售纯数字内容的平台一般不会有严重的产品产能限制问题。例如，在 YouTube 上发布的视频并不会有播放数量的限制。所以，在这些市场，是否有能力提供满足整个市场需求的产品通常不会是一个问题。而亚马逊出售的实物商品，则是另一个问题，在相关市场依然有可能产生产能受限问题。

第三，即使自然垄断企业也有可能被新技术或生产成本更低的公司所取代。例如，铁路运输公司在许多市场享有自然垄断地位多年，但其最终被长距离货车运输公司所替代。[166] AT&T 电话系统，是另外一个例子，由于多年间电话信号一直是通过电话线在通话者之间传输，其在相关市场一直享有自然垄断地位。无线通信的出现，以及采用新技术的 MCI 公司与斯普林特公司，成功挑战了 AT&T 的市场支配地位。现在高度异质化的行业大部分的市场结构都是充满竞争的。[167] 此外，报纸行业曾

---

166 参见：*E.R.R. Presidents Conference v. Noerr Motor Freight, Inc.*, 365 U.S. 127, 128-32 (1961)（回顾了相关法律冲突）; Note, Appeals to the Electorate by Private Businesses: Injury to Competitors and the Right to Petition, 70 *YALE L.J.* 135, 137-40 (1960)（描述了卡车行业的崛起和铁路行业的没落）。

167 参见注 380—383 及相关上下文。

被认为在其服务领域具有支配地位，但其现在不得不与新兴的电台业竞争广告收入。[168] 今天，它们还要与互联网竞争。[169] 总之，某市场是否为自然垄断市场既取决于技术，也取决于时代。这在数字科技行业尤甚，因为技术变革日新月异。

另一个需要考虑的问题则为数字平台的产出不一定都是数字化的。但诸如脸书、谷歌搜索与网飞这样的平台则是所有内容全部数字化的一个极端。[170]

亚马逊、优步与爱彼迎则非常不同。它们分别出售实体产品、网约车服务与短期住宿服务。对它们来说，不同的销售模式有不同的成本。此外，它们提供的商品或服务具有竞争性，这意味着每一次购买它们的产品或服务的交易，都会对其他公司的产出或收益产生限制。

例如，亚马逊是大型数字平台。其提供的产品中包括纯数字化的产品，例如音乐、视频、电子书与电脑软件。但亚马逊的销量主力军是诸如烤面包机、电动工具、行李箱、食物这类的商品。每在亚马逊上出售一个品牌箱包，就会代替其他渠道可能售出的一个由相同品牌或不同品牌出售的竞品箱包。其他

---

168 例如：*Lorain Journal Co. v. United States*, 342 U.S. 143, 143 (1951) (认定一家拒绝与任何在其竞争对手的广播电台投放广告的实体进行交易的报社违法)。

169 参见：Hamza Shaban, Digital Advertising to Surpass Print and TV for the First Time, Report Says, WASH. POST (Feb. 20, 2019, 9:53 AM EST), https://www.washingtonpost.com/technology/2019/02/20/digital-advertising-surpass-print-tv-first-time-report-says [https://perma.cc/E7NZ-YEVC]。

170 脸书提供的交互服务的主要载体为信息、照片与视频，均为数字化形式。声破天授权的流媒体音乐、播客与其他产品全部是数字化的。网飞提供的电影与电视剧产品绝大部分也是如此，其只保留了很小一部分线下实体店的 DVD 碟片与蓝光碟片出租业务。《网飞公司年度报告》(Form 10-K) (Jan. 29, 2020) (显示网飞 DVD 出租订阅业务的收入自 2017 年起持续下降)。

渠道包括其他数字平台与传统线下门店。一份来自2019年的消费者报告显示箱包在极为广泛的渠道销售，从数字平台到传统实体店，有些卖家也会在这两个渠道同时销售。那时，三分之二的消费者从实体店而不是互联网购买箱包。那时网络箱包销售最多的卖家包括"Luggage Pros""Away"与亚马逊；线下店则包括沃尔玛、塔吉特与开市客。[171] 对于新秀丽的箱包，我们尚不清楚亚马逊平台是否较其他竞争销售者有优势。我们也不清楚，是否会出现一个箱包销售市场的垄断地位卖家。

涉及网络效应的自然垄断问题又包含两个特殊问题。首先，相关网络具有自然垄断属性吗？其次，相关网络必须要被一家公司控制吗？比如，国际电话网络是一个自然垄断网络，因为这一全球网络的外部性意味着一个更大的网络总是比一个个小网络有优势。但这个电话系统却被设计为具有竞争结构，因为许多企业经营相关业务，且不存在具有支配地位的企业。

诸如4G手机、5G手机这样的网络技术设备被认为具有如下特性：其生产与使用具有可观的规模经济效应、是重要知识产权的载体、被视为网络基础设施且具有搭载操作系统这样的数字化特点。但是在制造与销售这些网络设备方面，它们同样具有传统经济的特点。在这一市场，阻碍自然垄断的重要因素就是高互操作性，这促进了相关市场中的竞争。[172]

在AT&T案中，技术进步导致竞争产生。尽管如此，随后的反垄断判决与联邦诉讼依然是有需求的，因其促进与保护了市场中

171　Best Luggage Stores: Online or Walk-In?, CONSUMER REPS (Dec. 17, 2019), https://www.consumerreports.org/luggage-stores/best-luggage-stores-online-or-walk-in [https://perma.cc/P35T-4QJY].

172　关于互操作性作为一种救济手段，参见注367—377及相关上下文。

的互操作性与竞争。今天，设备之间几乎可以"无缝互联"。比如，蜂窝网络同时兼容使用大量不同技术的苹果手机与安卓手机。不可否认，纵然都需要配合手机制造商的需求，开源的安卓系统比单一的苹果系统发展更迅速且在许多领域占据了统治地位。[173]

生产端持续降低的成本与消费端持续提升的价值都偏好规模更大的经济组织。大型的组织可以单一企业或企业联合体的形式存在。此时随着交易量的上升消费者的价值也在增长——网络效应如约而至。[174]

若网络被一家企业支配，大企业显然会有优势。若多家公司可共同提供网络产品或服务——大企业则未必会有前述的优势。这一事实为我们谋划针对平台垄断的反垄断救济措施提供了重要参考：在网络中促进多个公司进行竞争是更好的手段，而不是鼓励多个网络的出现。当网络内互联互通的质量很高时，一个自然垄断网络可以容纳多个公司，包括很多小公司。正如下文所述，一种反垄断救济方式便可以达成这一目标，即在自然垄断市场中进一步促进竞争。[175]

---

[173] 对苹果系统与安卓系统自 2007 年起的相对增长情况，参见：Vlad Savov, The Entire History of iPhone vs. Android Summed Up in Two Charts, VERGE (June 1, 2016, 11:18 PM EDT), https://www.theverge.com/2016/6/1/11836816/iphone-vs-android-history-charts [https://perma.cc/3UNV-68QY]。另参见：Mark McDonald, iOS 10 vs Android Nougat: What Should You Pick?, MEDIUM (June 5, 2017), https://medium.com/swlh/ios-10-vs-android-nougat-what-should-you-pick-45fe80d319cf [https://perma.cc/9TDJ-MYV8]（讨论了安卓市场份额的增长）。

[174] 例如，随着用户数量的增长，电话网络对每位用户的价值也在提升，这与用户增加的成本是否下降无关。其他条件相同的情况下，更大的网络显然更有市场。不可否认，理想的电话网络中，每位用户都能和任何其他用户通话。假设有 1000 位用户，那么一个覆盖所有这 1000 人的电话网络的价值将比两个各覆盖 500 名用户但无法彼此联通的电话网络有价值得多。

[175] 参见注 380—382 及相关上下文。

直接的网络效应会促使市场簇拥在一个单一标准周围，例如所有汽车都加注相同成分的燃油或所有视频都采用相同的数字格式。[176] 相比之下，低成本、高质量的网络互联效应倾向于减弱前述向单一标准聚拢的趋势。[177] 若苹果或安卓手机无法互联互通从而导致两种手机系统之间无法进行通信，那么市场最后大概率会接受它们其中的一种而淘汰另一种。[178] 而今天，这两个平台高度差异化但却在一个共同的网络中互相竞争。

网络效应可以是直接的，也可以是间接的。在一侧市场随着用户数量或使用量的上升带来的网络价值的逐渐增加便是直接网络效应，正如电话行业那样。相比之下，间接网络效应则指的是一侧市场用户参与度或使用量的上升所带来的另一侧市场价值的增加。[179] 例如，优步乘客的增加会使其对司机更加具有价值，因此吸引更多司机进驻。当司机的数量增加，乘客的数量也会增加，因为运力的提升使得乘客约车的时间下降。[180]

在一个双边市场，平台作为渠道为了获得最优的参与度与

---

176 这类市场时常被形容为正在经历"消费规模经济"。参见：Richard A. Posner, Antitrust in the New Economy, 68 *ANTITRUST L.J.* 925, 926 (2001)。

177 见本章第三节，第三"2.（2）"部分。

178 VHS 格式与蓝光格式视频之间的标准格式之争之所以最终只会有一个赢家胜出，其中的一个原因即为，在消费者端，这两种视频格式无法完全兼容。

179 参见：Jeffrey Church & Neil Gandal, Network Effects, Software Provision, and Standardization, 40 *J. INDUS. ECON.* 85, 85-87 (1992)（对于计算机和软件市场也提出了相同的主张）; Matthew T. Clements, Direct and Indirect Network Effects: Are They Equivalent?, 22 *INT' LJ. INDUS. ORG.* 633, 633-34 (2004)（比较了直接与间接网络效应）。

180 同理，随着某特定信用卡使用人数的增加，对于商户来说该信用卡的价值也在增加。同时，由于接受该信用卡的商户数量的增加，对于持卡人来说，信用卡的价值也在提升。

收费价格链接了两组彼此依赖但却不同的群体。在理想状态下，这种商业模式组合会使得平台利润最大化。

例如，纸质期刊可以同时与市场两侧的读者和广告商进行交易并同时谋利。更高的广告商收费可以让期刊向读者收取更低的订阅费，反之亦然。然而，若一侧市场出现下滑，则总体利润必然下滑。过度广告会让期刊对读者的吸引力下降。有些读者会取消订阅，这又让期刊对于广告商的价值下降。同理，过少的广告收入将促使期刊向读者收取较高的费用。期刊出版商不仅要找到两侧市场最合适的价格，还需要维持两侧用户的"参与度"，或平衡读者与广告商的需求。[181]

优步是典型的与两侧市场用户直接进行交易的双边市场平台，平台的作用更像是一个掮客，这提供了另一个不同视角的样本。乘车费越高，越多司机将会入驻，但乘客数量会减少；反之亦然。此外，司机的供应与乘客的需求一直都在变化。平台必须在任何一个时间点精确地找到使得平台两侧用户参与度最大化的收费方案。

即使是同时存在直接网络效应与间接网络效应的双边市场也不一定是自然垄断市场。若两侧市场中可以存在竞争，[182] 这种情况下反垄断执法的目标就是促进竞争。

平台模式也可能与非平台模式竞争。比如，亚马逊自营的箱包会与其他品牌商进行竞争，而其他品牌商至少部分地在线下渠

---

181 参见：Erik Hovenkamp, Platform Antitrust, 44 *J. CORP. L.* 713, 715, 722-24 (2019)。

182 例如，优步作为一家双边平台企业，不仅与来福车这家双边平台企业竞争，同时也与传统出租车公司竞争。此外，其还可能与其他运输企业竞争。参见：*Phila. Taxi Ass'n v. Uber Techs., Inc.*, 886 F.3d 332 (3d Cir. 2018)（这是一起由一家传统出租车行向优步提起的反垄断案件）。

道销售其箱包。在美国运通案中，最高法院错误地主张"对于商业交易来说，只有其他双边平台可与相关双边平台竞争"[183]。这一论断代表意识形态战胜了现实。关于某公司与另一公司是否存在竞争是一个市场行为问题并毫无疑问是一个事实问题。[184]

在任何情况下，最高法院的上述论断只是一个判决附带意见，低级法院也应如此对待之。也许法院的错误判断来源于美国运通案中所有涉案企业都是双边平台市场的缘故。[185] 在美国运通案中，没有人否认运通公司与其他两家双边平台信用卡公司进行竞争。如若不然，运通公司的禁止转介政策将毫无意义。[186]

让我们进一步探讨法院的错误——其并不清楚双边市场与传统市场为何是不能进行竞争的。显然这里的问题并不是诸如优步这样的双边平台企业不能夺走传统出租车公司的生意，[187] 或现金交易无法同信用卡交易进行竞争。用户总是在这些手段

183　*Ohio v. Am. Express Co.*, 138 S. Ct. 2274, 2287 (2018); 另参见：*United States v. Sabre Corp.*, 452 F. Supp. 3d 97, 136-38 (D. Del. 2020) (正是基于此论断，本案中，法院认为两家电脑航空订票系统的合并不构成竞争者之间的合并，因为其中一家系统为双边平台，另一家则非如此), vacated as moot, No. 20-1767, 2020 WL 4915824 (3d Cir. July 20, 2020) (在涉及合并交易的双方选择放弃交易后，原地区法院作出的判决被撤销)。

184　Herbert Hovenkamp, The Looming Crisis in Antitrust Economics, 101 *B.U.L. REV.*, https://ssrn.com/abstract=3508832 [https://perma.cc/A4CK-BBXA]。

185　参见：*Amex*, 138 S. Ct. at 2283 (法院认为美国运通卡并不与其他替代性的诸如现金或借记卡这样的支付手段构成竞争关系，因为其禁止转介政策并不适用于这些产品)。例如，Carvana.com 只有在其不与其他数以千计的传统二手车经销商竞争时才能被认定为是一家具有垄断地位的二手车销售公司。

186　该政策的目的是为了禁止商户劝说用户放弃使用收费较高的运通卡，而是用其他收费较低的竞品信用卡。

187　参见：*Phila. Taxi*, 886 F.3d 332 (提供了一个由传统出租车公司发起的针对优步的反垄断诉讼示例)。

之间来回切换。

从更加技术的角度说，我们可以认为只要一家企业可以迫使另一家企业以更接近其成本的价格收费，那么这两家企业就是竞争关系。这是一种更好界定市场的方式。例如，若一家传统出租车公司可以阻止优步以显著高于其成本的价格提供服务，则这家传统出租车公司就可被认为是优步的竞争者。[188] 可见，谁是优步的竞争者这一问题是高度基于商业事实的。

最后，长期来看是否只有数字平台企业最终会取得支配地位也并不确定。例如，网约车也许最终会将传统出租车淘汰，也许不会。也许传统出租车公司也会采用新技术以适应多栖用户市场的竞争。但反垄断政策似乎落后于商业现实，所以真正重要的是现在与不远的将来的替代理论。[189] 在所有情况下，某平台企业是否与传统企业进行竞争是一个事实问题，不是法律问题。

4. 产品差异化与赢家通吃

即使由于产出增加或网络效应巨大使得成本持续下降，数

---

[188] 参见：Areeda & Hovenkamp, supra note 9, ¶¶ 530-31, 536-38。在定价时，优步会考虑乘客的出行需求和司机与出行乘客之间的供需平衡，但在同时，其也会考虑来福车和传统出租车公司与其进行竞争的价格。此外，网约车市场中的乘客面对的也是多栖环境：消费者可以随时在优步、来福车与出租车公司之间进行最优出行抉择。对于提供网约车服务的司机而言，其实也是如此。参见：Jason Laughlin, From Cab to Uber to Cab, Drivers Try to Find a Way to Make a Living, PHILA. INQUIRER (May 17, 2018, 12:12 PM), https://www.inquirer.com/philly/business/transportation/uber-lyft-cab-drivers-competition-philadelphia-20180517.html [https://perma.cc/2SVB-G4TH]（对同时为优步与费城出租车公司提供服务的司机的信息进行了总结）。

[189] 参见：Herbert Hovenkamp, Is Antitrust's Consumer Welfare Principle Imperiled?, 45 *J. CORP. L.* 65, 67 (2019); Gregory J. Werden, Demand Elasticities in Antitrust Analysis, 66 *ANTITRUST L.J.* 363, 372-73 (1998)（提出了"中期运行"的概念）。

字平台市场依旧不必然成为自然垄断市场。另外一个竞争存在的有说服力的原因是产品差异化。自然垄断者在生产相同商品的情况下只需要收取一个具有竞争力的价格就可以击败竞争者，不同的市场进入者面对的是不一样的需求曲线。因此，即使市场中存在更大的企业，进入者依然有机可乘。

确实，对于垄断者的威胁通常来自于进入者提供的不同产品。例如，铁路运输遭遇了来自卡车运输的猛烈竞争，[190] AT&T 的传统固话业务也要面对无线技术供应商的竞争。[191] 对于数字平台企业来说，脸书取代了 MySpace，不是因为其提供了实质上一模一样的产品，而是提供了一系列 MySpace 所欠缺的用户间通信服务。[192] 在起诉书中，联邦贸易委员会承认脸书最有竞争的威胁来自于不同质的公司，而不是提供相似服务的公司。[193]

继续考虑互联网约会平台企业，该市场是拥有显著间接网络效应的双边数字平台市场且几乎只有数字化的产出。这类市场随着一侧用户参与的增加，对于另一侧需求互补的用户的价值便更大。通常的思路是约会网站的市场是自然垄断的，因为拥有更多用户参与的网站相较于小网站有优势：希望约会的人总是会选择拥有更多互补需求用户的网站，这也会支持前述论

190　参见注 166 及相关上下文。
191　参见注 167 及相关上下文。
192　参见：Adam Hartung, How Facebook Beat MySpace, FORBES (Jan. 14, 2011, 12:36 AM EST), https://www.forbes.com/sites/adamhartung/2011/01/14/why-FB-beat-myspace [https://perma.cc/HY9C-9ZMA]。"脸书的创立者们不断通过技术去满足用户的需求。任何人一旦有了社交的需求，脸书就会要求其技术人员将之实现。"
193　FTC Facebook Compl., supra note 33, ¶ 69. "对于脸书最大的竞争威胁或并非来自于对于脸书的克隆，而是向用户提供与脸书截然不同的同朋友与家人进行互动的服务产品。"

断，那就是所有约会网站用户都会集中在一个平台。

所以我们为什么不在一个约会网站把所有参与者都集中？其中一个可能是，相应市场还未达到市场均衡。线上约会网站已经存在约 25 年，且其利润与用户还在不断增长。[194]

今天，线上约会产业最贴切的形容就是处于竞争边缘的、存在一家集聚数个网站的支配地位企业（Match Group）的市场。[195] 市场充满了针对多个不同细分群体的线上约会网站。这种产品差异性主要源于多样化需求用户搜索成本的降低。只要

---

[194] A History of Love & Technology, POV (July 15, 2013), http://archive.pov.org/xoxosms/infographic-technology-dating [https://perma.cc/5SXZ-ZSCN]. 自 20 世纪 90 年代中期开始，该行业稳步增长。在 2020 年 10 月，共有相关公司 2154 家，其中一些公司拥有多家约会网站并保持持续增长。John Madigan, Dating Services Industry in the US: Finding the One: Industry Revenue Is Expected to Benefit from Rising Demand Due to Fading Social Stigmas, IBISWORLD 7 (U.S. Industry (NAICS) Report 81299a, Oct. 2020), https://my.ibisworld.com/download/us/en/industry/1723/2/0/pdf [https://perma.cc/F86V-AYS7].

[195] 除了集团同名约会网站 Match 之外，Match 集团还拥有 Hinge 网站（于 2019 年收购）、Tinder 网站（于 2017 年收购）和 OKCupid 网站（于 2011 年收购）。其还收购了若干相似网站，且在 2019 年，其预计占有约 66% 的市场份额。相较之下，同样拥有若干相似网站的 eHarmony 公司，市场占有率仅 10.8%。其他公司的市场占有率均未超过 8%。Evan Michael Gilbert, Antitrust and Commitment Issues: Monopolization of the Dating App Industry, 94 *N.Y.U. L. REV.* 862, 876 tbl.2 (2019). 对于像 Match 这样的大公司来说，其收购了 Tinder 与 OKCupid 公司，却并没有将它们并入同一网站，而是保持它们的独立运营，这一现象值得重点关注。这一商业行为也表明该市场并非自然垄断市场。如若不然，当这些网站集中于单一所有者时，为了获得网络效应的优势，所有者会将它们并入同一网站中。例如（参考前文脚注中 1000 名用户的电话网络的例子），若一家电话公司同时收购了两家相同的拥有 500 名用户的电话公司，将这两家公司的电话网络进行合并将会创造十分可观的价值。经济学理论表明这类情况企业自然会作出这种决定。参见：R.H. Coase, The Nature of the Firm, 4 *ECONOMICA* 386, 396-98 (1937)。

产品差异性是可持续的与有需求的，线上约会市场就不会是赢家通吃的市场。

相同的道理也适用于其他拥有显著网络外部性的双边平台市场。一个受到广泛研究的例子便是电子游戏市场，其是双边市场，但产品在硬件制式与游戏内容上具有差异性。[196] 此外，许多以广告收入为基础的期刊随着读者人数的上升，其受众群和广告收入也随之上升。但期刊之间差异性巨大。两种拥有相似订阅率的期刊，例如:《连线》(*Wired*)与《南方生活》(*Southern Living*)，似乎并不可能合并为一家期刊。[197] 这便解释了为何双

---

196 对于电子游戏领域单栖产品、多栖产品与产品差异性的讨论，参见：Carmelo Cennamo, Hakan Ozalp & Tobias Kretschmer, Platform Architecture and Quality Trade-offs of Multihoming Complements, 29 *INFO. SYSS. RES.* 461, 465-67 (2018); Matthew T. Clements & Hiroshi Ohashi, Indirect Network Effects and the Product Cycle: Video Games in the U.S., 1994-2002, 53 *J. INDUS. ECON.* 515, 518-22 (2005); Myriam Davidovici-Nora & Marc Bourreau, Two-Sided Markets in the Video Game Industry, 173-74 *RÉSEAUX* 97, V-VIII (Elizabeth Libbrecht trans., 2012), https://www.cairnint.info/article-E_RES_173_0097--two-sided-markets-in-the-video-game.htm [https://perma.cc/C9ZA-BCUL]; Venkatesh Shankar & Barry L. Bayus, Network Effects and Competition: An Empirical Analysis of the Home Video Game Industry, 24 *STRATEGIC MGMT. J.* 375, 375-77 (2003); Haeyop Song, Jaemin Jung & Daegon Cho, Platform Competition in the Video Game Console Industry: Impacts of Software Quality and Exclusivity on Market Share, 30 *J. MEDIA ECON.* 99, 101-03 (2017); Thomas Teeter & Ryan Lunsford, Electronic Arts: Strategic Differentiation in the Global Video Gaming Industry, in Proceedings of the 14th International RAIS Conference on Social Sciences and Humanities 59, 60-62 (Titus Corlăţean ed., 2019)。

197 参见：Reach of Popular Magazines in the United States in June 2019, STATISTA, https://www.statista.com/statistics/208807/estimated-print-audience-of-popular-magazines [https://perma.cc/87PL-FF3M]。这两家期刊似乎也不可能将彼此逐出市场成为具有市场支配地位的企业。即使这两家期刊同时被一家母公司所有，母公司也不太可能将这两家期刊进行合并。因为显然这两家期刊的受众与广告商都大相径庭。

边市场是赢家通吃的或"赢家享有绝大部分利益的"主张是错的。这一论断只有可能在产品无差异化以至于卖家的产品无法与竞争者的产品作出有效区分的市场才有可能成立。

相同的道理也适用于更传统的市场。例如，与经济学或法学相关的版权书籍，随着发行数量的增加成本会持续下降。对于电子书来说，更是如此，因为其成本几乎是固定的。这种成本下降的特征与自然垄断相符。[198] 那么为什么我们不统一使用一种格式的电子书？答案便是产品差异性。只要存在不同价位的、面向不同读者的电子书籍格式，市场就会有竞争的空间。[199]

对于例如搜索引擎所处的市场，产品差异化的策略并不太成功。在这些实例中，自然垄断市场更接近真实情况。

即使搜索引擎市场存在差异化，[200] 这些差异化并不足以对谷歌的支配地位构成显著制约。[201] 即使在多栖性已经存在的情

---

198 见本章第二节，第三"3"部分相关讨论。
199 对于通常会导致自身成本持续下降的产品差异化如何在书籍及版权出版物市场中促进竞争的讨论，参见：Christopher S. Yoo, Copyright and Product Differentiation, 79 *N.Y.U. L. REV.* 212, 246-49 (2004)。
200 搜索引擎在网页格式设置、搜索结果展示、显示的信息的数量与质量及算法等方面互不相同。
201 世界范围内搜索引擎市场 2020 年的数据显示谷歌搜索引擎（Alphabet 公司所有）市场占有率接近 90%，必应搜索（Microsoft 所有）市场占有率约 2.7%，其他搜索引擎的市场占有率均未超过 2%。Search Engine Market Share Worldwide, STATCOUNTER (Dec. 2020), https://gs.statcounter.com/search-engine-market-share [https://perma.cc/H7GH-R3LX]. 美国市场中谷歌搜索的市场占有率略低，大约为 88%。Search Engine Market Share in 2021, OBERLO, https://www.oberlo.com/statistics/search-engine-market-share [https://perma.cc/LS75-9JKS].

况下，这也是事实。[202]

是什么造成了搜索引擎市场的失衡依然不明朗。欧盟对谷歌的指控假设的是谷歌的搜索结果优待其付费客户与自身资产。[203]虽然这种行为确实可以提高谷歌的利润，但这种行为应该会导致其市场份额降低而不是升高。只要在不同搜索引擎之间进行切换是简单的，谷歌的行为就应该会导致用户离开。

另外一种可能性在2020年年末一起针对谷歌的诉讼中被提出，即：谷歌在搜索引擎市场具有优势是因为其服务捆绑了其他资产。例如，谷歌搜索一直以来都是安卓智能手机的默认搜索引擎，至少在2018年欧盟的决定作出前是如此。[204]此外，谷歌每年支付苹果数十亿美元以使其成为苹果手机的默认搜索引擎——这一商业行为现在同时被州政府与联邦政府所起诉。[205]

然而这种"捆绑"只是一种常规做法。只要使用搜索引擎的用户对谷歌的这些行为失望，他们在理论上就可以转换使用

---

[202] 在科罗拉多州发起的针对谷歌的诉讼中，原告声称相关市场本可拥有更加激烈的竞争与更加多样化的产品。Colorado Google Compl., supra note 28, ¶ 16. 关于多栖性与搜索引擎的论述，参见：Aaron S. Edlin & Robert G. Harris, The Role of Switching Costs in Antitrust Analysis: A Comparison of Microsoft and Google, 15 YALE J.L. & TECH. 169, 203-04 (2013)。

[203] 参见：Case AT.39740, Google Search (Shopping) at 2-3 (June 6, 2017), https://ec.europa.eu/competition/antitrust/cases/dec_docs/39740/39740_14996_3.pdf [https://perma.cc/C8ZY-6VZX]。

[204] 参见注 282—283 及相关上下文。

[205] United States Google Compl., supra note 96, ¶¶ 45, 119（声称谷歌每年支付给苹果"数十亿"美元以使谷歌搜索成为苹果手机的默认搜索引擎）; Colorado Google Compl., supra note 28, ¶ 12（"根据大众的预计，谷歌每年支付给苹果80亿至120亿美元，以确保谷歌的搜索引擎成为苹果设备的默认搜索引擎。"）。科罗拉多州的起诉状还指控80%的网页浏览器份额被谷歌锁定。Id. ¶¶ 42-43. 因此，谷歌搜索引擎"几乎成为美国所有移动设备的默认设置"。Id. ¶ 47.

其他的搜索引擎。[206] 任何拥有笔记本电脑、台式电脑与手持设备的用户可以使用多种搜索引擎并轻易在其中进行切换。虽然搜索引擎市场也受制于规模经济，使用者并不为其成本支付费用，所以用户在谷歌或其他引擎间进行搜索并不会产生成本优势。更有可能的是，规模经济会带来搜索质量的提高。[207] 若果真如此，那么谷歌搜索引擎有可能获得自然垄断地位，但可以通过本文提出的信息汇总共享方案进行解决。[208]

对于政策目的来说的一个重要问题即为：谷歌搜索的支配地位是源于其他竞争者可复制的排他商业行为与精心设计的商业方案，还是完全源于其更大的体量所带来的规模经济优势？若谷歌搜索具有自然垄断地位，那么要求剥离谷歌搜索的法院命令并不会将之削弱，而只会将垄断地位拱手让人。所以问题的另一个解决思路即为聚焦于谷歌的排他商业行为。[209] 但若谷

206　另一种可能性在下文被讨论：Fiona M. Scott Morton & David C. Dinielli, Roadmap for a Digital Advertising Monopolization Case Against Google, OMIDYAR NETWORK (May 2020), https://omidyar.com/wp-content/uploads/2020/09/Roadmap-for-a-Case-Against-Google.pdf [https://perma.cc/Y9QN-5L28]。

207　参见：Maurice E. Stucke & Ariel Ezrachi, When Competition Fails to Optimize Quality: A Look at Search Engines, 18 YALE J.L. & TECH. 70, 104 (2016) (虽然搜索引擎的多栖性触手可及，鲜有用户会进行尝试；作者认为规模经济效应或可解释该现象); David R. Keith & Hazhir Rahmandad, Are On-Demand Platforms Winner-Take-All Markets?, 2019 ACAD. MGMT. PROC., https://journals.aom.org/doi/pdf/10.5465/AMBPP.2019.150 [https://perma.cc/73G5-T2LF]。政府在其反垄断指控中亦提出了相关市场存在显著的规模效应。参见：United States Google Compl., supra note 96, ¶¶ 35-38。

208　参见注 384—385 及相关上下文。

209　谷歌每年向苹果支付巨额费用以使得谷歌搜索成为苹果设备的默认浏览器，此外谷歌还与多个合作伙伴签订了要求其优待谷歌搜索的协议。这些协议在司法部向谷歌提起的诉讼中都成为被指控的对象。参见：United States Google Compl., supra note 96。

歌确实处于自然垄断地位，上述协议亦无存在之必要。法院应当在不需要判定谷歌搜索是否构成自然垄断的情况下便认定谷歌的相关商业安排为限制贸易的排他性协议。

最后，企业差异化其产品或服务的能力至少部分解释了后文讨论的为何具有支配地位的平台企业会购买新兴数字公司。[210]大部分这类收购并不是横向的，而是一种配合"产品扩张"的收购，[211]这种收购是为了拓展买方提供的产品或服务的种类。这或表明了相应企业获得产品多样性或阻挠其他公司将产品多样化的意图。此时，反垄断政策关注对于初创企业的收购便具有了相关性。诸如脸书、亚马逊或谷歌这样的大型平台企业可以通过收购所有可能对其构成潜在竞争甚至成长为其强大对手的企业来维持其市场地位。

第三节　对享有支配地位的平台企业的反垄断救济措施

一、驳平台例外主义

在美国运通案中，最高法院拒绝承认关于市场界定的一个基本原则，即：相关市场是由具有较强替代性的产品组成的。[212]最高法院将互补产品归入同一相关市场，在这一过程中，其阻

210　参见注 395—410 及相关上下文。

211　参见：Areeda & Hovenkamp, supra note 9, ¶¶ 1131b, 1144d（讨论了以拓展产品品类为目的的收购）; C. Scott Hemphill & Tim Wu, Nascent Competitors, 168 *U. PA. L.REV.* 1879 (2020)（讨论了保护新兴竞争者的重要性）。

212　参见：Hovenkamp, supra note 184, at 14-15, 29-33。

碍了对于相关问题的经济分析。必须重申，双边市场之一侧市场中存在的市场支配力量不能在不判定另一侧市场相应力量的情况下直接被评估。但并不需要因此而将两侧市场归入同一市场。相反，相关市场应当通过对标厌恶反竞争行为的某一侧市场来确定。因此，判定支配地位要求事实查明者考虑补偿效应，这种效应有时发生在双边市场的另一侧。[213]

其次，法院忽视了事实与法律之间的重要区别。对于相关市场边界的确定涉及事实问题。尽管如此，判决多数意见写道——作为法律问题——双边平台市场排他地与另一个双边平台市场进行竞争。这些判决附带意见已经给下级法院的决定带来了误导。例如，其导致某法院判定某一双边线上航班预订系统与一家更传统的相同业务公司之间的合并不构成竞争者之间的合并。[214]

第三，在没有证据或主张的情况下，法院要求诉讼参与人在纵向限制案件中通过参考相关市场间接证明市场支配力量的存在，即使更先进的评估手段依然存在。直接评估方式在数字平台市场尤其奏效，因为重要的数据很容易获得且传统相关市场的界定不可靠。[215]这是事实问题与法律问题的另一个边界。

---

213 参见：Hovenkamp, supra note 23; Pike, supra note 19, at 15。
214 *United States v. Sabre Corp.*, 452 F. Supp. 3d 97, 136 (D. Del. 2020), quoting *Ohio v. Am. Express Co.*, 138 S. Ct. 2274, 2287 (2018) ("只有其他的双边平台市场才能与平台市场进行商业竞争"). Sabre 航空技术服务公司提供的产品促进的是双边平台上两侧用户的互动，Farelogix 航空技术服务公司则向航空公司提供航班与线路规划服务，且同时在其公司网站或通过中间商销售上述服务。参见：Laura-Lucia Richter, Analysis: The Sabre/Farelogix Transaction and Why Platform Economics Will Matter, NERA 3-4 (2019), https://www.nera.com/content/dam/nera/publications/2019/PUB_SabreFarelogix%20platforms.pdf [https://perma.cc/PKC5-RVJN]。
215 参见注 15—17 及相关上下文。

第四，法院误解了"搭便车"的经济效应，忽视了当企业有能力通过交易弥补其进行投资的支出，"搭便车"就不会是一个问题。

第五，法院疏于基于特定交易进行事实分析，而该类分析对于判定反垄断经济责任至关重要。相反，其单纯地假设，在没有审查真实交易的情况下，双边市场一侧的损失一定会被另一侧的收益所弥补。[216] 运通公司的禁止转介政策对受影响的商户与持卡人都造成了直接的损失。唯一的受益人就是运通，其运营平台确保自己免于竞争。这种竞争本可以惠及持卡人与商户。

市场各有不同。[217] 这也是为什么我们对一些市场适用反垄断法，对另一些市场适用监管，有时对一些市场双管齐下。这也解释了为何反垄断法如此关注案情，尤其在涉及市场支配力量或竞争效果方面。确实，反垄断执法相较于立法监管最大的优势即为其事实驱动的方法论。面对反垄断案件时，法庭应避免类型化地区分涉案市场，且避免基于不足的事实做出草率的结论。在反垄断的框架内，不需要考虑数字平台企业是否是需要被适用区别于传统企业监管的新模式的独角兽。每个市场都有其特殊性，但一般的反垄断分析法足以应对之。运通案是一则警世寓言，它告诉我们当法院执迷于市场的独特情绪而高谈阔论时，法院甚至可以抛弃业已建立的分析市场的完善规则。

大部分数字平台市场在结构上并不是赢家通吃的。大部分

216　参见：Hovenkamp, supra note 181, at 745-47。
217　参见：Herbert Hovenkamp, Regulation and the Marginalist Revolution, 71 *FLA. L. REV.* 455, 492-95 (2019)。

具有支配地位的企业不能简单地通过收取一个处于或略低于竞争水平的价格来维持其市场地位。正如其他具有支配地位的企业一样，如果其希望维持其市场力量，其必须按策略行事。此外，至少从监管的目的是新古典主义式的逼近竞争性产出来看——监管支配地位企业的判例法依然较弱。[218] 从经验上看，监管的目的相较于反垄断原理是更加宽泛且更加多元的。[219] 例如，监管目标或服务于通信政策、国家安全、隐私保护、礼仪、政治平衡、平权、对于特定群体利益的保护或其他价值。若监管的目的不止将产出维持在竞争水平，其必须得到除了反垄断法之外的立法支持。

正如数字平台企业并非独角兽，其也并非一定就是庞然大物：平台企业各不相同。有一些平台的投入与产出主要是由知识产权或其他数字内容构成，这些资源并不互相排斥且几乎用之不竭。另一些平台市场提供的商品或服务更能被感知，这些市场中排除竞争的方式也更不相同。对于一些技术性产品来说，差异化会导致自然垄断难以形成。有些平台企业与更加传统的市场进行竞争，有些则不需要。

因此，对于平台的反垄断诉讼需要依据案情进行事实查明，对竞争伤害进行评估，且量身定制相应的适宜救济方式。

二、反竞争行为

本部分简短的讨论无意呼吁对任何特定平台进行反垄断执

---

218 对于该观点的评述，参见：Alfred E. Kahn, *The Economics of Regulation: Principles and Institutions* 11-12 (1988)。
219 参见：Breyer, supra note 70, at 15-25 (1982)。

法。[220] 将并购行为放在一边，[221]2020 年年末针对脸书与谷歌提出的多宗诉讼主要涉及的是其与多个供应商或商业伙伴的协议关系。这其中就包括排他或准排他协议、最惠待遇、[222] 忠诚行为、[223] 搭售与其他默认的商业实践。[224] 一系列诉讼也剑指脸书针对应用开发商的、禁止开发可与其竞争之程序以及禁止与苹果竞争者合作的规定。[225] 根据现行反垄断原则，这些协议都涉嫌违反《谢尔曼法》。其中的大部分协议是纵向协议，可以合理原则进行审核。不幸的是，联邦法院对于本就不容易成功提起反垄断诉讼的原告适用合理原则举证的门槛极高。[226] 这很大程度上是源于司法界怠于进行反垄断执法的偏见，即使这种态度已经不再与经济界的共识相一致。[227]

同时也存在一些反竞争的横向协议。一宗由州检察长向谷歌提起的诉讼指控谷歌与脸书订立不法协议以约束头部竞价市

---

220 对于两种执法路径的值得借鉴的讨论，参见：Fiona M. Scott Morton & David C. Dinielli, Roadmap for an Antitrust Case Against Facebook, OMIDYAR NETWORK 11, 15 (2020), https://www.omidyar.com/sites/default/files/Roadmap%20for%20an%20Antitrust%20Case%20Against%20FB.pdf [https://perma.cc/3V2N-CCGS]; Scott Morton & Dinielli, supra note 206, at 13, 15。更多相关议题的探讨，参见：Areeda & Hovenkamp, supra note 9, passim。

221 见本文第四节（讨论平台企业的收购行为）。

222 参见：Areeda & Hovenkamp, supra note 9, ¶¶ 768a6, 1807b1。

223 Id., ¶¶ 749, 1821a。

224 Id., ¶¶ 1700-83。

225 参见：FTC Facebook Compl., supra note 33, ¶¶ 139-40（援引了脸书关于应用开发者"不得在开发应用程序时进行与同脸书竞争的平台企业相关的整合、连接、推广、分销、引流行为"，并声称这一政策的目的是"伤害与阻止竞争的出现"）。

226 参见：Hovenkamp, supra note 26, §2.2c。

227 参见：Hovenkamp & Scott Morton, supra note 6, at 8。

场。[228] 此外，谷歌支付给苹果用于将其浏览器设置为苹果手机默认浏览器的行为，也可能涉及要求苹果不要开发与其竞争的浏览器的承诺。若发现存在相关承诺，这或构成本身违法的划分市场协议。[229] 在一个相关领域，优步一直在反击主张其限定司机酬劳的指控。[230] 任何网约车公司都可能与其他公司签署彼此不雇佣对方员工的反竞争协议。[231]

纵然谷歌与脸书都是网络平台市场中的大公司，所有上述指控均未对平台企业的网络效应进行抨击。网络效应毫无疑问提升了价值，但其也提高了反竞争行为出现的可能与这种行为的成本。[232] 例如，拒绝交易行为在网络市场或行业造成的问题

---

228 Complaint at ¶¶ 12-14, *Texas v. Google, LLC*, No. 4:20cv957 (E.D. Tex. Dec. 16, 2020).指控谷歌公司与脸书公司之间订立了关于限制"头部竞价"的协议，该协议旨在体系化地通过激励广告商多次出价使广告商之间的投标竞争更加激烈。

229 参见注 204。本文撰稿之时，有消息称苹果公司正在开发其自己的搜索引擎，部分原因即为与其相关的正在进行的反垄断诉讼。参见：Tim Bradshaw & Patrick McGee, Apple Develops Alternative to Google Search, FIN. TIMES (Oct. 28, 2020), https://www.ft.com/content/fd311801-e863-41fe-82cf-3d98c4c47e26 [https://perma.cc/D3NX-AB9F]。

230 参见：*Meyer v. Kalanick*, 2020 WL 4482095, at *2-4 (S.D.N.Y. Aug. 3, 2020)（拒绝驳回仲裁机构作出的有利于被告的决定）; *Meyer v. Kalanick*, 291 F. Supp. 3d 526, 530 (S.D.N.Y. 2018) (认可了限定价格的指控并同意了进行强制仲裁的动议); *Yellow Cab Co. v. Uber Tech., Inc.*, 2015 WL 4987653, at *5-6 (D. Md. Aug. 19, 2015) (依据州反垄断法，法院拒绝驳回针对出租车司机提起的声称其实施了限制价格行为的指控)。

231 例如：*California v. eBay, Inc.*, 2014 WL 4273888 (N.D. Cal. Aug. 29, 2014)（同意了加州政府提出的在一起涉及易趣与其他公司的有关"禁止挖墙脚"协议的案件中初步批准进行调解的动议）。

232 参见：Herbert Hovenkamp, FRAND and Antitrust, 105 CORNELL. REV. 1683, 1703, 1716 (2020); Areeda & Hovenkamp, supra note 9, ¶ 772（支持在具有网络市场特征的行业加强交易相关义务）。

肯定会比独立的市场多，因为后者中的企业自产自销。不可能在不评估相关市场中的规则的情况下去评估相关市场中的竞争问题。这一理念也一直反应在最高法院对于适用合理原则案件的态度中。例如，在芝加哥交易所案中，布兰代斯法官解释了为何通常构成限制价格的协议在该案中的特定相关市场可以促进竞争。[233] 在 NCAA 案中，法院只有在确认了相关竞争限制对于促进涉案相关市场中的竞争是多余的之后，才确认该对于转播比赛的横向限制是违法的。[234] 但是在关于高通的司法决定中，第九巡回法院并未遵从上述逻辑，其忽视了公平合理非歧视的专利交叉授权体系，将各涉案公司视为独立的竞争者。[235] 因此，相应案件判决对于产生了大量创新与发展的充满竞争的网络市场环境产生了巨大威胁。

三、构建新的反垄断救济手段以达到其目标

反垄断法对于救济手段的规定极为宽泛，对于救济手段的本质并无清晰限制。[236] 授权联邦政府付诸平等救济手段的成文法甚至都没有包含联邦法典条文中常见的、对于救济手段的诸

---

233 *Bd. of Trade of Chi. v. United States*, 246 U.S. 231, 239 (1918). 解释了本案中被指控的定价规则的机制原理。
234 *NCAA v. Bd. of Regents*, 468 U.S. 85, 103-05, 115 (1984). 解释了为何 NCAA 对电视转播球赛的限制行为对于 NCAA 的合理运营来说是不必要的，且这是纯粹的商业限制性行为。
235 *FTC v. Qualcomm, Inc.*, 969 F.3d 974 (9th Cir. 2020).
236 15 U.S.C.§25 (2018). 授权政府"阻止并限制"违反反垄断法的行为。

如"根据衡平法原则实施"这样的限制性字眼。[237] 简单的禁令、激进的将大企业拆分为多个小企业，或其他种类的救济方式似乎在法律上都是可实现的，只要其在理论上仍属于政府所具有的"阻止与约束"反垄断违法行为的权力的一部分。尽管如此，法院已经为自己确定了反垄断禁令的范围与本质。例如，最高法院经常表明反垄断法的平等救济的目的是"恢复竞争状态"。[238] 然而，合适的救济应当"剥夺被告或可享有的自由行为"。[239]

根据消费者福利原则，反垄断法应在维持可持续竞争的情况下尽可能地提高市场产出。新的救济手段应当旨在达成该目标。其中一个重要的考量应当是垄断持续的时间与造成的伤害。另一考量则是救济手段本身的成本与收益。

垄断状态持续得越久，其给社会带来的违法成本越高。大部分由一家企业保持的只有一年的垄断状态很有可能不会被采取结构性救济手段，因为相应的反垄断执法成本很高且执行速

---

[237] 例如，相关成文法授权当事人在"其所处的时机、所面临的状况、所被评价的标准与衡平法院在相关程序中对面临可能造成人身损害或财产损失之威胁行为的当事人所给予的禁令救济相同的"情况下获得法院的禁令救济。参见：15 U.S.C.§26 (2018); 另参见：35 U.S.C.§283 (2018)（授权依据《专利法》中的"衡平原则发出禁令"）；15 U.S.C.§1116（授权法院依据与商标侵权相关的"衡平原则发出禁令"）；17 U.S.C.§1322 (2018)（涉及著作权保护的案件，法院可以"依据衡平原则发出禁令"）。

[238] *United States v. Int'l Harvester Co.*, 274 U.S. 693, 698-706 (1927); 另参见：*United States v. E.I. du Pont de Nemours & Co.*, 366 U.S. 316, 326 (1961)（"整个反垄断救济问题的核心当然就是找到能够重新恢复竞争的手段"）；*United States v. Microsoft Corp.*, 253 F.3d 34, 47 (D.C. Cir. 2001)（认为政府提出的"救济手段对于恢复市场的竞争环境是必需的且必要的"）。

[239] *Nat'l Soc'y of Prof'l Eng'rs v. United States*, 435 U.S. 679, 697 (1978).

度较慢。因此，对享有支配地位企业提起的反垄断诉讼通常需要对市场准入门槛进行分析，这考量的是垄断是否有可能被新进入者所打破，且有可能的话，这一进程将持续多久。[240]

一个精心设计的企业拆分行动可以提升竞争。反之，则可能剥夺企业的规模经济优势或正网络效应，这种拆分对消费者造成的伤害胜于帮助。拆分甚至可以毁灭一家企业。若原告要求实施拆分，法院应当坚持要求其在主张救济方式的阶段提供有关拆分必须性、有效性及成本的证据。相应地，在微软案中，华盛顿巡回法庭撤销了地区法院的相应救济判决，因其并未就拆分问题举行听证。[241]

反垄断救济手段应当从其所起到的产出增加、价格下降、提升产品质量或促进创新的效果——即以我们广泛认可的相同的反垄断法目标——来进行评估。反垄断法的目标不是把企业变小、变得无利可图、变得更低效或造成产品价格上涨、质量或产量下降来伤害消费者。对于隐私、政治权力或社会与经济平等的关注当然与法律政策具有一般性的关联，但在这些议题可能造成产出减少、价格上涨或约束创新的威胁之前，其不应成为反垄断法的议题。

与此同时，反垄断并不是行业监管的别名。不同于指挥控制式的监管，反垄断的逻辑原点是市场趋于自我调控这一假设。只有在竞争被威胁时其才会介入——这才是"恢复竞争"的应有之义。

下文讨论了在反垄断案中，法庭如何在不伤害消费者或不

240　参见：Areeda & Hovenkamp, supra note 9, ¶¶ 420-23。
241　参见：*Microsoft*, 253 F.3d at 106-07。

过分介入正在得到监管的商业行为的情况下促进数字平台市场中的竞争。

1. 结构性救济、默认市场安排以及其他禁令

（1）救济手段与成文法的选择

《谢尔曼法》第 2 条直接规制的是单边垄断行为与相应尝试。而第 1 条规制的是所有约束贸易的协议，且法院经常在市场中并没有任何一家企业具有支配地位时认定违法情况的存在。一般认为，第 1 条的法律标准比第 2 条更为激进，但只有在案情涉及符合标准的由两方或多方参与的"协议"时才会被适用。[242]

2020 年年末针对谷歌与脸书提起的反垄断诉讼的显著特点之一即为《谢尔曼法》第 2 条的优先性。[243] 司法部反垄断局对谷歌提起的诉讼完全依据《谢尔曼法》第 2 条，科罗拉多州总检察长提起的诉讼也是如此。得克萨斯州的起诉状中确实包含了依据《谢尔曼法》第 1 条提起的指控，但该指控涉及苹果与谷歌之间涉嫌违法的横向协议。对于脸书的起诉，联邦贸易委员会只主张其违反了《谢尔曼法》第 2 条。[244] 州检察长们对脸书提起的诉讼还涉及依据《克莱顿法》第 7 条和《谢尔曼法》第 2 条涉嫌违法的一宗脸书发起的并购交易，[245] 但他们并未依

---

242 参见：Areeda & Hovenkamp, supra note 9, chs. 6-8（讨论了单边行为）; id. chs. 14-23（讨论了涉及订立协议的行为）。

243 United States Google Compl., supra note 96; Colorado Google Compl., supra note 28.

244 参见：FTC Facebook Compl., supra note 33。联邦贸易委员会无权直接适用《谢尔曼法》，而必须经由《联邦贸易委员会法》第 5 条来行使相关权利。参见：15 U.S.C.§45 (2018)。

245 参见：New York Facebook Compl., supra note 33, ¶¶ 263-72（指控脸书对 Instagram 公司与 WhatsApp 公司的收购涉嫌违法）。

据《谢尔曼法》第 1 条提出任何指控。

上述几乎所有未依据《谢尔曼法》第 1 条所提出的指控令人瞩目，粗略统计，这些指控中所提及的至少三分之二的涉案行为涉及某种协议。通常情况下，违反《谢尔曼法》第 1 条的行为比违反《谢尔曼法》第 2 条的行为更容易被查明。尽管如此，当被告具有市场垄断地位时，依据《谢尔曼法》第 2 条提起诉讼成为一种趋势，因为其对违法行为的构成要求不甚严格。[246] 这就解释了为何各方会同时依据上述各成文法提起诉讼，但这并没有对放弃依据《谢尔曼法》第 1 条提起诉讼的趋势给出合理的解释。另一种可能的解释是起诉状起草者认为提出依据《谢尔曼法》第 1 条的主张可能会使得结构性救济更难被法院批准。再次重申，这也不能被认为是对放弃依据《谢尔曼法》第 1 条提起诉讼的趋势所给出的合理解释。

除了《克莱顿法》第 7 条有关并购的反垄断执法规定外，大部分反垄断救济措施都是非结构性的。例如：在适用合理原则的案件中，救济措施通常是对涉案商业行为发出禁令，虽然更加普遍的违法行为或涉嫌违法的结构性行为或需要以资产剥离作为救济手段。若救济手段是禁令，我们应当探明的问题是相应的竞争约束行为是否减少了产出并提升了涉案交易的价格，而不是相应行为是否提升了被告的总体收费。然而，在运通案中，最高法院与各低级法院均假设若要宣告被告的行为（禁止商户引导消费者使用成本更低的信用卡）违法，须证明该行为带来了总体价格上

---

[246] 参见，例如：*Viamedia, Inc. v. Comcast Corp.*, 951 F.3d 429, 453 (7th Cir. 2020)（注意到了两个条文的差异之处）。

涨的结果。[247] 然而，实际上，所有该案中被相应行为影响的交易对于消费者来说都使其支付了更高的价格并使商户减少了利润。[248]

对于收购交易背景之外的大部分反垄断问题，结构性拆分不是有效救济手段。使用各种"去集中"方法作为救济手段的美国反垄断判例史并不光鲜亮丽。[249] 要求已经合并的企业剥离特定工厂或产品会减少其对消费者的吸引力，但并不会在本质上削弱其在特定产品或服务市场中的市场力量。

然而，并购中被企业收购的实体与资产却带来了不一样的问题。在一些案件中，被收购的资产最终完全融入了收购企业之中，以至于若对其进行剥离在本质上无异于从企业内部对该资产进行开发。在另一些案件中，资产融入的速度较慢或被收购的生产线依然保持独立，则此时撤销并购恢复原状是更加可靠的救济手段。例如，在对脸书提起的一宗反垄断诉讼中，联邦贸易委员会要求脸书将 Instagram 公司与 WhatsApp 公司剥离，这两家企业是脸书分别于 2012 年和 2014 年收购的。[250] 这两家公司在随后保持独立用户体系并独立运营。[251] 虽然这两家公司与脸书的整合是显著的，某些整合过程直至最近的 2020 年才发

---

247 *Ohio v. Am. Express Co.*, 138 S. Ct. 2274, 2287 (2018)（讨论了将信用卡市场两侧作为整体评估，价格是否更高这一问题）；另参见：id. at 2292（布雷耶法官的反对意见，他认为总体来看不存在显示价格更高的证据）。

248 参见：Hovenkamp, supra note 181, at 741-42。

249 参见：William E. Kovacic, Failed Expectations: The Troubled Past and Uncertain Future of the Sherman Act as a Tool for Deconcentration, 74 *IOWA L. REV.* 1105, 1105 & n.4 (1989). "对于大部分反垄断法的学生来说，对于将《谢尔曼法》所创制的权利进行分散的努力不过在很大程度上反映的是一连串成本高昂的挫败与不足挂齿的胜利。"

250 FTC Facebook Compl., supra note 33, at 51.

251 参见：INSTAGRAM, https://www.instagram.com[https://perma.cc/KNX7-SBXL]；WHATSAPP, https://www.whatsapp.com [https://perma.cc/QC67-797P]。

生。[252] 评论者认为这种整合只是为了让拆分更加困难的把戏。[253] 更具挑战的是有关安卓的问题，谷歌在 2005 年收购了该公司，当时该公司为数码相机与手机厂商提供软件，其规模尚小且陷入财务问题。[254] 使其成为一家成熟的智能手机操作系统供应商的发展事件大部分发生在并购之后。[255]

对一个公司联合体进行拆分的成功案例是于 1982 年基于原被告双方同意而实施的 AT&T 案。[256] AT&T 的电话网络被认为

---

252 参见：Mike Isaac, Now You Can Use Instagram to Chat With Friends on Facebook Messenger, N.Y. TIMES (Sept. 30, 2020), https://www.nytimes.com/2020/09/30/technology/instagram-facebook-messenger-integration.html [https://perma.cc/NPY5-S3A7]。

253 参见：Melody Wang, "Unscrambling the Eggs": How to Unwind Harmful Mergers After They Have Closed, 21 *U.C. DAVIS BUS. L. J.* 35, 38 (2021)（关注脸书公司先前对于 WhatsApp 公司与 Instagram 公司的控制程度，最近脸书开始对两公司的业务进行整合）。

254 参见：Ben Elgin, Google Buys Android for Its Mobile Arsenal, BLOOMBERG BUSINESS WEEK (Aug. 17, 2005), https://web.archive.org/web/20110205190729/http://www.businessweek.com/technology/content/aug2005/tc20050817_0949_tc024.htm [https://perma.cc/QJ9J-YM9M]。

255 参见：Lisa Eadicicco, The Rise of Android: How a Flailing Startup Became the World's Biggest Computing Platform, BUS. INSIDER (Mar. 27, 2015, 9:37 AM), https://www.businessinsider.com/how-android-was-created-2015-3 [https://perma.cc/G88W-7BJN]; Android (Operating System), WIKIPEDIA, https://en.wikipedia.org/wiki/Android_(operating_system) [https://perma.cc/NLA3GMPV]。

256 *United States v. Am. Tel. & Tel. Co.*, 552 F. Supp. 131, 141-42 & n.42 (D.D.C. 1982), aff'd subnom. *Maryland v. United States*, 460 U.S. 1001 (1983). 对于相关历史的论述及监管机关视角的论述，参见：Gerald R. Faulhaber, Telecommunications in Turmoil: Technology and Public Policy (1987); Stephen G. Breyer, Antitrust, Deregulation, and the Newly Liberated Marketplace, 75 *CALIF. L. REV.* 1005 (1987)。两者都提供了早期学界对反垄断法地位的评述。更加生动，但不太学院派的论述，参见：Steve Coll, The Deal of the Century: the Breakup of AT&T (1986)。更加全景式的再现包括 AT&T 拆分在内的美国电信行业的历史，参见：Richard R. John, Network Nation: Inventing American Telecommunications (2010)。

是一个天然垄断市场，但随着无线通信技术进步所带来的技术革新，其已失去相应市场地位。拆分并未改变本地通信服务商的市场境遇，因其向顾客所提供的服务仍然需要依赖有线传输。然而，长距离通信服务与基础设施建设服务的剥离确实带来了竞争。[257]AT&T案给所有考虑对垄断企业采取结构性救济的人带来了重要启示：找到那些可以产生竞争的市场与资产并进行相应的资产剥离。

对于数字平台企业而言，结构性拆分是一个更严肃的问题。首先，拆分会降低直接与间接的网络效应，导致价值减损。其次，除了收购后并未融入公司的独立资产，平台企业一般是高度整合的。诚然，诸如Alphabet这类由多独立部门组成的企业或许可以依据其公司业务条线被拆分为多个公司：提供安卓操作系统的公司；提供诸如谷歌邮箱与谷歌搜索引擎的应用服务公司；分别提供YouTube视频、Nest智慧家庭产品以及Waymo自动驾驶技术的公司。

但拆分并不存在竞争关系的公司下属单元并不必然会促进竞争。若一家制造商生产世界上80%的烤面包机与世界上75%的榨汁机，将这家公司进行拆分只会使得市场出现一家生产世界上80%的烤面包机的公司与另一家生产世界上75%的榨汁机的公司。因为这两个部门从一开始就不具有竞争关系，拆分并没有带来更多竞争。

为了达到促进竞争的目的，我们需要拆分的是每个产品的生

---

257 参见：Randal C. Picker, The Arc of Monopoly: A Case Study in Computing, 87 U. CHI. L. REV. 523 (2020)（讨论了AT&T拆分案判决的诸多细节，包括对于西部电力公司的剥离与长距离电话业务市场领域的竞争）。

产线。我们可以剥离该企业一半的烤面包机业务与一半的榨汁机业务，将其转移给其他公司。然而这一模式的达成将是更加艰难的任务。原始企业的整合程度越高，拆分的难度越大。例如，若该公司将其高度一体化的烤面包机生产线设于某一工厂而将榨汁机生产线设于另一工厂，则真正可能促进竞争的资产剥离将很可能要对这些生产线进行拆除并对工厂本身进行重组。

拆分任何一家具有高度规模经济优势的平台企业将可能带来极高的社会成本。这将降低经拆分后的所有公司的生产效率并给消费者造成伤害。例如，亚马逊拥有大约67%的电子书市场份额。[258] 我们或可剥离亚马逊的电子书业务并将其转移给另一家企业。此时此刻，任何用户可以在亚马逊上挑选一本书并选择其可购买的格式：精装本、平装本、Kindle电子书版本或有声书。若对Kindle进行剥离，将会使得消费者在想要购买相应格式电子书时必须要登录另一家销售电子书的公司网站。包括出版社在内的许多中间商都销售电子书。所以相应拆分带来的首要影响便是使得读者在选择书籍格式时更加不便。这不太可能是消费者福利的提升，也不太可能促进电子书市场的竞争。

考虑到规模经济的显著性与网络效应的外部性，更加可靠的救济应当是强制互操作性与强制信息汇总共享。这能为更加势均力敌的公司的出现创造条件，并逐渐瓦解（大公司的）规模经济优势，且可能真正提升正网络效应的范围。[259] 此外，这些救济手段也都在常规的《谢尔曼法》所允许的救济手段的范围内。

258　Ebook Industry News Feed, ABOUT EBOOKS, https://about.ebooks.com/ebook-industry-news-feed [https://perma.cc/N8KV-V7QN].

259　参见本文第三节，第三"2.（2）"部分。

（2）反竞争的默认市场安排

对于一些平台企业可靠的非结构性救济手段可以是去除默认条款，这种推定的产品选择权本就应当由用户来决断。正如司法部于 2020 年对谷歌所提起的反垄断诉讼中所解释的，谷歌搜索引擎一直作为在美国出售的苹果与安卓手机的默认搜索引擎。[260] 而用户已经可以在不付出任何成本的情况下，在多个不同搜索引擎竞品之间进行切换。[261] 默认市场安排涉及的一个问题即为作出决定的个人一般不会是受到伤害的个人。例如，个人用户共同作出的对他们来说影响较小的选择某特定默认浏览器的行为，或许会导致该浏览器的竞争对手付出沉重的被市场淘汰的代价。

此外，并非所有的默认安排都一样高效。[262] 美国政府对谷

---

260 United States Google Compl., supra note 96, ¶¶ 45-47. 欧洲学者的观点，参见：Benjamin Edelman & Damien Geradin, Android and Competition Law: Exploring and Assessing Google's Practices in Mobile, 12 *EUR. COMPETITION J.* 159, 165-66 (2016); Alexandre de Cornière & Greg Taylor, On the Economics of the Google Android Case, VOX EU (Aug. 15, 2018), https://voxeu.org/article/economics-google-android-case [https://perma.cc/8ZW2-CNJ4]。

261 但谷歌公司也可能实施绝对的搭售行为。参见，例如：Colorado Google Compl., supra note 28, ¶¶ 121-22 （指控谷歌坚决要求所有安卓设备制造商在其制造的设备中预装谷歌的搜索服务，并将之设置为默认选项以使得这些设备也同时安装谷歌应用商店——对于手机应用的购买者来说，该商店是"必须安装的"）。

262 对于相关议题非常值得借鉴的成果颇丰的研究，参见：Jon M. Jachimowicz, Shannon Duncan, Elke U. Weber & Eric J. Johnson, When and Why Defaults Influence Decisions: A Meta-Analysis of Default Effects, 3 *BEHAV. PUB. POL'Y* 159 (2019)。相比之下，社交网站中的默认隐私设置对于消费者作出的最终选择有更大的影响。参见：Hichang Cho, Sungjong Roh & Byungho Park, Of Promoting Networking and Protecting Privacy: Effects of Defaults and Regulatory Focus on Social Media Users' Preference Settings, 101 *COMPUTERS HUM. BEHAV.* 1, 1 (2019) （当把默认设置作为一个用户个性化的背景要素与监管重点进行研究时，其发现默认设置会极大地影响用户的隐私设置偏好）；同上（"用户会选择距离他们最近的默认选项或替代选项"）。

歌提起的反垄断诉讼声称其在移动端的默认浏览器安排行为"尤其具有黏性"。[263] 相比之下，笔记本与台式机中预装的 Windows 10 操作系统附带的默认浏览器为微软的 Edge，默认搜索引擎为必应；但数据显示很大一部分 Windows 10 操作系统的用户不会使用必应而会使用谷歌搜索引擎。[264]

美国反垄断法关于默认安排的规定是很保守的。此外，对于相关行为的判定标准取决于相关行为是单边行为还是合意行为。对于单纯的由某制造商对其产品所进行的单边商业安排，在涉及反垄断指控时所需要满足的有关单边交易标准的举证义务是非常高的。然而，大部分商业安排是合意的产物，比如某企业支付给另一家企业费用，要求其以默认安排的形式将某产品或授权植入后者的软件中。

反垄断法中对于默认安排最相近的规定是搭售相关法规，该类法规从历史上看已被解释为要求证明存在绝对的限制条件。只是同时提供两种产品而并未强制要求买家同时购买的商业安排并

---

[263] United States Google Compl., supra note 96, ¶ 3; 另参见：Colorado Google Compl., supra note 28, ¶ 105（提出了更具普遍性的指控，即消费者"更倾向'附着'于"浏览器所提供的默认搜索节点与其他具有搜索功能的程序）。

[264] 虽然视窗操作系统占有全球各类设备操作系统市场 35% 的份额，其预装的搜索引擎必应的市场份额只有不到 3%。这意味着 90% 购买了预装 Windows 10 操作系统的用户拒绝使用其默认浏览器而偏好使用谷歌搜索。参见：Search Engine Market Share Worldwide—September 2020, STATCOUNTER, https://gs.statcounter.com/search-engine-market-share [https://perma.cc/KF48-VDY5]。对于其他数据，参见：Herbert Hovenkamp, Antitrust and Information Technologies, 68 *FLA. L. REV.* 419, 436 & nn.114-16, 437 & nn.117-18 (2016), 该文从《科技时报》(*Tech Times*)、至顶网（ZD Net）与《计算机世界》(*Computerworld*) 收集了相关数据。

不构成搭售。[265]最高法院在形容搭售行为时使用的是诸如"强制"或"胁迫"这样的词汇。[266]另一个在法律上相关而一般在经济学上不重要的因素即为默认商业安排机制一般不允许用户移除相关默认安排，而只会给有此需求的用户提供额外的选择。例如，普通用户无法从 Windows 10 操作系统中移除必应搜索引擎，虽然他可以将其屏蔽或设置其他搜索引擎为默认搜索引擎。

  反垄断成文法的用语对于我们理解默认安排的合法性有所助益。《克莱顿法》第 3 条似乎完全不适用于默认安排。其要求存在某种"状态、协议或合意"使得买家"不会使用卖家竞争者的货物或与卖家的竞争者交易"。[267]允许用户使用其他竞争者产品的简单商业安排并不属于上述规定的范畴。而《谢尔曼法》第 1 条的规定更加宽松，其只规制"约束贸易"的行为，[268]即造成产出减损或更高价格的行为。《谢尔曼法》第 2 条禁止"垄断"，这要求证明存在不合理的排他性商业行为，但并未具体说明这类行为的运行机制。[269]默认商业安排是否能够被《谢尔曼法》第 1 条或第 2 条管辖实际上展现的是一个事实问题。

---

265 *It's My Party, Inc. v. Live Nation, Inc.*, 811 F.3d 676, 685 (4th Cir. 2016)（解释了演唱会的推广方并未将场地服务与推广服务捆绑销售，涉案艺术家们并未强制要求使用相关场地，只有 14% 使用了推广服务的用户也租用了该公司的场地）；参见：Areeda & Hovenkamp, supra note 9, ¶ 1752e（对胁迫与附条件行为的构成进行了讨论）。

266 例如：*Jefferson Par. Hosp. Dist. No. 2 v. Hyde*, 466 U.S. 2, 12 (1984)（讨论了搭售行为的"强制性"）；*Times-Picayune Publ'g Co. v. United States*, 345 U.S. 594, 605 (1953)（将搭售行为形容为"胁迫"）。

267 Clayton Act § 3, 15 U.S.C. § 14 (2018).

268 Sherman Act § 1, 15 U.S.C. § 1 (2018).

269 Id. § 2; 比较：*United States v. Grinnell Corp.*, 384 U.S. 563, 570-71 (1966)（谴责"与通过高质量的产品、经营模式或历史性的意外所发展而来的市场力量截然不同的、故意获取或维系的垄断市场力量"）。

在任何情况下，当指控依据《谢尔曼法》第 2 条向涉嫌垄断的企业提起时，法院对于判定相关行为是否满足搭售或排他交易的构成要件秉持的是较为宽松的标准，这已经成为了一种坚实的传统。[270] 终极问题并不是是否存在真正的胁迫行为，而是相应商业行为是否是为了不合理地排除竞争而服务的。以此来看，谷歌在搜索引擎市场的高市场份额使得对其提出的诸多指控更具说服力。

（3）业务范围限制

业务范围限制指的是对企业可以参与的活动范围进行合法的限制。从历史上来看，立法机关对企业通过在其合法营业范围之外的市场扩展其经济力量的行为有所忌惮。在 19 世纪，商业公司只能依据特许状的授权范围经营特定业务。[271] 该规则在 19 世纪晚期被推翻，当时的公司法立法者开始主张，企业若能参与相邻业务领域则会变得更高效。例如，对于铁路公司来说，同时经营矿产业务或宾馆业务对其是有益的，只要这些业务对其主营业务起到了辅助作用。[272] 对企业扩展业务领域的担忧在 20 世纪早期烟消云散，当时各国政府开始修订公司法以允许企业参与任何合法的经营活动。[273]

270　参见：Areeda & Hovenkamp, supra note 9, ¶ 777a。

271　参见：Herbert Hovenkamp, *Enterprise and American Law, 1836-1937*, at 59-65 (1991)。

272　例如：1 Victor Morawetz, *A Treatise on the Law of Private Corporations* §§ 364, 380 (Bos., Little, Brown, & Co. 2d ed. 1886)；参见：Herbert Hovenkamp, The Antitrust Movement and the Rise of Industrial Organization, 68 *TEX. L. REV.* 105, 158-60 (1988)。

273　参见：Herbert Hovenkamp, The Law of Vertical Integration and the Business Firm: 1880-1960, 95 *IOWA L. REV.* 863, 879 (2010)。

然而限制公司经营范围的理念在价格管制行业存留至今。争议的焦点又重新回到了交叉补贴，以及可能发生的一个价格受到管控的市场中的垄断企业通过进入价格不受管控的市场以隐藏其真实成本或补贴其经营成本的行为。对于经营范围限制的争论在AT&T拆分案中举足轻重，当时的拆分理论认为AT&T所处的价格受到管制的具有自然垄断特性的有线电话市场，应当与其经营的其他不受管制的市场隔离开来。[274]许多经济学家质疑此观点，[275]大部分相应观点在随后的立法中也未被采纳。[276]

对于营业范围的限制是否属于结构性救济取决于具体案情。若限制适用于未来的行为，则其可以通过一纸禁令禁止公司进入新业务领域来实现。而溯及既往的法院命令，则会要求企业剥离若干资产。比如，营业范围限制禁止AT&T从事电话设备设施制造业，这使得AT&T必须剥离其分公司西电公司（Western Electric），该分公司随后也完全被剥离。[277]对于营业范围限制的争论随着大型数字平台企业的出现再次卷土重来，并带来了两个相互联系的具体问题：若涉案公司所处行业并未受到价格管制且涉案公司也并未被证实具有垄断地位，对其经济活动进

---

274 例如：*United States v. W. Elec. Co.*, 894 F.2d 1387, 1391 (D.C. Cir. 1990) （确认了旨在避免业务交叉的业务范围限制行为）；参见：Joseph D. Kearney & Thomas W. Merrill, The Great Transformation of Regulated Industries Law, 98 *COLUM. L. REV.* 1323, 1351-53 (1998)。

275 例如：Kenneth J. Arrow, Dennis W. Carlton & Hal S. Sider, The Competitive Effects of Line-of-Business Restrictions in Telecommunications, 16 *MANAGERIAL & DECISION ECON.* 301, 311 (1995) （主张消除剩余的对AT&T施加的业务领域限制是有益的）；Daniel F. Spulber, Deregulating Telecommunications, 12 *YALE J. ON REG.* 25, 63-66 (1995)（持有相似观点）。

276 参见：Howard A. Shelanski, Adjusting Regulation to Competition: Toward a New Model for U.S. Telecommunications Policy, 24 *YALE J. ON REG.* 55, 63-64 (2007)。

277 *United States v. W. Elec. Co.*, 569 F. Supp. 1057, 1120-23 (D.D.C. 1983).

行区隔在经济上是否具有正当性？

　　企业进行业务扩张的重要的促进竞争的原理即为扩大规模经济，同时提升相关正网络效应的范围。该问题会在数不胜数的场景中出现，例如：优步，作为网约车服务商，进入食品外送市场；亚马逊，一家传统图书的销售商，同时销售电子书；苹果将 Mac 电脑上的软件与技术迁移到其手机之中；谷歌在相同的设备上同时提供安卓操作系统与谷歌搜索引擎；微软的拳头产品是其计算机操作系统，随后也开始生产 Surface 系列个人电脑；亚马逊作为无数商家销售其产品的零售平台，也开始销售其自有品牌产品。

　　支持企业业务范围扩张论者强调规模经济或更广的网络效应；批评者则视其为不当使用业务杠杆或相关市场中的滥用市场地位行为，因为在主要市场中的经营会给企业在次级市场带来竞争优势。

　　数字技术的一个显著特征即为其随着产出的增加而带来的单位生产的固定成本的降低。另一显著特征为联合成本，该成本指的是多个不同生产线之间共同分担的成本，该成本会给多种产品生产线带来一定的优势。比如，对于优步来说，将食品外送服务加入其现有的网约车与司机服务网络远比某人成立一家提供相同服务的新公司成本低得多。相似的主张适用于所有具有网络效应的公司或市场。聚合不同市场的产品与服务的能力同时提升了用户与服务提供商的使用体验。

　　亚马逊在其平台同时销售第三方与自营工厂产品的行为就招致了对其平台进行剥离的呼吁。[278] 批评者援引的证据表明，

278　参见：Hovenkamp, supra note 23, at 60-61。

亚马逊时常利用在其平台营业的第三方商户的数据来进行产品复制并在其自有品牌进行销售。而亚马逊行为的支持者则观察到，该行为的首要影响是迫使品牌商家降价。[279]

虽然尚无研究，但依循直觉不难推测诸如亚马逊倍思（AmazonBasics）这样的平台自有品牌，对于市场中已有高销售量与高利润的成熟品牌来说一定会带来棋逢对手的竞争压力。这些成熟品牌或包括金霸王（家用电池）、百得（家用电动工具）、新秀丽（箱包）、3M（消费型办公用品）与喜万年（Sylvania，灯与灯泡）。新进入者更加有利可图，因为市场上既存产品的销量和利润都更高。这些品牌都属于大型公司且都与亚马逊在相应产品市场进行竞争。然而，亚马逊也可以通过复制小品牌的产品并低价销售来谋取优势。在其他情况下，当平台外部卖家从一个不同的生产商购入商品时，亚马逊或可直接与该生产商达成交易。[280]

基于这些事实，将全球性的平台公司亚马逊进行拆分是危险且有害的矫枉过正的措施。此外，我们甚至不清楚这样做是否会带来任何竞争上的益处。若某产品可以被合法复制，复制者并不需要在其拥有的网站上对其进行销售。尚不清楚来自非公开渠道的信息——第三方商家给亚马逊供货——是否促成了上述产品复制行为。任何人都可以以逆向工程复制为目的购买某产品，且亚马逊网站上公开的产品评论也提供了大量相关产品的信息。同样的原理也适用于亚马逊直接与生产商交易以绕开第三方经销商的行为，第三方经销商是否在亚马逊平台进行

279　Id. at 60-62.
280　参见：Dana Mattioli, How Amazon Wins: By Steamrolling Rivals and Partners, WALL ST. J. (Dec. 22, 2020), https://www.wsj.com/articles/amazon-competition-shopify-wayfair-allbirds-antitrust-11608335127 [https://perma.cc/2XTQ-PGFC]。

销售并不影响亚马逊实施该行为。若亚马逊被禁止与其平台上的第三方经销商竞争，亚马逊会更趋向于禁止该类经销商在其平台销售，并只销售其自有品牌产品。

其次，亚马逊不能侵犯商家的知识产权，这些商家也不能指望不与亚马逊竞争就获得高额利润。在相关情况下，知识产权法与侵权法都能够提供合适的救济手段。所以我们依然很难基于（亚马逊）带来更高销售量与更低价格商品的商业行为，来依据反垄断法（对亚马逊）进行结构性拆分。

（4）量身定制禁令的相对优势

虽然并非所有反垄断禁令对于社会来说都是有益的，禁令的作用范围较之资产剥离更加突出重点，且禁令的效果通常更容易被预测。判断司法强制公司重组的利弊是困难的。重点并非结构性救济本就是有害的，而是任何反垄断法的救济手段都不应在没有相对清晰的对其效果进行评估的情况下被强制实施。毕竟所有反垄断救济手段的目标都是提升救济落实后的产出。更高的产出可以惠及消费者、劳动业者与供应商。太多时候，刻意实施的资产剥离或结构性拆分最终起到的恰恰是相反的目标效果。[281]

281　参见：Robert W. Crandall, The Failure of Structural Remedies in Sherman Act Monopolization Cases, 80 *OR. L. REV.* 109, 197 (2001)（认为反垄断案件中绝大多数资产剥离救济手段并未达到提升竞争或促进消费者福利的目的）。一个常见的例子即为标准石油案中的判决，其将该公司拆分为34个子公司。*United States v. Standard Oil Co. of N.J.*, 173 F. 177, 198-99 (E.D. Mo. 1909); 另参见：*Standard Oil Co. of N.J. v. United States*, 221 U.S. 1, 37 n.1 (1911)（列举了标准石油公司的资产）。拆分之后不久，石油价格上涨，但该轮上涨是否由标准石油公司的拆分所引发仍不得而知。参见：FTC, Report on the Price of Gasoline in 1915, at 1 (1917)。

合理定制的禁令可以取得比资产剥离更多的效果。例如，并不需要使用资产剥离的手段来处理谷歌在安卓系统中预装谷歌搜索引擎的行为。禁止该商业行为并允许新安卓手机购买者可以在手机初始菜单选择预装谷歌搜索引擎竞品的禁令足以构成合适的救济手段。[282] 这类禁令正是源于欧盟于 2018 年作出的有关安卓系统的决定。[283] 根据该救济方案，在安卓系统第一次于新设备上被启动时，屏幕必须显示一揽子常见的搜索引擎，消费者可以选择其一。搜索引擎的显示排序由公开竞标决定。安卓系统自身的信息页面在此过程中会在屏幕上为新用户提供四个搜索引擎选项，它们分别是：雅虎、DuckDuckGo、谷歌与必应。[284] 对于脸书禁止应用开发商开发与其竞争的程序，或禁止应用开发商向脸书竞争者提供服务的行为，[285] 可以采用相同

282　该提议首次在下文中提出，参见：Hovenkamp, Antitrust and Information Technologies, supra note 264, at 436-37。

283　Case AT.40099, Google Android, C(2018) 4761, ¶¶ 1214, 1401 (July 18, 2018), https://ec.europa.eu/competition/antitrust/cases/dec_docs/40099/40099_9993_3.pdf [https://perma.cc/P6WJ-U6EZ]（注意到在设备中预装多款互相竞争的搜索引擎将会在搜索引擎流量领域制造更多的竞争；谷歌支付大量资金以使其成为诸多设备的默认搜索引擎，以及谷歌要求在设备中只安装单一的默认搜索引擎这两个行为都会提升其搜索引擎的流量）；参见：Katie Collins, Google Won't Be Default Search Engine for Android Users in EU Next Year, CNET (Aug. 2, 2019, 3:35 AM PT), https://www.cnet.com/news/google-to-prompt-eu-android-users-to-choose-a-search-engine-within-chrome [https://perma.cc/HH8W-CQGT]。

284　About the Choice Screen, ANDROID, https://www.android.com/choicescreen [https://perma.cc/YW42-KUC5]. 该搜索引擎选择界面招致了部分谷歌竞争对手的反对，主要是因为招标流程不公正且界面没有提供足够多的选项，但在本文撰写之时，这些问题并未解决。参见：Some Google Search Rivals Lose Footing on Android System, WALL ST. J. (Sept. 28, 2020), https://www.wsj.com/articles/some-google-search-rivals-lose-footing-on-android-system-11601289860 [https://perma.cc/5KBN-LCLZ]。

285　参见注 220—223。

的救济方式：一个聚焦相关行为的禁令。

资产剥离经常导致的结果相较于其欲救济的伤害往往波及面过宽或过窄。例如，苹果公司与谷歌公司是不同且互相竞争的手机操作系统公司。尽管如此，谷歌搜索还是成为大部分苹果设备的默认搜索引擎[286]——这很有可能是因为谷歌为获得此特权支付了昂贵的费用，正如政府对谷歌提起的诉讼中所指控的那样。[287]谷歌支付相关费用的行为也能够被禁止。相较于资产剥离，禁令可以直接处理相关商业行为。将谷歌搜索剥离也许仅仅是将其转移给另一家公司，而后这家公司依然会向苹果支付相同的费用。

资产剥离也是一种生硬的救济手段。公司或子公司是依据各州公司法中的结构性规定所订立的合同而建立的经济合同集合。[288]对于子公司或部门业务线的剥离，带来的问题是其通过将整个合同集合进行分割而阻隔了公司的整体结构，虽然整个合同集合中只有一份或数份合同可能会受到直接的伤害。我们时常可以区分不同的操作系统并用更直接的方式进行搜索。

反垄断法中的合理原则在被恰当适用时，能够确保法庭

---

286 Pinar Akman, A Preliminary Assessment of the European Commission's Google Android Decision, *COMPETITION POL'Y INT'L ANTITRUST CHRON.*, Dec. 2018, at 4 n.13, https://ssrn.com/abstract=3310223 [https://perma.cc/T7AM-499F].

287 United States Google Compl., supra note 96, ¶ 119. 此外，2011 年，谷歌公司向谋智公司（Mozilla）支付了十亿美元，以使其成为火狐浏览器的默认搜索引擎。参见：Hanley, supra note 67, at 298-99。

288 参见：Oliver E. Williamson, *The Economic Institutions of Capitalism: Firms, Markets, Relational Contracting* 295 (1985)（分析了合同集合概念背景下的公司结构）；Michael C. Jensen & William H. Meckling, Theory of the Firm: Managerial Behavior, Agency Costs, and Ownership Structure, 3 *J. FIN. ECON.* 305, 310-11 (1976)（介绍了"合同集合"的概念）。

提供足够聚焦于伤害竞争的特定商业行为的救济。例如，在 NCAA 案中，被诉行为即为 NCAA 限制任何球队可被全国转播的比赛数量的规定。[289]

一旦最高法院认定 NCAA 的限制行为是违法的，其本可以拆分 NCAA。在一个世纪之前，最高法院在跨密苏里运输协会案中便采用了类似手段，为了管制在许多不同市场高效运行的涉案公司在该案相关市场中的限价行为，法庭拆分了涉案企业联合体。[290] 但是，拆分 NCAA 也会将其通过大联盟式的协同行动所带来的益处——校际运动赛事承办营运市场——彻底抹去。在这种情况下，一项更有针对性的、禁止对相应赛事进行限制的禁令将会更有效地对相应损害进行救济。若如此，会员学校可以对电视转播赛事合同展开竞争。现实中，紧随相关禁令的公布，每年电视转播的相关比赛数量增加了一倍多，从 89 场增至 200 多场。[291]

（5）可管理性（Administrability）

结构性救济的支持者一向主张该救济方式所具有的优势即为，其允许在不需经历司法行政过程的情况下使得竞争再次出现。相比之下，禁令的劣势即为其需要持续的法庭监督。这一论断在某些情况下或成立，但在其他情况下言过其实。法庭的作用应当是设计救济方案以确保市场拥有竞争，而不是持续用司法监督来判断救济实施后是否存在竞争。在诸如 NCAA 这样的案件中，

---

289 *NCAA v. Bd. of Regents*, 468 U.S. 85, 88-90 (1984).
290 *United States v. Trans-Mo. Freight Ass'n*, 166 U.S. 290, 308, 343 (1897)（批准了政府要求拆分该企业联合体的请求，因为该企业限定运费率）. 跨密苏里运输企业的行为对效率的影响，导致了州际贸易委员会与第八巡回法院最终批准了政府的前述请求，参阅：Hovenkamp, supra note 26, § 5.2(a)(1)。
291 参见：Brian L. Porto, *The Supreme Court and the NCAA: The Case for Less Commercialism and More Due Process in College Sports* 75-77 (2012)。

判定其限制电视转播的行为违法是较为简单的。鉴于 NCAA 拥有数量庞大的加盟大学，以及转播比赛数量可随时被观测（这使得暗中实施协议变得不可能），一个聚焦涉案行为的禁令足以促进竞争。禁令实施后每所大学都能决定被转播的其所参与的比赛数量。总的来说，对于在禁令实施后竞争将很可能再度出现的市场中存在的协同行为，禁令更加有效，正如 NCAA 案所阐释的那样。而对于脸书限制相关应用程序开发者与其竞争的行为，一纸禁令将会使得应用程序开发者拥有选择权。[292]

在其他情况下，对单个企业的行为更难设计与执行禁令救济。例如，法庭或为了救济违法的拒绝交易行为而发出强制交易的禁令。然而，法庭因此不得不对该禁令的范围与适用的商品进行划定，且在禁令实施过程中几乎不出意外将要处理随之而来的法律争议。[293] 若如此行事，法庭实际上成为了监管者。在这种情况下，支持法庭采取结构性救济以促进市场竞争将会是更有力的主张。

而在其他情况下，行之有效的行政监管手段其实早就存在。例如，在威瑞森电信公司诉柯蒂斯·多林克律师事务所案中，强制进行交易的法庭命令被认为是不必要的，这部分是因为类似内容的命令其实已经依据《通信法》得到了监管机关的执行。[294] 相似地，在涉及违反有关授权专利的合理非歧视条款的在先承诺的

292　参见注 97、225 及相关上下文。
293　比较：Areeda & Hovenkamp, supra note 9, ¶ 771b（这些可能的法律争议而后逐步演变为了"关键设施"理论）。
294　*Verizon Communications Inc. v. Law Offices of Curtis Trinko, LLP*, 540 U.S. 398, 413 (2004). 该判决将纽约公共服务委员会与联邦通信委员会称为受高度监管的通信领域内"反垄断职能有效的践行者"。

案件中，要么由地区法院发出禁令，要么在某些案件中，依据涉案合理非歧视协议的规定，通过特定仲裁程序以解决相应纠纷。[295]

若将反垄断法剔除出执法工具箱，即使在涉及竞争伤害或价格上涨的案件中，诸如第九巡回法院在联邦贸易委员会诉高通案中的判决都会威胁本就破碎的反垄断执法体系。[296] 高通作为具有支配地位的企业，以各种方式违反了其所负有的数项公平非歧视义务，这明显构成了反垄断违法行为，这些行为构成了对地区法院深思熟虑之判决的否定。[297] 直到现在，私人的公平非歧视协议执行机制已被证明无法约束相关违法行为。[298] 对于联邦贸易委员会来说，明智的做法不是寻求拆分公平非歧视合作体系，而是禁止特定的滥用市场地位的行为。在不采取反垄断救济的情况下，很有可能的结果是其他企业也会效仿高通

---

[295] 参见，例如：*Microsoft Corp. v. Motorola, Inc.*, 795 F.3d 1024, 1037-39 (9th Cir. 2015)（拒绝了当事人对地区法院具有作出某决定之能力的抗议，该抗议涉及法院依据公平合理非歧视原则所确定的当事方可收取的版税数额，之所以作出该决定是因为提出抗议方先前已经同意了地区法院作出的相关决定）；*HTC Corp. v. Telefonaktiebolaget LM Ericsson*, No. 6:18-CV-00243, 2018 WL 5831289, at *11-12 (E.D. Tex. Nov. 7, 2018)（将依据公平合理非歧视原则所确定的可收取的版税数额之争议提交仲裁机构）。参见：Herbert Hovenkamp, FRAND and Antitrust, 105 *CORNELL L. REV.* 1683 (2020)（讨论了公平合理非歧视原则与反垄断法的关系）。

[296] *FTC v. Qualcomm Inc.*, 969 F.3d 974, 1005 (9th Cir. 2020), rev'g 411 F. Supp. 3d 658 (N.D. Cal. 2019).

[297] Id. at 986-88, 997-1003. 对于高通案的反垄断法分析，参见：Hovenkamp, supra note 295, at 1685-95, 1701-04。

[298] 例如，在由联邦贸易委员会前主席蒂莫西·J. 缪里斯（Timothy J. Muris）先生发表的一份（与案件结果有利害关系的）非当事人意见陈述中，其陈述了高通绕过公平合理非歧视版税要求以收取显著高价的能力。参见：Brief of Amicus Curiae Timothy J. Muris in Support of Appellee at 5-6, 12-14, *Qualcomm*, 969 F.3d 974 (No. 19-16122), 2019 WL 6683006。

的做法。若如此，公平非歧视体系所欲达到的激励自主创新与分享的目标将无法实现。若这种情况发生，国会绝不会袖手旁观。

2. 更具创造性的替代性救济手段

很多时候，简单的禁令与简单的拆分对于平台企业的垄断都不是一个好的解决方案。禁令可能不足以恢复竞争，拆分可能损害企业的高效运营并在拆分过程中伤害消费者。

当反竞争的表现或行为在企业现有的结构之中根深蒂固时，适用拆分进行救济是最合适的。即使如此，也没有人可以确保一旦企业被拆分，其表现会优于拆分前。例如，我们如何在不伤及脸书服务的一众对象的情况下将其拆分呢？

本节讨论的救济方式并不需要对公司资产进行拆分，或对公司除了通过并购获得的部门或子公司进行剥离。准确地说，相应救济措施改变的是公司的所有权性质、管理决策流程、合同、知识产权许可或信息管理方式。与其尝试在享有支配地位的平台企业与其竞争对手之间制造更剧烈的竞争，更好的方式或为保持该公司的完整性并促进其内部的竞争。此外，我们还可以通过要求共享更大规模的信息或输入数据来提升互操作性。虽然如今的反垄断成文法已经赋予法庭同等的、足以达成这些目标的施予救济的权力，[299] 相关方案实属新颖且可能招致反抗。

这些救济手段可对具有结构性垄断地位之外的企业适用，并同时对违反《谢尔曼法》第1条与第2条的违法行为适用。虽然相较于企业拆分其侵略性更小，这些救济手段的适用范围

---

[299] 参见：15 U.S.C. § 25 (2018); 注236—239 及相关上下文。随后的一节 [15 U.S.C. § 26 (2018)] 为私人主体提供了同样广泛的救济措施，只要"行为有造成财产损失或人身损害的威胁"。

应当限制在禁止性禁令单独适用不足以解决相关问题的场景下。偶尔实施的非法排他性交易行为、最惠待遇协议[300]或其他反竞争协议值得适用禁令，但并不值得对行为主体企业进行拆分或对其管理结构进行根本性改变。

传统的反垄断法所实施的结构性救济手段便是拆分企业的物理资产，通过诸如将工厂、产品或子公司进行资产剥离的手段完成。[301]若拆分会干扰企业的生产与经销，这会带来诸如成本上升与企业内部协调效率损失的问题。对于单一平台企业这种整合性的生产平台来说尤其如此。华盛顿特区巡回法院正是因为在微软案中有此关切而拒绝了政府提出的拆分请求。[302]

（1）促进平台内部竞争

对于资产剥离的替代性救济方案是保持平台企业物理资产和企业结构的完整性。但改变其所有权或管理结构以使其内部富于竞争。平台企业或组织本身就能够成为一个允许竞争发生的"市场"。在这种情况下，反垄断法可管辖企业内部作出的商业决定，在不限制规模经济或有益于网络效应的情况下促进竞争。

通常来说，子公司之间的协议或企业下属部门之间的协议

---

300 最惠待遇条款（MFN）使得处于支配地位的缔约企业所获得的待遇优于其竞争对手。参见：Areeda & Hovenkamp, supra note 9, ¶ 1807(b)(1)。对于大型数字平台企业使用最惠待遇条款的讨论，参见：Jonathan B. Baker & Fiona Scott Morton, Antitrust Enforcement Against Platform MFNs, 127 *YALE L.J.* 2176, 2181-86 (2018)。

301 对于最高法院所做出的一系列反垄断资产剥离判决的综合分析，参见：E. Thomas Sullivan, The Jurisprudence of Antitrust Divestiture: The Path Less Traveled, 86 *MINN. L. REV.* 565, 568-69 & n.15 (2002)。

302 *United States v. Microsoft Corp.*, 253 F.3d 34, 105-06 (D.C. Cir. 2001). 注意到微软在该案中的证词，即：微软既不是一系列公司并购与收购交易的产物，也不以产品线来构建公司架构；公司在一个单一的综合体中运作。

被认为是企业内部的单边协议并被视为企业内部事务。[303]这是企业内部所有权与控制权分离带来的直接后果。然而，与之相关的最重要的前提条件是，企业的核心管理层是企业唯一的经济相关决定作出者。若情况并非如此，企业内部的子机构之间的协议都能够被视为卡特尔。

这种看法早有先例。反垄断法的历史充满了被不同甚至相互竞争的经济实体所控制或管理的企业。法庭将这些企业视为卡特尔或企业联合体，即使从公司法的实践角度看，它们都是单一的公司。若该救济手段被合理设计，其可以迫使相同企业组织当中的不同实体相互竞争。

以如此方式构建所有权的企业仍然可以保持巨大的体量，并具有绝大部分大企业所具有的特征。一方面，这一安排可以打消人们对拆分大企业所带来的规模经济与范围经济减损的顾虑，也可以打消人们认为拆分一定会带来更高产出与更低价格的幻想；另一方面，这不足以打消那些认为"为大不仁"的人的顾虑。[304]

对于统一的生产资料进行共同管理的历史可以回溯至中世纪。农民、大农场经营者与渔民在许多"共有土地"上，或在

---

303 参见，例如：*Copperweld Corp. v. Indep. Tube Corp.*, 467 U.S. 752, 771 (1984)（"为了达成《谢尔曼法》第1条的立法目的，母公司及其全资拥有的子公司所实施的协同行为必须被视为单一公司实体的行为"）；*Siegel Transfer, Inc. v. Carrier Express, Inc.*, 54 F.3d 1125, 1135-37 (3d Cir. 1995)（该案认为企业无法与其雇员实施合谋行为，即使雇员和与其雇主竞争的企业之间具有利益往来）；*Borg Warner Protective Servs. Corp. v. Guardsmark, Inc.*, 946 F. Supp. 495, 499 (E.D. Ky. 1996)（判决认为，为了达成《谢尔曼法》第1条的立法目的，企业不具有与其雇员进行共谋的能力），aff'd, 156 F.3d 1228 (6th Cir. 1998)。对于公司内部共谋问题的判例法讨论，参见：Areeda & Hovenkamp, supra note 9, ¶¶ 1463-74。

304 参见注3及相关上下文。

所有权被众多所有者共享并服从于共同管理规则的设施上共同养殖牛、羊与鱼。[305] 许多这类生产行为以一种混合模式进行，既包含个人独立生产常见产品（例如农作物），又包含集体共同对牛或其他牲畜进行放牧。

对于诸如牛、鱼这类可以移动的产品，共同管理的成本比划定边界各自管理的成本更低。但对于小麦或萝卜这类农作物来说却不是如此。所以与其将大型牧场或海湾划分为100块以栅栏相区隔的小地块，所有财产所有者将牧场或海湾作为同一经济单元进行运营，就能以管理成本替代扎栅栏的成本。正如对于任何一家企业来说，其体量和结构也是通过比较不同企业组织形式的成本与利弊来决定的。[306]

所以虽然共有土地可以成为非常大的农场，其依然可以由彼此竞争的实体以相互合作的方式共同运营而不是由单一个体运营。联邦反垄断法规几乎不会适用于仅由一家企业造成的产出减损与限价行为。另一方面，若市场是由多家活跃的商业参与者所经营的企业联合体控制，则相应的限价行为会受到有关禁止合谋的法律的规制。这类企业联合体的排除竞争行为也会受到相对于单边禁止交易行为而言更激进的、针对合谋拒绝交易行为的反垄断标准的检视。[307] 该企业联合体和许多企业一样，

---

305 参见，例如：Elinor Ostrom, *Governing the Commons: The Evolution of Institutions for Collective Action* 61-65 (1990)（描述了曾经生活在瑞士特伯尔地区的居民如何设计制度以共同管理财产）。

306 参见：R. H. Coase, The Nature of the Firm, 4 *ECONOMICA* 386, 390-98 (1937)（解释了驱动公司制度形成的市场动力）。对于共同管理财产行为的另一种分析，参见：Christina Bohannan & Herbert Hovenkamp, *Creation Without Restraint: Promoting Liberty and Rivalry in Innovation* 327-338 (2012)。

307 对于法律如何规制这类行为的更多讨论，参见：Areeda & Hovenkamp, supra note 9, ¶¶ 2220-24。

是依据州法成立运营的，并不会使其获得差别待遇。在反垄断法视野下其依旧是共谋行为。

公司制度的原理排除了对一家公司与其各子公司、高级管理人员、股东或雇员之间的垄断合谋提出指控的可能。大部分法律将公司认定为单一实体而不是其股东或分支机构构成的卡特尔，这一立场使上述论断的得出成为必然。公司法便是如此保留了公司与市场之间的界限。[308]

但存在重要的例外情况。虽然依据大部分反垄断法的规定公司是单一实体，但若其股东为了其个人业务而经营公司，相关行为有可能受到《谢尔曼法》第 1 条的管辖。卡特尔即使被组织化为一个公司，其依然为卡特尔。

对于这种合谋结构的经典阐释案例即为 1918 年的芝加哥交易所案，该案首次确立了反垄断法中的合理原则。[309] 正如霍姆斯法官在该案发生前 13 年对于该交易所的描述，[310] 这家依据伊利诺伊州州法设立的拥有 1600 余名会员的交易所中所有会员都以自有账户进行交易，并同时享有排他的在该交易所的交易大

---

308 参见：Edward B. Rock, Corporate Law Through an Antitrust Lens, 92 *COLUM. L. REV.* 497, 505-19 (1992)。

309 *Bd. of Trade of Chi. v. United States*, 246 U.S. 231, 238 (1918)（陈述了合理原则的构成要件）。

310 *Bd. of Trade of Chi. v. Christie Grain & Stock Co.*, 198 U.S. 236, 247 (1905)。"（交易所）本身就是一个巨大的市场，通过其 1800 多名会员，其交易的粮食在世界粮食贸易市场中占据巨大份额。"霍姆斯法官还注意到该交易所"依据伊利诺伊州的特别法成立"。Id. at 245. 该交易所依据特别法设立意味着其是由州立法机构创制而不是依据普通的公司法创立。在 1918 年的决定中，布兰代斯法官依据霍姆斯法官早先作出的决定，对交易所的公司结构与运营方式进行了描述。参见：*Bd. of Trade of Chi.*, 246 U.S. at 235-36。

厅从事交易的权利。[311] 本案中的"叫价规则"（call rule）禁止交易所会员在除交易时间外的其他时段合谋定价，该单边行为本无法被反垄断法所规制。因为任何企业都可随心所欲地设定非掠夺性价格，并且所有会员都由一家交易所管理。尽管如此，出于彼此间相互交易的目的，这些会员都被视为独立个体。基于该理论，美国政府以涉嫌在竞争者间限定价格为由起诉该"叫价规则"。[312]

不仅实体法对上述合谋行为的态度较之其对待单边行为的态度更加强硬，相应的救济手段问题也更易应对。若企业单边设定了违法价格，法院一定会命令其设定不同价格，但因此法院也将自己置于了监管者的位置。相比之下，对于多个独立主体合谋实施的限价行为，可通过简单地要求每位参与者独立定价并不得命令他人进行定价的禁止限价的禁令予以救济。最高法院最终认定芝加哥交易所的叫价规则合法。如若不然，最高法院将会发出禁止实施该规则的禁令，要求各成员自己决定价格。事实上，美国政府提出的救济方案正是如此。[313]

对拒绝交易行为也适用相同的原理。若某企业实施单边拒绝交易行为，即使按照更严苛的相关法律标准进行审视，其需要承担法律责任的可能性也很小，尤其在相关市场并不存在交易历史的情况下。[314] 此外，在许多情况下，法院可通过仅设定

---

311 *Bd. of Trade of Chi.*, 246 U.S. at 235-36.
312 参见：id. at 237（注意到根据叫价规则，在闭市之时"成员不得以闭市价格以外的任何价格购买或发出要约"）。
313 同上（将本案形容为"禁止叫价规则的实施，指控其违反反垄断法"）。
314 参见：*Verizon Commc'ns, Inc. v. Law Offices of Curtis V. Trinko, LLP*, 540 U.S. 398, 409 (2004)（限制了不法单边拒绝交易行为的范围）；Areeda & Hovenkamp, supra note 9, ¶ 772(d)(3)。

交易价格与相关条款来强制交易的实现。相比之下，若拒绝交易的实体由活跃经营者组成的团体经营，其拒绝交易的行为可受《谢尔曼法》第 1 条的管辖。法院一般采取的措施无外乎是发出一份针对拒绝交易协议的禁令。即使在拒绝交易者均属于同一商业实体——例如报业协会案中涉及 1200 多家会员报社的纽约公司——的情况下也会如此。[315] 政府指控该报社协会以"紧密合作"的方式禁止向非会员报社出售新闻，并使得新兴报社更难与既存报社进行竞争。[316] 法院依据《谢尔曼法》对这些限制性规则发出了禁令。[317]

现代商业世界提供了太多类似的组织结构情境。例如，NCAA 的 1200 所会员高校均作为独立实体对本校教育、学生住宿、纪律、(包括学生体育部门在内的)财务状况等方面进行管理。相比之下，对于运动队成员的招募、设施维护、薪资、日程安排、运营、比赛规则等事项，则需要通过集体协商作出决定。[318] 虽然各学校在招募运动员与教练、提高现场与电视转播比赛关注度、获得知识产权许可等方面互相竞争，其竞争行为均受到 NCAA 规则的约束并能够被反垄断法管辖。尤其是涉及转播比赛数量之

315　*Associated Press v. United States*, 326 U.S. 1, 3-4 (1945).

316　Id. at 6.

317　Id. at 23. 相同的情况依据《联邦贸易委员会法》也发生在美国时尚原创者协会诉联邦贸易委员会 [*Fashion Originators Guild of Am., Inc. v. FTC*, 312 U.S. 457 (1941)] 案中，该案涉及一家拥有 15 位会员的纽约公司。再一次，法院对于合谋拒绝交易行为发出了禁止令。参见：*Brief for the FTC, Fashion Originator's Guild of Am. v. FTC*, 312 U.S. 457 (1941) (No. 537), 1941 WL 76666, at *4（对公司的结构进行了描述）。

318　Membership, NAT'L COLLEGIATE ATHLETIC ASS'N (NCAA), https://www.ncaa.org/about/who-we-are/membership [https://perma.cc/4C73-4NVV].

决定[319]，教练薪资[320]与球员薪资[321]之决定，队员个人姓名、图像、肖像授权之决定[322]均受到《谢尔曼法》第1条的管辖。当违法行为被认定，救济手段即为允许各球队独立作出相应决定。

相同的分析也出现在美国棒球帽公司（American Needle）案中，该案是一宗涉及美式足球大联盟（NFL）的拒绝交易案件。[323]NFL是由32家独立美式足球俱乐部控制的非公司社团，每家公司所有权均独立。美式足球大联盟资产公司（NFLP）是一家独立在纽约注册并受NFL控制的企业。每支球队都是NFLP的会员，并共同控制所有球队共有与每支球队各自拥有的知识产权授权。本案中，各球队投票批准NFLP以独占性许可的方式授权锐步公司为所有32支球队出售带有NFL标志的头部穿戴设备（例如头盔、帽子）。[324]是故，本案原告，美国棒球帽公司作为一家与锐步公司竞争的制造商，主张该协议具有排他效力。[325]

最高法院需要判定NFLP的独家许可授权行为是NFLP的

---

319 *NCAA v. Bd. of Regents*, 468 U.S. 85, 88 (1984).
320 *Law v. NCAA*, 5 F. Supp. 2d 921, 933-34 (D. Kan. 1998)（认定限定较低级别篮球教练工资的行为违法）.
321 参见：*Alston v. NCAA* (In re NCAA), 958 F.3d 1239, 1243-44 (9th Cir. 2020)（认定会员教育机构"限制其向学生运动员提供与教育相关的福利的规则"违法），cert. granted, No. 20-512, 220 WL 7366281 (Dec. 16, 2020); *O'Bannon v. NCAA*, 802 F.3d 1049, 1052-53 (9th Cir. 2015)（认定限制学生运动员补偿的行为违法）。奥尔斯顿（Alston）案中的调卷令涉及合理原则的适用，并不涉及NCAA作为单一实体的法律地位问题。
322 参见：*In re NCAA Student-Athlete Name & Likeness Licensing Litig.*, 37 F. Supp. 3d 1126, 1155 (N.D. Cal. 2014).
323 *Am. Needle, Inc. v. NFL*, 560 U.S. 183, 189-96 (2010).
324 Id. at 187-88.
325 Id. at 187.

单边行为还是32支球队共同的行动，法庭一致认为本案属于后一种情况。[326] 以公司法的视角来衡量，涉案拒绝交易行为似属单边行为。NFLP作为授权方，只是一家公司。在先的低级法院基于第七巡回法院早先的判决，认定职业体育联盟依据该案的相关情况应当被认定为单一实体。[327] 最高法院作出的与之相反的判决与其早先在西利（Sealy）案[328] 和拓普科（Topco）案[329] 中作出的决定是一致的。在这两个案件中，法院认定即使某实体为股份公司，其依然可以被认定实施了由其所有的互相竞争的活跃股东实施的合谋行为。在西利案中，每个成员都是公司的股东，他们共同拥有西利公司的股票。[330] 在拓普科案中，涉案的25名成员每人都拥有等量的某公司具有投票权的普通股。他们同时拥有所有的不具有投票权的与他们的销售额成比例的优先股份额。[331]

注册成立的房地产公司董事会的股东或活跃成员也会被如此检视。作为单一实体，董事会负责决定哪些房产被挂牌、出售条件、公布标准化的房产出售表格与销售协议，并控制房产销售人员的大部分行为。在这种模式下，作为股东的销售人员

326　Id. at 196.
327　*Am. Needle, Inc. v. NFL*, 538 F.3d 736, 738 (7th Cir. 2008)，citing *Chicago Professiona'l Sports Ltd. v. NBA*, 95 F.3d 593, 597-600 (7th Cir. 1996).
328　*United States v. Sealy, Inc.*, 388 U.S. 350, 351-58 (1967)（认定一家由成员共有但依据公司法注册成立的合营企业所实施的地域限制与价格限定行为违法）.
329　*United States v. Topco Assocs., Inc.*, 405 U.S. 596, 612 (1972)（认定一家联合采购公司的地域限制行为违法）.
330　*Sealy*, 388 U.S. at 352.
331　*United States v. Topco Assocs., Inc.*, 319 F. Supp. 1031, 1033-34 (N.D. Ill. 1970), rev'd on other grounds, 405 U.S. 596.

各自行动向客户推销房产并赚取交易佣金。在该组织结构中，每一家不动产销售网点不仅是股东与合伙人，而且与其他不动产销售者进行竞争。

即使在没有讨论上述单一实体案例的1950年，最高法院曾认定属于同一注册委员会的房地产中介人员之间的限价行为是违法的合谋行为。[332] 随后的重要判例涉及"Multi-List"房地产公司，其为一家在佐治亚州设立并由数位独立地产销售商所有的公司。[333] 根据企业章程，任何一位股东都可挂牌由其他股东成员掌握的房源。[334] 第五巡回法院认定成员之间限定佣金比例的协议，以及其对于那些不遵守这一佣金比例的销售人员进行的排他性与纪律性惩罚规则违反了《谢尔曼法》第1条的规定。[335]

在千禧年之初，政府与若干私人原告起诉了多家提供挂牌服务的公司，指控他们排除其他房地产销售者的行为违法。[336] 第四巡回法庭最终适用了美国棒球帽公司案的判决，否决了不存在合谋行为的主张，因为涉案被告的决定是以"一家企业的多位代理人的身份"作出的。[337] 其他若干涉及价格限定与合谋

---

[332] *United States v. Nat'l Ass'n of Real Estate Bds.*, 339 U.S. 485, 495 (1950); see id. at 487 n.1（注意到华盛顿不动产交易所是注册成立的法人组织）。

[333] *United States v. Realty Multi-List, Inc.*, 629 F.2d 1351, 1355 (5th. Cir. 1980). 根据被告的内部章程，每位成员都必须至少购买公司一股股份。Id. at 1358.

[334] Id. at 1355-56.

[335] Id. at 1388-89.

[336] 参见，例如：*United States v. Consol. Multiple Listing Serv., Inc.*, No. 3:08-CV-01786-SB, 2009 WL 3150388, at *1 (D.S.C. Aug. 27, 2009)。

[337] *Robertson v. Sea Pines Real Estate Cos.*, 679 F.3d 278, 285 (4th Cir. 2012).

排除竞争的案件均得出了相似结论。[338]

医院医师执业委员会也提供了相似的样本。医院通常通过这类委员会决定哪些医师可在医院执业。若各自提供不同医疗服务的委员会成员们拒绝允许某医师执业，他们的行为或被认定为合谋而不是单一实体的行为。[339]

---

[338] 参见，例如：*Freeman v. San Diego Ass'n of Realtors*, 322 F.3d 1133, 1144-47 (9th Cir. 2003)（该案认定由不动产中介机构组成的团体制定的要求限定、统一服务费率的协议构成限定价格行为）；*Thompson v. Metropolitan Multi-List, Inc.*, 934 F.2d 1566, 1579-82 (11th Cir. 1991)（认定某不动产交易机构的下属机构实施的限制会员资格的政策，在该下属机构拥有实质性市场力量的情况下构成非法的集体抵制行为）；*Park v. El Paso Bd. of Realtors*, 764 F.2d 1053, 1062-63 (5th Cir. 1985)（认定一个理性的陪审团会认定由于物业公司也实施了以特定方式挂牌不动产的行为，该物业公司也是非法集体抵制合谋的参与者）；*Klickads, Inc. v. Real Estate Bd. of N.Y., Inc.*, 2007 WL 2254721 (S.D.N.Y. Aug. 6, 2007)（认定销售人员通过交易委员会实施的排他行为也可能构成合谋行为）；比较：*McLain v. Real Estate Bd. of New Orleans, Inc.*, 444 U.S. 232, 241-47 (1980)（假定关于贸易条款的指控中有关价格限定的涉诉事项都是有效的）；*Logue v. West Penn Multi-List, Inc.*, No. 10-cv-0451, 2010 WL 2720787, at *2 (W.D. Pa. July 8, 2010)（同时拒绝了要求驳回起诉的动议以及要求不对涉案合谋行为进行指控的动议）。对于依据州政府法律设立的由活跃企业成员控制的企业的法律状态，参见：Herbert Hovenkamp & Christopher R. Leslie, The Firm as Cartel Manager, 64 *VAND. L. REV.* 813, 824-25 (2011)。

[339] 参见，例如：*Boczar v. Manatee Hosps. & Health Sys., Inc.*, 993 F.2d 1514, 1517 (11th Cir. 1993)（认定医院与在医院执业的个体医师之间存在进行合谋的能力）；*Bolt v. Halifax Med. Ctr.*, 891 F.2d 810, 827 (11th Cir. 1990), overruled in part by *Columbia v. Omni Outdoor Advert., Inc.*, 499 U.S. 365 (1991), as recognized in *Williamson Oil Co. v. Philip Morris USA*, 346 F.3d 1287, 1319 (11th Cir. 2003); *Vakharia v. Swedish Covenant Hosp.*, 824 F. Supp. 769, 779 (N.D. Ill. 1993)（认定医院与医院中独立执业的医师可进行合谋）。虽然一些法庭认可前述案件判决，但却附加了适用条件，即：虽然医师因其独立执业而具有与医院进行合谋的能力，但若涉案决定所欲谋求之利益与医院的利益相违背，则医院不可被认定为相应决定的合谋者。参见：*Weiss v. York Hosp.*, 745 F.2d 786, 828 (3d Cir. 1984)。对于上述议题的值得借鉴的综合讨论，参见：Peter J. Hammer & William M. Sage, Antitrust, Health Care Quality, and the Courts, 102 *COLUM. L. REV.* 545 (2002)。

即使是股份制自然垄断企业，若其由具有不同商业利益的股东共同所有，也能够被《谢尔曼法》第 1 条管辖。该议题首先在 1912 年的终端铁路（Terminal Railroad）案中被提及。[340] 横跨密西西比州的铁路桥建造公司极有可能是一家具有自然垄断地位的公司，因为所有需要渡河的交通工具都需要经过如同交通瓶颈一般的铁路桥。[341] 然而，该公司是股份公司，其股东由企业与自然人构成，共计 38 位持股者，这些持股者的组织人是铁路资本家杰伊·古尔德（Jay Gould）。[342] 该组织依据密苏里州法律为独资公司，但其由多位活跃的股东管理，每一位股东都拥有自己独立的经营业务，它们包括：经营不同地区的铁路、轮渡、路桥、"站点体系"与若干独立站点。[343] 这一组织因此控制了极为庞大的铁路运输、中转及仓储网络，以至于所有美国东西部之间的交通运输都不得不经过其治下的密西西比河铁路桥。[344]

---

340 *United States v. Terminal R.R. Ass'n*, 224 U.S. 383 (1912). 对于案情的全面描述，参见地区法院的评述：148 F. 486, 486-88 (E.D. Mo. 1906)。
341 正如法院所述案情，虽然共计有 24 条铁路线经过圣路易斯市，但没有一条横穿该市。大约一半铁路线将其终点设于伊利诺伊州一侧的河岸，其余自北方与西方而来的铁路，则将终点站设于市区内或城市北郊。密西西比河横跨圣路易斯市，圣路易斯市在河道通商方面占尽地利。然而现在，河岸两边铁路终点站之间无法互联互通，并且自西进入市区已构成了该区域交通运输的巨大阻碍。建造与维护横跨密西西比河的铁路桥的成本非常高昂，以至于要求所有铁路运营者都在河上建造自己的铁路桥变得不切实际。显而易见的解决方案即为将涉案铁路桥向所有铁路经营者以同等条件开放。*Terminal R.R.*, 224 U.S. at 395.
342 Id. at 391. 关于杰伊·古尔德在铁路融资中的角色，参见：Edward J. Renehan, Jr., *Dark Genius of Wall Street: The Misunderstood Life of Jay Gould, King of the Robber Barons* 215-27 (2006).
343 *Terminal R.R.*, 224 U.S. at 390-92; id. at 390 n.1. 本案将被告列为多个并列的独立实体。
344 Id. at 392.

法庭的决定不仅有趣而且直击如今平台企业垄断问题的核心。法庭拒绝了政府要求拆分该企业的主张。法庭认为拆分企业对于消除铁路桥的瓶颈作用于事无补。[345] 取而代之的是，法庭要求地区法院设计一个能使所有船运货物经营者，无论他们是否属于上述组织，都能够依据公平与合理的条款进入，以"使所有企业都能够得到与被告企业相关的公司几乎同等的开销与收费待遇"为目的的"重组计划"。[346] 只有在涉案当事人拒绝接受这一计划时，法庭才会命令进行强制企业拆分。[347]

终端铁路案的判决为我们在不损害运营效率的情况下，对代理了多家销售者的大型数字平台公司的反竞争行为提供了一种救济思路。与其剥离具有生产力的资产并且接受总会由此类救济手段导致的涨价，我们可以重组企业的所有权与管理权结构。诸如亚马逊这样的大型公司可以获得竞争对手无法匹敌的规模经济与范围经济优势。此外，通过同时在其网站销售其自有品牌与第三方品牌的产品，亚马逊使消费者、大部分供货商和劳动业者获益。亚马逊展示了如何通过销售自有品牌产品以瓦解名声在外的品牌的市场力量。[348]

问题并不在于亚马逊的销售额太高，而是亚马逊的所有权与管理权结构使得亚马逊在做出优待其自有品牌产品并给予第三方卖家歧视性待遇时，或与其他独立销售商签订反竞争协议

345　Id. at 409-10.
346　Id. at 411.
347　同上。道格拉斯法官在报业协会案中发表的同意意见对救济手段进行了比较——到底是禁止原告的限制性会员条款——还是采用终端铁路案中"给所有铁路运营商同等通过权"的救济手段。326 U.S. 1, 25 (1945)（道格拉斯法官的同意意见）；参见注 315—317 及相关上下文。
348　参见注 277—280 及相关上下文。

时有利可图。拆分亚马逊或者强制区隔其自有品牌销售渠道与第三方品牌销售渠道，意味着放弃有利于消费者的激烈的品牌竞争。

设想法院要求亚马逊将其重要的商业决定权交由一个由亚马逊的活跃合作伙伴组成的委员会来行使，这些合作伙伴或是在亚马逊上销售自己的产品，或从亚马逊购买产品，或就辅助性服务与亚马逊合作。通过共同协作，它们可以控制产品的选择、分销、消费者协议、广告、线上产品研发以及亚马逊自有品牌的定价。该委员会的决定可以受到《谢尔曼法》第1条的严格审核。

上述救济手段在涉及拒绝交易的场景中将尤为有用。为了阐明这一主张，不妨参考欧盟于2020年11月发布的针对亚马逊的异议函，其声称亚马逊在既存在其自有品牌又存在第三方品牌的销售市场中"人为地优待其自有品牌销售者"。[349] 企业在其自有品牌与第三方品牌销售者之间进行单边歧视行为并不违反现行美国反垄断法。这正是多林克（Trinko）案中的焦点议题，即：具有垄断地位的威瑞森公司歧视第三方运营商并优待其自有公司。[350]

若相关决定委托由包括亚马逊与第三方卖家组成的委员会共同作出，《谢尔曼法》第1条的法律标准可适用于这些决定。

349　参见：Press Release, European Commission, Antitrust: Commission Sends Statement of Objections to Amazon for the Use of Non-Public Independent Seller Data and Opens Second Investigation into Its E-commerce Business Practices (Nov. 10, 2020). 关于平台剥离的基础问题，参见注277—280及相关上下文。

350　*Verizon Commc'ns, Inc. v. Law Offices of Curtis V. Trinko, LLP*, 540 U.S. 398, 404 (2004). 讨论了针对威瑞森公司提出的——作为系统性的阻止消费者使用其竞争对手服务之计划的一部分——其以一种"歧视性的方式"处理订单。

斯卡利亚法官在多林克案中通过援引终端铁路案的判决观察到，最高法院只有在政府的指控是存在涉嫌违法的协同行为而不是单边行为时，才会在类似案情中对涉嫌违法行为的主体施加非歧视义务。[351] 此外，若涉案行为确实有合谋的嫌疑，"有效的救济手段并不需要通过对自由市场的力量进行司法评估来实现，简单地要求市场外的待进入者获得进入市场的非歧视准入待遇即可"[352]。

委员会成员的人数与多样性可因情况而异，但其成员数量与多元代表性必须足以确保其不太可能作出具有反竞争效果的集体决定。成员可以包括向亚马逊供货的独立经销商、亚马逊的主要股东，甚至可以包括消费者与其他相关主体。委员会必须依据客观标准作出有关产品选择的决定。

成员的数量以不影响委员会的运行效率为准。芝加哥交易所案中的涉案委员会在1918年拥有共计1800名交易会员和决策者，当时他们的组织规则与流程依然通过纸笔记录的方式进行管理。[353]NCAA拥有超过1200所会员学校，[354]1945年报业协会案中的委员会拥有超过1200家加盟会员报社。[355] 终端铁路案中的终端铁路协会拥有38位股东会员，但法院判决要求以非

---

351 参见：id. at 410 n.3（"被上诉人也依据终端铁路案与报业协会案进行辩护，这些案件都涉及极有可能具有反竞争效果的合谋行为"）。
352 同上。
353 *Bd. of Trade v. Christie Grain & Stock Co.*, 198 U.S. 236, 246-47 (1905).
354 Membership, NCAA, http://www.ncaa.org/about/who-we-are/membership [https://perma.cc/3D8T-JKWG].
355 *Associated Press v. United States*, 326 U.S. 1, 3-4 (1945).

歧视的方式对待所有希望参与相关市场经营的非股东成员。[356]上述案例中涉及的芝加哥房地产经纪协会是一家大型房地产销售委员会，拥有超过 15500 名会员。[357]

被指定作出决定的委员会成员不需要是亚马逊的股东，只需要它们拥有独立的商业利益并在亚马逊平台运营。事实上，州公司法或商业组织法通常并不会干扰联邦反垄断法的实施。例如，在上述提及的诸如终端铁路案、[358]西利案[359]与拓普科案[360]中，相关的决定作出者都拥有相应公司的股权。在美国棒球帽公司案中，涉案企业 NFLP 是一家有限责任公司，[361]其没有股东但拥有类似合伙制的"成员所有者"（owner-member）。相似地，在报业协会案中，法院查明依据《纽约州会员制公司法》注册成立的涉案公司在性质上属于合作社。[362]

法院在案件中适用本身违法原则或合理原则取决于被告涉嫌违法行为的性质。在 NCAA 案中，最高法院认为必须适用合理原则审查涉案协会实施的所有限制竞争行为，因为涉案市场中

356　United States v. Terminal R.R. Ass'n of St. Louis, 224 U.S. 383, 390, 411-12 (1912).

357　About Us, CHI. ASS'N REALTORS, https://chicagorealtor.com/about-us [https://perma.cc/YP4N-R7PS]. 委员会列明了 21 位主管，每位主管直接与特定的不动产中介业务相关。参见：Board of Directors, CHI. ASS'N REALTORS, https://chicagorealtor.com/about-us/board-of-directors [https://perma.cc/FMS9-SUDT]。

358　Terminal R.R., 224 U.S. at 396-400.

359　United States v. Sealy, Inc., 388 U.S. 350, 352-53 (1967).

360　United States v. Topco Assocs., Inc., 405 U.S. 596, 598-600 (1972).

361　参见：NFL Properties LLC, BLOOMBERG, https://www.bloomberg.com/profile/company/0425424D:US [https://perma.cc/WJ72-TSUK]。

362　Associated Press v. United States, 326 U.S. 1, 3-4 (1945).

的产品——校际运动比赛——必须通过学校间的相互合作才能实现。[363]但对于亚马逊平台中的产品销售市场而言，情况并非如此。相反，传统的采取直接竞争限制与辅助竞争限制的二分法更加适用。限价行为与没有正当理由的产出限制行为将会受到重点怀疑。[364]另一方面，规范货物分销与解决消费者投诉的统一商业规则显然是合理的并因此具有合法性。合谋拒绝交易行为可以涵盖从由价格驱动的联合抵制行为（本身违法）[365]到设定合理标准的行为（合理原则），[366]并应当按相应司法标准审核。

这种方法显然不是以企业体量本身为依据的。一个拥有竞争性管理结构的亚马逊可以保持与其现在相同的体量。甚至，拥有更大体量。限制产出并促进企业内部竞争的卡特尔与垄断者可以继续发展。亚马逊因此可以继续保持源于其规模优势与范围优势的高效率。我们可以有效地将平台内部工作流程转变为一个市场。若实施了这一方案后，该企业依然实施歧视其他经营者的行为或将不接受其成员资格或规则的产品排除出市场，那么《谢尔曼法》第1条将会得到适用。

（2）强制互操作性与信息汇总共享

重组管理层并不是唯一的促进平台市场竞争的方式。本节简要探讨了强制互操作性与信息汇总共享这两种可以削弱平台企业支配地位并同时提升市场总体表现的救济手段。"互操作性"

---

[363] *NCAA v. Bd. of Regents*, 468 U.S. 85, 101 (1984). 解释了为何在"产品能够向所有人供应的情况下，对竞争施加横向限制事关重大"，此时进行分析就需要适用合理原则。
[364] 参见：Areeda & Hovenkamp, supra note 9, ¶¶ 2004-06。
[365] Id., ¶ 2203.
[366] Id., ¶¶ 2230-33.

发生在不同企业的技术或系统以一种允许用户同时使用这些技术或在这些系统中下达指令的方式进行连接之时。"汇总共享"意味着相似信息的聚集，并更加强调对这些信息的分享。[367] 两种方案的手段都是在网络市场内提升竞争，而不是拆分网络市场或以其他方式剥离资产。

通过减损企业的规模经济优势与范围经济优势所进行的企业拆分时常带来成本的增加或产品质量的降低，而互操作性的提升与信息汇总共享可以更高效地扩大企业规模——即使企业身处一个竞争更加激烈的环境中。达成前述目标主要通过提升双边平台市场一侧或两侧的用户基数。具体来说，有三家互相兼容的电话系统，分别拥有500、300与200名用户，通过将其技术兼容并将用户信息汇总，得益于网络效应，这个拥有1000名用户的新系统的价值将胜于三个系统用户人数的简单相加。此外，这三家平台之间将不再存在用户基数数量上的优劣之分。它们可以将竞争聚焦于其他诸如服务质量、价格或设备销量等领域。这个例子其实就是现在我们正在使用的电话通信系统的写照，但现实中的系统拥有远超过三家运营商提供服务。也许有些信息共享救济方案会很复杂，但大可不必如此。[368] 强

---

367 然而，信息汇总共享（Pooling）一词同样也可以指技术分享。例如，当多个主体彼此交叉将专利授权给其他主体，它们便创造了一个所有主体都拥有使用权的专利池。参见：Josh Lerner & Jean Tirole, Efficient Patent Pools, 94 *AM. ECON. REV.* 691, 691 (2004)。

368 对于欧盟竞争法中有关信息互操作性所起到的作用，值得借鉴的研究参见：Jörg Hoffmann & Begoña Glez Otero, *Demystifying the Role of Data Interoperability in the Access and Sharing Debate* (Max Planck Inst. for Innovation & Competition Research Paper No. 20-16, 2020), https://ssrn.com/abstract=3705217 [https://perma.cc/L4H4-XAYS]。

制将数据以通用格式进行汇总共享或已足够。此外，提升互操作性并不需要对企业进行拆分，虽然有时为了恢复竞争，资产剥离会作为该救济方式的辅助手段。例如，联邦贸易委员会针对脸书提起的诉讼要求剥离苹果收购的两家企业 Instagram 与 WhatsApp。[369] 将两家已经部分融入脸书的企业剥离会带来许多棘手的问题。一种可行的解决方案即为赋予脸书与被剥离后的公司完全和即时的获取全部数据的权限，这种权限只受制于用户个人拒绝提供信息的决定。在某平台公布的信息可以在另一平台被获取，反之亦然。用户依然可以如常进行互动。简单粗暴的企业拆分只会将不同的用户与数据区隔开来，这会使相关外部性范围趋于减少，使得平台作为载体的价值减少。但信息汇总共享可以让这一价值增加。事实上，脸书正在小范围地进行这种尝试。虽然 Instagram 拥有独立的计算机身份，但出于种种原因，脸书与 Instagram 平台上的用户与信息完全是跨平台交互的。[370] 若一家独立的企业可以同时聚合前述三个平台的资源，即使分散这三家企业的所有权给不同的所有者，除非市场中的竞争更加激烈，否则它们依然可以实施相同的行为。

若增强系统的互操作性或数据分享是有利可图的且市场是

369　FTC Facebook Compl., supra note 33, at 51.
370　参见：Jon Porter, Instagram Is Testing the Ability to Share Your Precise Location History with Facebook, VERGE (Oct. 5, 2018, 6:48 AM EDT), https://www.theverge.com/2018/10/5/17940364/instagram-location-sharing-data-sharing-facebook-test [https://perma.cc/8ASJ-MA86]；另参见：Matthew Wille, Great, Now Even WhatsApp Requires Data-Sharing with Facebook, INPUT (Jan. 6, 2021, 12:36 PM), https://www.inputmag.com/culture/great-now-even-whatsapp-requires-data-sharing-with-facebook [https://perma.cc/9PKX-W675]（讨论了 WhatsApp 公司与脸书公司之间的数据分享行为）。

正常运行的，相关公司可经常通过主动签订协议来实现这些目标。一个主动分享技术与用户信息的案例是电子邮箱，大量不同的程序用于用户接收、展示、存储并发送信息。用户在微软的 Outlook 与谷歌的 Gmail 电子邮箱之间可以无缝通信。为了互相通信，前两者需要分享一系列技术协议及有关收件人与发件人电子邮箱和服务器的信息。其中一些基于这种信息分享的服务需要收费，其他则免费提供。

另一个在技术上有显著区别的案例是保险服务公司（ISO），其从参加灾害险的承保人处收集精确的数据。数据汇总共享后会形成一个更大的有关保险损失的预期成本的数据库，这使得承保人可以更加准确地计算保险费率。[371] 另一个例子是西文过刊库（Journal Storage，JSTOR），其为一个汇总 2000 余种不同杂志发表的、获得授权的文章的数字平台，平台被许可人可查阅期刊并同时在这些期刊中进行搜索。[372] 最后，以参与者自愿缔结分享协议始、以法院发出反垄断判决强制要求对协议进行修改止的案例是数字化音乐总许可制度。[373] 总许可制度允许被许可人获得免责的、即时的与范围非常广泛的录制音乐资源，这些音乐资源的相关权利由数千家诸如广播音乐协会（Broadcast

---

371 最高法院在一起反垄断案件中对保险服务公司的服务流程进行了描述。*Hartford Fire Ins. Co. v. California*, 509 U.S. 764, 772-73 (1993); 另参见：Insurance Services Office (ISO), VERISK, https://www.verisk.com/insurance/brands/iso [https://perma.cc/794Z-442N]（描述了 ISO）。
372 参见：About JSTOR, JSTOR, https://about.jstor.org [https://perma.cc/VB9H-8W86]。
373 数字音乐的统一许可涉及双方同意的以非独占方式进行授权并强制以非歧视条款进行分销。参见：Michael A. Einhorn, Intellectual Property and Antitrust: Music Performing Rights in Broadcasting, 24 *COLUM. VLA J.L. & ARTS* 349, 350-51 (2001)。

Music,Inc.）与 ASCAP 这样的音乐公司所拥有。[374] 这一情况最终导致了诸如声破天与苹果音乐这样的音乐资源分享网站的出现，它们作为大型被授权方再将权限转授权于用户。用户随后就可以以歌曲名、艺术家或其他分类方式在整个数据库中进行搜索，搜索结果也会汇总所有数据库中的信息。

所有这些例子都表明互操作性与信息汇总共享可以采取许多形式，取决于相关工业领域的技术、能够提升参与者绩效的分享种类，以及不同供应商货币化其服务的独立系统的情况。这类分享通过扩大直接与间接正网络效应的范围可以提高资产的聚合价值。因此，在一个运行良好的市场，可以期待相互竞争的企业主动分享信息。绝大部分上述例证为前述观点提供了证据。

相比之下，具有支配地位的企业时常为了保护其市场地位而不希望信息被分享。[375] 这便是当年 AT&T 作为具有市场支配地位的运营商时所持的立场，其毅然决然地推行将"外部连接"排除出其运营网络的政策。[376] 菲奥娜·斯科特·莫顿教授与戴维·迪内利教授注意到脸书在具有市场支配地位前进行了大量有关互操作性的发明，随后其停止了相应行为。[377] 具有消除支配地位的能力使得强制提升互操作性成为可对抗实施非法排他

374　*Broadcast Music, Inc. v. Columbia Broad. Sys., Inc.*, 441 U.S. 1, 5-6 (1979).

375　参见：Michael L. Katz & Carl Shapiro, Network Externalities, Competition, and Compatibility, 75 *AM. ECON. REV.* 424, 425 (1985)."拥有良好商誉或建立已久的大型网络平台的企业趋向于反对提升产品兼容性，即便如此会提升总体福利；相比之下，拥有较小网络平台或商誉的公司则偏好提升产品兼容性。"

376　例如：*Phonetele, Inc. v. Am. Tel. & Tel. Co.*, 664 F.2d 716 (9th Cir. 1981)（认定 AT&T 禁止企业将设备连接其网络的政策并不适用反垄断政策豁免）。

377　参见：Scott Morton & Dinielli, Roadmap for an Antitrust Case Against Facebook, supra note 220, at 2, 17。

行为的、具有支配地位之企业的行之有效的救济手段。

提升互操作性和数据汇总共享与多栖性不同。多栖性系统的转换成本很低，可以轻易且便宜地从一个平台转换到另一个平台，例如在不同网约车服务或搜索引擎服务之间转换。[378]虽然转换很容易，但用户每次只会使用一种服务。例如，在缺乏互操作性的情况下，某用户会在其电脑中同时安装Gmail与Outlook电子邮箱服务，但她需要通过Gmail邮箱与其他Gmail邮箱的用户进行通信，其使用Outlook邮箱时也是如此。优步与来福车作为两家最大的网约车服务商，具备多栖特征但相互之间不存在互操作性。你可以在智能手机上同时安装两款软件，但必须分开使用。

互操作性与信息汇总共享也与数据可迁移性不同，后者是由欧盟的《通用数据保护条例》（GDPR）所倡导的概念，其不仅保护数据安全，还旨在给予消费者使用便携且可分享的数据格式的权利。[379]GDPR的首要目的是保护消费者隐私，其同时也为了使得消费者可以在不同服务平台之间更便捷地转移数据。

对于诸如搜索引擎这种基于海量用户数据的技术，数据池化作为反垄断救济手段，可以将相关数据汇总为可被所有搜索引擎企业平等获取的受制于用户权利的数据库。这将提升所有人的搜索结果质量，并因此提升消费者福利。搜索引擎公司可

378　参见本文第二节，第三"1"部分。

379　参见：Paul de Hert et al., The Right to Data Portability in the GDPR: Toward User-Centric Interoperability of Digital Services, 34 COMPUT. L. & SEC. REV. 193, 193-96 (2018)。对于竞争法执法机构如何使用GDRP以更好地提升互操作性，参见：Oscar Borgogna & Giuseppe Colangelo, Data Sharing and Interoperability: Fostering Innovation and Competition Through API's, 35 COMPUT. L. & SEC. REV. 1, 11-15 (2019)。

以继续在搜索算法、广告竞价、搜索结果排名、隐私保护或其他方面进行竞争。

由反垄断判决成功落实的互操作性提升来自美国的手机系统市场。在无线技术到来之前，手机系统市场被认为是与无线传输广播市场不同的自然垄断市场（当然，现在看来并非如此）。[380] 确实，在一纸得到原被告同意的、要求同时对涉案企业进行拆分并提升互操作性的反垄断判决作出前，手机操作系统市场在许多年间一直被当作一个只存在单一受监管的垄断企业的市场。[381] 最终，1996年实施的《通信法》瓦解了这一市场，法案广泛地强制手机操作系统互联互通，并通过强制性的私人协议或得到联邦通信委员会和相应州执法机关监督的仲裁决定来推广实施。[382]

虽然美国电话系统市场由数百家企业参与，其依然保持了一个统一的网络。其享受了源于拥有一个单一且巨大的网络所带来的网络外部性。用户可以在俄勒冈州通过三星牌手机上由

---

[380] 参见，例如：*GTE Serv. Corp. v. FCC*, 474 F.2d 724, 735 (2d Cir. 1973)（注意到联邦通信委员会认为电话市场是自然垄断市场）；*Gen. Tel. Co. v. United States*, 449 F.2d 846, 856, 859 (5th Cir. 1971)（认可了电话公司有关其所处市场为自然垄断市场的观点，以及政府认为无线广播市场非自然垄断市场的观点）；*Nat'l Assn. of Theatre Owners v. FCC*, 420 F.2d 194, 203 (D.C. Cir. 1969)（认定电话市场为自然垄断市场但商业广播市场则不是）；另参见：Stephen R. Barnett, Cable Television and Media Concentration, 22 *STAN. L. REV.* 221, 240 (1970)（做出了相同的区分——除了认定有线电视市场，不同于无线广播市场，有可能也是自然垄断市场）。

[381] *United States v. Am. Tel. & Tel. Co.*, 552 F. Supp. 131, 226-27 (D.D.C. 1982).

[382] 例如：*Telecommunications Act of 1996*, 47 U.S.C. § 251(c) (2018)；另参见：*Verizon Commc'ns, Inc. v. Law Offices of Curtis Trinko, LLP*, 540 U.S. 398, 402 (2004)（讨论了运营商依据《通信法》所负的与竞争者分享电话网络的义务）。

威瑞森公司提供的无线网络服务，拨通位于北卡罗来纳州由边疆（Frontier）固定电话公司提供服务的伟易达牌座机。[383] 在同一地理范围提供服务的移动电话运营商可以在数据传输速度、传输范围、通信设施、服务条款、服务价格等方面进行竞争，但它们不需要在参与哪个网络或网络规模方面进行竞争。这是因为所有网络中的用户都能够彼此联通，无论它们的运营商是哪家公司。

施蒂格勒中心（Stigler Center）发布的《2019 年数字平台企业最终报告》简要讨论了以强制提升互操作性终结网络市场中企业支配地位的方案。[384] 报告援引了以脸书为代表的社交网络平台作为其说明提升互操作性的范例。[385] 若诸如脸书或谷歌这样依赖海量用户数据的企业被强制将其收集的数据汇总共享，那么这些数据所创造的任何正外部性不仅不会消失而且还会因此而放大。隐私将依然得到保护，用户也依然有权利选择退出数据收集或分享计划。企业依然可以在除了消费者数据收集以

---

383 这一监管计划在下述案件中被讨论：*Verizon Communications Inc. v. Law Offices of Curtis Trinko, LLP*, 540 U.S. 398, 405-06 (2004)。

384 参见：*Stigler Comm. on Digital Platforms, Final Report, Chicago Booth: Stigler Ctr. for the Study of the Econ. & the State* 16 (2019), https://research.chicagobooth.edu/-/media/research/stigler/pdfs/digital-platforms---committee-report---stigler-center.pdf [https://perma.cc/C96V-75KF]。

385 参见同上；（1）拒绝要求驳回起诉之动议的法庭命令与（2）部分同意部分拒绝要求更具体的陈述诉由之动议的法庭命令，参见：*Facebook, Inc. v. Power Ventures, Inc.*, No. 5:08-cv-05780-LHK, 2009 WL 1299698，at 2, 4-9(N. D. Cal. May 11, 2009)（拒绝了要求驳回脸书针对 Power Ventures 公司提出的后者通过脸书网站搜集用户信息的行为违反联邦法的动议）。第九巡回法庭最终认定 Power Ventures 公司侵犯脸书公司计算机的行为违反了《计算机欺诈与滥用法》。*Facebook, Inc. v. Power Ventures, Inc.*, 844 F.3d 1058, 1065-66 (9th Cir. 2016)。

外的领域进行竞争。

必须要考虑的一个问题是搭便车现象。投资较小的落后企业依然可以在市场领导者的平台上发布它们的信息。然而各类公共平台的存在与蓬勃发展证明相关问题并不是不能克服的，但它们的解决确实需要有效的政府监管。[386]

在一个所有交易都会被货币化的市场，搭便车成为问题的可能性更小。例如，假设优步与来福车通过一个名为"优来"的手机应用实现了互操作性，这个手机应用可同时显示双边市场一侧的两家网约车服务公司可提供服务车辆的供应情况与实时价格，以及双边市场另一侧的所有潜在乘客的汇总共享数据。在这种情况下，乘客依然可以选择特定出行服务，交易也会在乘客作出选择的那一刻发生。如此这般的互操作性场景其实已经在商户终端与在线支付领域得到了实现。例如，结账柜台安装的硬件终端或智能手机上安装的应用程序可以受理各类发行机构的借记卡与信用卡。然而，只有在客户选择使用某特定借记卡或信用卡后，该交易才会被货币化。[387]

网络效应的存在可以成为一个可怕的市场准入壁垒，但互

---

[386] 参见：Ostrom, supra note 305, at 58-61。对于被提议规则的一个版本，参见：Michael Kades & Fiona Scott Morton, *Interoperability as a Competition Remedy for Digital Networks* 7-27 (Wash. Ctr. for Equitable Growth, Working Paper), https://equitablegrowth.org/working-papers/interoperability-as-a-competition-remedy-for-digital-networks [https://perma.cc/MXR3-4KN7]。

[387] 另参见：Filip Caron, The Evolving Payments Landscape: Technological Innovation in Payment Systems, 20 *IT PROF.* 53 (2018)（对支付领域的技术创新与新挑战进行了综合性概述）。对于相关市场的监管困境，参见：Yesha Yadav, Fintech and International Financial Regulation, 53 *VAND. J. TRANSNAT'L L.* 1109, 1135-42 (2020)。

操作性的提升可以促进参与者进入市场并帮助小企业生存。简单来说，一个网约车平台必须拥有足够多的司机与乘客才能够正常运行。而互操作性的提升可以使得所有乘客与司机被汇总于同一网络，正如电话系统那样。理论上说，任何独立拥有一辆车的司机都能够参与该系统，提供共享出行服务。而在上述 ISO 数据分享的例子中，即使是一家小型保险公司也可以获得高质量的、在所有承保者之间分享的风控数据。[388] 独立录制唱片音乐人可以将其作品授权给 ASCAP 并因此加入总授权系统。[389] 总之，高效的互操作性可以显著降低规模经济与正网络效应所可能带来的排他效应，并显著提升市场中竞争公司的数量。

  对于互操作性的关注也与一些纵向排他商业安排相关，尤其是在媒体市场中。首当其冲的问题便涉及知识产权。以电影或电视剧这样的商业视频内容为例。授权他人获得相关内容的边际成本是非常低的。此外，数字视频内容的这类授权是非竞争性的，这意味着权利人可以在不损耗剩余商业价值的情况下进行不限次数的授权。这使得只拥有视频内容的公司发展出了一种野蛮的战略：给所有愿意支付超过授权成本价格的客户以相应授权。在这种情况下，观看一部流行电影并不需要订阅电视台或购买卫星服务。

---

388 参见：*Amica Mut. Ins. Co. v. Farhar*, No. 05-cv-00162-REB-MJW, 2006 WL 8454578, at *3 (D. Colo. Feb. 17, 2006)（注意到一些小的承保人依赖 ISO 提供的风险数据）；Daniel Schwarcz, Ending Public Utility Style Rate Regulation in Insurance, 35 *YALE J. REG.* 941,968-72 (2018).

389 参见：ASCAP Payment System: Registering Your Music with ASCAP, ASCAP,https://www.ascap.com/help/royalties-and-payment/payment/registering [https://perma.cc/4UJ4-L34P].

而上述视频内容广泛传播的首要威胁即为纵向排他行为，其可通过排他交易协议或纵向并购来实现。例如，假设内容所有者被一家诸如卫星电视公司这样的视频发行公司收购（或其收购了这样的公司）。此时，该公司的视频内容就能够作为吸引用户选择该电视网络（例如：DirecTV）的"杠杆"。在这种情况下，该公司就可能有动机拒绝向在其他平台观看视频的用户提供服务，或对这部分用户收取更高的价格，以此来诱导这些客户选择该公司。[390] 对此最好的救济手段就是对该反竞争的独家交易行为或并购交易下达禁令。

3. 结论：不牺牲结构效率的情况下强制提升网络市场的竞争

资产剥离作为反垄断救济手段收效甚微的原因之一即为其过于关注对于资产的拆解，而这往往会减损资产的规模与范围效应。我们应当对那些能够使公司在竞争更激烈的市场表现得更好的救济手段予以关注。其中一种可行的救济手段即为将公司的内部决定权转移给公司运营的活跃参与者，公司作出的决定也因此可以受到《谢尔曼法》第 1 条的规制。随着市场竞争

---

[390] 政府在 AT&T 与时代华纳并购案中发起了多项并未得到法院认可的指控。参见：*United States v. Am. Tel. & Tel. Co.*, 290 F. Supp. 3d 1, 2-3, 5 (D.D.C. 2018), aff'd, 916 F.3d 1029 (D.C. Cir. 2019)。反垄断执法部门最近发布的《2020 纵向并购指南》，对可能导致这种拒绝交易行为的问题进行了规定。参见：U.S. DOJ & FTC,Vertical Merger Guidelines (June 30,2020),https://www.ftc.gov/system/files/documents/reports/us-department-justice-federal-trade-commission-vertical-merger-guidelines/vertical_merger_guidelines_6-30-20.pdf [https://perma.cc/Y5BS-M4NN]; Areeda & Hovenkamp,supra note 9, ¶ 1000(d)（讨论了《2020 纵向并购指南》的用词用语与其他显著特征）。参见：Herbert Hovenkamp,Competitive Harm from Vertical Mergers, *REV. INDUS. ORG.*, https://ssrn.com/abstract=3683386 [https://perma.cc/P8RR-TTTA]（以《克莱顿法》第 7 条的视角检视了《2020 纵向并购指南》）。

越来越激烈，市场的汇总产出会增加。另一种救济手段则为推广增加而非减损数字平台市场无处不在的正网络效应的促进互操作性的行业规范。前一种救济手段对于亚马逊这样的平台企业或具有最好的规制效果，因为经销商对各类传统有形货物的竞争性销售均在亚马逊这一平台上实现。后一种救济手段对于谷歌或脸书公司更为适用，因其涉及海量数字化信息数据库。

　　审理反垄断案件的法庭是否会采取这些救济手段，或者我们是否需要成文法规范来执法？使用反垄断判例法的一个弊端即为其只能适用于能够被法院管辖的公司。相比之下，成文法则能够普遍适用。但当这些救济的落实能够给所有人带来益处时，这一区别并没有那么重要。例如，若谷歌或脸书被命令必须分享用户的信息，信息分享的对象必须是同意以相同方式分享信息的谷歌或脸书的竞争者。而改变亚马逊公司的内部商业结构以促进竞争也不大可能让其在面对其他竞争者时处于劣势。

第四节　平台收购

一、新兴公司收购的一般问题

　　鉴于大部分数字平台企业都不具有自然垄断地位，只有通过策略性的行为它们才能维持支配地位。对于大型数字平台企业最大的威胁之一即为，与这些具有支配地位的大型数字平台企业发展早期阶段极为相似的那些小型企业。历史早已昭示具有支配地位的平台企业会被使用新商业模式的新企业无情碾压，例如谷歌搜索对 Alta Vista 的取代或脸书对 MySpace 的取代。历史还告诉我们，使用新技术的诸如谷歌这样的新企业，可以成为诸如微软和苹果这样的市场传统霸主的强大竞争对手。

所有知名平台企业都发端于某人的车库。那时它们拥有足智多谋的所有者、好的创意、许多知识产权和尚待发掘但已初露端倪的增长潜力。然而今天，我们对某家享有支配地位的平台企业在初创企业有可能发展为其竞争对手前将该初创企业收购这种现象已经习以为常。[391] 确实，如今的初创企业家与其说是在被建立新的商业蓝图的愿景所驱动，不如说是在被将自己的企业高价卖给主流平台企业的机会所激励，即使后者可能导致其企业关门大吉。[392] 资本市场深谙此道——那些极有可能被收购的初创企业比以自身的方式开发技术的公司更容易获得资本的青睐。[393]

这一状况创造了一种不健康的市场均衡。在任何市场中新进入者都扮演着重要角色，尤其是在技术发展迅速的市场。必须采取措施使初创企业更有可能发展为有价值的独立市场竞争者，而不是让其消失于任何一家大型平台公司的收购中。一种解决方案即为反垄断并购法。然而，鉴于被收购的企业体量较小且往往并不销售与大型平台企业竞争的产品，这一现实"或"

---

391 参见：Staff of H. Subcomm. On Antitrust, Commercial and Administrative Law of the Comm. On the Judiciary, 116th Cong., Investigation of Competition in Digital Markets 23 (Comm. Rep. 2020)（对亚马逊发起的主要并购交易进行游说）；id. at 25, 150（关注到脸书自 2004 年起至少收购了 63 家公司）；id. at 175（"20 年的时间内，谷歌至少收购了超过 260 家企业——该数据足以说明谷歌并购行为涉及面之广，尤其应考虑到很多并购交易甚至没有被曝光"）。

392 参见：Mark A. Lemley & Andrew McCreary, Exit Strategy, 101 *B.U.L. REV.* (manuscript at 7-8, 54-56, 101), https://ssrn.com/abstract=3506919 [https://perma.cc/5ZC8-HKTB]。

393 参见：id. (manuscript at 24-45)（记录了资本市场领域对于廉价出售新兴企业可能性的强烈兴趣）；Armin Schwienbacher, Innovation and Venture Capital Exits, 118 *ECON. J.* 1888, 1890-91 (2008)。

呼唤新的立法。

之所以使用"或"一词是因为从成文法的规定来看这一立法需求并不明显。《克莱顿法》第 7 条的规定十分宽泛，涵盖所有具有"可能实质性减损竞争"效果的收购行为。[394] 其覆盖范围并不限于任何特定体量、特定市场份额或与其他企业具有特定竞争关系的企业。该规定本身也并不限制那些可能减损竞争的机制。最后，法院反复主张该规定具有"预防"作用，[395] 意即在并购交易对竞争的威胁依然处在"发端之时"就要对相应交易进行警告。然而，经年累月对于该规定的限制性解读创造了太多司法模糊，以至于对该规定的解释越来越狭义。[396]

时下的并购政策并不足以救济大多数具有支配地位的平台企业对新兴公司的收购所造成的伤害。依据《并购指南》进行的执法针对的几乎全部是在相对较短的时期内可能会导致涨价或创新减少的并购交易。[397] 有一些平台企业的收购交易确实也招致了上述关切，对于这些交易的审查和叫停的依据则是更为传统的理论。在前述并购交易之中，有一个最终得到了批准，那就是亚马逊对全食超市的收购，当时全食超市线下连锁店的

394　15 U.S.C. § 18 (2018).
395　参见：*Brunswick Corp. v. Pueblo Bowl-O-Mat, Inc.* 429 U.S. 477, 485 (1977); *United States v. E.I. du Pont de Nemours & Co.*, 353 U.S. 586, 589, 597 (1957); 另参见：Herbert Hovenkamp, Prophylactic Merger Policy, 70 *HASTINGS L.J.* 45, 51-55 (2018)[讨论了"早期标准"（incipiency test）的应用]。
396　参见：*United States v. Baker Hughes, Inc.*, 908 F.2d 981 (D.C. Cir. 1990)（拒绝认定高度集中市场中的并购行为违法）；*New York v. Deutsche Telekom AG*, 439 F. Supp. 3d 179 (S.D.N.Y. 2020)（作出了与前案相同的认定）。
397　U.S. Dep't of Just. & Fed. Trade Comm'n, *Horizontal Merger Guidelines*, supra note 104,§ 2.

数量正好低于 500 家。[398] 若该并购交易被叫停，其很有可能依据的是更加传统的、由并购带来的价格上涨所造成的竞争伤害这一理论。像全食这样久负盛名的有机食品连锁店，似乎不太可能完全融入另一家全方位发展并且能够与亚马逊竞争的互联网销售商。

由平台企业发起的对科技初创公司的收购所产生的威胁与排他性商业行为更加相似。大部分这类并购交易并非合理设计以期在短时间内通过促进并购后市场中的合谋行为来达到涨价或减少创新的目的。取而代之的目的是阻止能够给收购企业带来实质性竞争的敌手的出现。将并购交易视为排他商业行为早有法定权威依据，但是近年来却鲜有执法案例。[399] 有趣的是，联邦贸易委员会在 2020 年对脸书提起的指控中试图撤销其放行的脸书对 Instagram 和 WhatsApp 的收购，其指控完全依据《谢尔曼法》第 2 条，而该部分直接规制的就是排他行为。但联邦贸易委员会并未依据《克莱顿法》第 7 条提出任何指控。[400] 相比之下，州检察官提起的指控普遍要求从脸书剥离上述两家企业，它们的依据均为《克莱顿法》第 7 条。[401]

---

398 Brent Kendall & Heather Haddon, FTC Approves Whole Foods-Amazon Merger, WALL ST. J. (Aug. 23, 2017, 6:26 PM ET), https://www.wsj.com/articles/whole-foods-shareholders-approve-merger-with-amazon-1503498623 [https://perma.cc/R2JL-3S74].

399 参见：Areeda & Hovenkamp, supra note 9, ¶ 701。

400 参见：FTC Facebook Compl., supra note 33, ¶¶ 169-74。从历史上看，《谢尔曼法》对于并购行为的适用主要通过其第 1 条有关限制贸易的"联合"行为的规定来实现。例如：*United States v. Columbia Steel Co.*, 334 U.S. 495 (1948)（依据《谢尔曼法》第 1 条的规定指控一宗资产收购交易违法）。

401 参见：Complaint ¶ 277, *New York v. Facebook, Inc.*, No. 1:20-cv-03589-JEB (D.D.C. Dec. 9, 2020)（依据《克莱顿法》第 7 条的规定要求进行资产剥离）。

新兴企业带来的威胁往往并不来源于同竞争者的直接竞争。鉴于大型平台企业所享有的规模经济与网络经济优势,提供相同产品的初创企业似乎很难造成巨大威胁。若初创企业提供差异化、辅助性或拥有一些新颖创新的具有不同使用场景的产品,其才有可能造成真正的威胁。因此,许多这类并购行为只能被认定为具有部分横向并购的特征,或并非横向并购。[402] 如今的并购法规规制的重点为横向并购,这类并购交易会受到几乎最严苛的审查。买家与卖家之间的纵向并购交易被审查或否决的频度则要低得多。[403] 而发生在相互关系既非横向也非纵向的企业之间的"混合并购"几乎不会被否决,但这种并购场景往往是威胁市场竞争的初创企业并购交易发生最多之处。

拥有绝佳创意与完善管理的小型科技公司可以非常快速地成长。尽管如此,监管机构在面对针对这些公司的收购交易时常常遭遇巨大阻碍。首先,这类并购对竞争的威胁效果非常难以证明。虽然一家拥有光明前景技术的新兴科技企业也许能成为互联网平台企业巨头,但在这些并购交易发生之时,商业投机依然构成了大部分交易动机。事实上,许多这类新兴科技企

---

402 联邦贸易委员会对脸书的指控中注意到对于脸书的竞争威胁来自多个不同竞争对手。参见:FTC Facebook Compl., supra note 33, ¶¶ 7-8 ("对于脸书公司来说,最大的竞争威胁并非来自于'脸书的模仿者',而是来提供异质服务的公司")。
403 政府最近对 AT&T 公司收购时代华纳这一交易的挑战招致了对这类纵向并购行为的极大关注。参见:Alissa H. Gardenswartz & Allen P. Grunes, Vertical Mergers Receive Increased Attention from Federal and State Antitrust Authorities, LEXOLOGY (Mar. 16, 2020), https://www.lexology.com/library/detail.aspx?g=2fe17eb3-8ebf-4df3-8a6ea14349ae3098 [https://perma.cc/FX8E-JS22] ("AT&T 公司收购时代华纳的收购案是近 40 年来由联邦政府下辖机关首次发起的纵向并购案")。

业只拥有很少，甚至近乎为零的市场份额。在这类并购交易完成之时判定哪一个会在并购后对竞争产生威胁几乎是不可能的。

但是对于因果关系的不确定性并不应该阻碍政府的以管理风险为重点的执法。而私人诉讼需要更加具体地证明因果关系。授权美国政府与联邦贸易委员会作为反垄断执法者"防止"反垄断违法行为的成文法并未要求因果关系的存在。[404] 相比之下，私人诉讼相关法规要求在损害赔偿请求诉讼中，必须证明相关损害"是由"反垄断违法行为造成的；[405] 而为了获得禁令，必须证明"反垄断违法行为具有造成损失或损害的威胁"。[406]

对于反垄断诉讼来说，上述对于因果关系证明要求的区别并无新意。美国的法律系统对于私人诉讼中的因果关系证明要求普遍较为具体，但其允许美国政府作为执法者直接追究违法行为以管控不合理的风险。此时，违法行为只需要造成风险，而不必实现风险。例如，州交通法规即使在醉酒司机并未对他人人身或财产造成损害的情况下也会对醉酒驾驶行为进行惩罚。相比之下，私人侵权损害赔偿诉讼只有在损害已经造成的情况下才能被提起；禁令也只有在存在非常具体的伤害威胁时才会被法院下达。

新进入者通常可以瓦解垄断。由于具有支配地位之企业与

---

[404] 15 U.S.C. § 25 (2018)（授权美国政府可在涉案行为没有满足因果构成要件的情况下"制止与限制"违反反垄断法的行为）；id. § 45(a)(2) (2018)（授权联邦贸易委员会"阻止"企业"以不公平的方式进行竞争"，再一次，不需要满足因果构成要件）. 参见：Herbert Hovenkamp, *Antitrust Harm and Causation* (U of Penn, Inst. for Law & Econ Research, Paper No. 21-10, Feb. 2021), https://papers.ssrn.com/sol3/papers.cfm?abstract_id=3771399 https://perma.cc/XMY4-N9MJ].

[405] 15 U.S.C. § 15 (2018).

[406] Id. § 26.

新进入者的共同产出会比新进入者进入市场前具有支配地位之企业单独的产出高，消费者能从中获益。事实上，一旦新进入者具有了强劲的竞争力量，这本身就会造成产出的逐渐上升与价格的逐渐下降。而系统性的平台企业对小企业的收购则会扼杀这一过程。[407]

两家处于博弈状态的企业会趋向于构建共同利益最大化的关系。[408]具有市场支配地位的企业对新兴企业的收购，为具有市场支配地位的企业提供了产业整合与产品改进的机遇，但也排除了竞争。因为在收购完成后，新兴企业没有机会被其他企业收购，也无法成长为强大的竞争者。因此，具有支配地位的企业进行收购的意愿，同时受到了通过并购新的资产来提升产品价值与排除竞争效应的驱动。这两种因素可以独立存在。确实，在很多交易中即使收购方无意使用被收购方的资产，后者对于前者也是有价值的。[409]

产业整合的价值独立来看，通常对社会是有益的。此外，若收购企业与被收购企业并非竞争者，相应交易并未消灭竞争。对竞争的排除则另当别论。在相关交易背景下，对于体量较大的企业来说，首要的威胁其实是新兴企业可能会被其他公司收购；其次才是新兴企业会成长为强大的竞争者。

政策制定者的任务应当是制定并购政策，以允许对社会有益的产业整合价值的存在，并同时最小化竞争排除造成的伤害。这类政策的监管对象即为对相对年轻企业的收购，这类企业的

---

407 参见：Kevin A. Bryan & Erik Hovenkamp, Startup Acquisitions, Error Costs, and Antitrust Policy, 87 *U. CHI. L. REV.* 331, 334-38 (2020).
408 R.H. Coase, The Problem of Social Cost, 3 *J.L. & ECON.* 1, 2-6 (1960).
409 参见本文第四节第二部分（讨论了扼杀收购行为）。

首要资产是知识产权与一些人力资源。这些企业的成长拥有非常多的可能性。

一种行之有效的救济方式便是对任何具有支配地位的企业所发起的对于知识产权的并购进行限制，限制方式即为具有支配地位之企业只得拥有相关知识产权的非独占许可。另一种救济方式即为，只有在发起收购的企业同意以公平和合理的条件将其欲收购的知识产权授权于其他企业的情况下才批准相应收购交易。[410] 第一种救济手段使得被收购的小企业仍能在市场中存活。相较之下，后一种要求强制对相关知识产权进行授权的救济手段使得市场依然可以获得相关知识产权，但被收购企业将会消失。[411] 所有人都能触及被收购企业所拥有的知识产权中所蕴含的增长潜力。

这些救济手段都是可行的，因为知识产权不具有竞争性且可分割。毕竟我们很难以同竞争者分享被收购工厂的空间为条件批准一家企业对一家生产工厂的收购。工厂是有形资产，一般而言无法进一步分割，而由司法推动的共享协议一定会遭遇一连串的实际问题。然而大部分知识产权却不是如此。若一家企业收购了一项非独占专利，其他企业也可在不与该知识产权的首要所有者协调相应生产计划的情况下使用该专利。确实，同一专利的众多被许可人之间的协同行为通常是违法的，除非这些被许可人共同参与了诸如合资经营这样的商业

410　参见：Kevin A. Bryan & Erik Hovenkamp, Antitrust Limits on Startup Acquisitions, 56 REV. INDUS. ORG. 615, 623-29 (2020); Bryan & Hovenkamp, supra note 407, at 339-42。

411　Bryan & Hovenkamp, supra note 407, at 353-55. 本文主张确立强制许可制度。

行为。[412]

《克莱顿法》第 7 条足以支持上述救济措施的出台。如若不然，国会应当在冒着过度干预的风险下有所作为。大型数字平台公司如果不同意在收购后无条件地开放相关专利的非独占许可，则相关交易就该被否决。体量较小的企业依然可以完成收购，并且完成了收购的企业或许更有可能成长为市场中有力的竞争者。

以被收购企业的增长潜力或其他潜在买家的数量为标准，实施上述限制可能降低收购交易的价值。具有支配地位的企业收购的是将知识产权进行整合或利用的权利，而不是仰仗知识产权排除竞争的权利。在一个极端，企业可以收购拥有竞争性专利的对手然后将相应专利雪藏。在这种情况下，企业所谓的"资源整合"权利的价值是零。此时这一收购行为真正有价值之处在于发起收购的企业获得了排除竞争的权利。这便是 1908 年最高法院在纸袋公司（*Paper Bag*）案[413]与联邦法院在最近的特瑞堡（*Trebro*）案[414]中所做判决依据的原理。这两起案件的判决都未涉及反垄断事项。然而，从竞争政策出发，两案的判决都得出了错误的结论，即：在没有采取任何措施激励创新或提高发起收购企业产能或效率的情况下，批准了具有排除竞争效果的收购交易。

---

412 参见：Herbert Hovenkamp, Antitrust and the Patent System: A Reexamination, 76 *OHIO ST. L.J.* 467, 524, 540 (2015)。

413 *Cont'l Paper Bag Co. v. E. Paper Bag Co.*, 210 U.S. 405, 429 (1908). "至于那些认为新专利的使用会将竞争者排挤出市场的建议，我们认为这种排挤效果正是专利制度赋予专利人权利的精髓，专利所有人拥有使用或不使用这种权利的特权，无问其行为的动机。"

414 *Trebro Mfg., Inc. v. FireFly Equip., LLC*, 748 F.3d 1159, 1172 (Fed. Cir. 2014);Erik Hovenkamp & Thomas F. Cotter, Anticompetitive Patent Injunctions, 100 *MINN. L. REV.* 871, 875 (2016).

不可否认，这样使用专利实际上会阻碍而非激励创新。若专利制度从不存在，仍然会有人为了自己的利益研发新技术。然而，通过收购并雪藏专利，发起收购的企业不仅并未发挥专利收购带来的整合价值，还同时阻止了他人继续研发相关技术的权利，即使该企业独立实施这种行为，仍不改其行为性质。[415]

强制具有支配地位的企业进行收购交易时必须以非独占许可的形式开放其收购的相关知识产权，恰恰使得企业能够获得被收购资产带来的资源整合价值，而不是排除竞争的价值。若发起收购的企业想要使用其收购的技术，非独占许可完全能满足其需求。

二、扼杀收购

"扼杀收购"指的是一家企业以将被收购企业的资产完全移出市场为目的所进行的收购。[416] 这一问题并非新事。1916年，美国罐业公司作为垄断企业收购对手的制罐工厂并迅速拆解被

---

415 特瑞堡案中的被告似乎是一位独立投资者。参见：*Trebro Mfg., Inc. v. FireFly Equip., LLC*, 2013 WL 1655993, (D. Mont. Apr. 17, 2013), rev'd, 748 F.3d 1159, 1172 (Fed. Cir. 2014)。

416 参见：Igor Letina, Armin Schmutzler & Regina Seibel, *Killer Acquisitions and Beyond: Policy Effects on Innovation Strategies* 1 (Ctr. for Econ. Policy Research, Working Paper No. DP15167, 2020), https://cepr.org/active/publications/discussion_papers/dp.php?dpno=15167 [https://perma.cc/J78P-C6H7]. 下述案件中要求法院发出禁令与具有同等效力之救济手段的诉状：*FTC v. Mallinckrodt Ard Inc.*, No. 1:17-cv-00120, at 2 (D.D.C. Jan. 25, 2017), 2017 WL 242849; 另参见：Colleen Cunningham, Florian Ederer & Song Ma, Killer Acquisitions, *J. POL. ECON.* (manuscript at 1 & n.2), https://papers.ssrn.com/sol3/papers.cfm?abstract_id=3241707 [https://perma.cc/6QRY-YRKL] （讨论了多宗扼杀收购交易，大部分是来自于医药行业）; Amy C. Madl, Killing Innovation?: Antitrust Implications of Killer Acquisitions, 38 *YALE J. REG. BULL.* 28, 34-35 (2020)（为一些医药行业中的扼杀收购交易进行辩护）。

收购公司的资产，以使其从市场中消失的行为就被认定为扼杀收购。[417]美国罐业公司收购的公司使用的是更老且效率更低的技术。然而今天的情况或许正相反：一家企业或许会收购具有更加先进或差异性技术的初创企业并将之关张，这样做只是出于自我保护的需要。[418]在这一过程中，社会受益于更优技术的机会被剥夺。

另一个相似的情况是一家企业通过收购获得了专利的独占许可，其并未使用该专利，而是不断起诉他人侵犯其相应专利权的行为。[419]此外，还有企业收购了小型研究所——例如拥有光明前景研究项目的医药研究所——随后将其关闭。通常来说被收购的企业甚至都没有市场份额，因为其研究项目成果尚未市场化。[420]例如，一家被收购的医药研究企业所拥有的资产就可能包括正在进行研发但尚未完成测试或进入市场的药物。[421]

返璞归真，扼杀收购问题很简单。我们不该将这类行为视为并购，而应当视为卡特尔。法律体系中出现的任何失败的、

---

417 *United States v. Am. Can Co.*, 230 F. 859, 875 (D. Md. 1916). 注意到被告在收购了竞争对手后几乎立刻就关闭了后者的工厂："三分之二被收购的工厂在收购交易完成后两年被弃置。其中很多工厂从来未被告使用过。"对于市场中的新进入者如何击溃市场中竞争对手的讨论，参见：Tim Wu, *The Master Switch: The Rise and Fall of Information Empires* 20 (2010)。

418 参见：Mark A. Lemley & Mark P. McKenna, Unfair Disruption, 100 *B.U.L. REV.* 71, 74-76 (2020)。

419 参见注 413 及相关上下文。

420 Cunningham et al., supra note 416, at 2. 建模分析了当被收购企业的资产依然有待开发且项目前景仍不明朗时的收购交易。

421 参见：Nils Behnke & Norbert Hültenschmidt, New Path to Profits in Biotech: Taking the Acquisition Exit, 13 *J. COM. BIOTECHNOLOGY* 78, 84 (2007)。

试图采取激进主张的行动大都可归因于采用了目光短浅的分类方式。

我们批准大部分并购交易而不会将并购交易视为本身违法,是因为这类交易有提高生产效率的潜力。[422] 然而扼杀收购却不会带来效率提升,因为收购方从未使用被收购的资产。从经济效果上来评价,收购企业并将之关闭与参加卡特尔限制产出并无二致。[423] 实际上,这类并购之所以会发生,就是因为付钱给某公司要求其关闭某工厂可能构成本身违法。[424] 若某企业以 100 万美元收购了对手公司并将其关张,这一交易会被视为并购。然而,若企业支付给对手公司 100 万美元,要求其关闭该工厂,这一交易就会被视为卡特尔。

---

422 参见:Areeda & Hovenkamp, supra note 9, ¶¶ 970-76; Herbert Hovenkamp, Appraising Merger Efficiencies, 24 *GEO. MASON. L. REV.* 703, 704 (2017)。

423 比较:Jonathan Cave & Stephen W. Salant, Cartel Quotas Under Majority Rule, 85 *AM. ECON. REV.* 82, 94 & n.18 (1995)(注意到垄断者具有将生产效率最低的工厂关闭以降低产出的倾向,而卡特尔则很少如此行事)。

424 参见:*United States v. Socony-Vacuum Oil Co.*, 310 U.S. 150 (1940)(本案认为协议减少产出的行为是本身违法的);Shubha Ghosh, Relaxing Antitrust During Economic Downturns: A Real Options Analysis of Appalachian Coals and the Failing Firm Defense, 68 *ANTITRUST L.J.* 111 (2000)。对于欧盟委员会有选择性地批准限制产出的协议的讨论,参见:Andre Fiebig, Crisis Cartels and the Triumph of Industrial Policy over Competition Law in Europe, 25 *BROOK. J. INT'L L.* 607, 608 (1999)(本文讨论了"危机卡特尔"——或被允许的"由所有竞争者或大部分竞争者在特定市场中订立的系统性限制与/或减少产出以应对特定行业中的危机的协议")。从历史角度检视类似执法机制的讨论,参见:*Nationa'l 'Association of Window Glass Manufacturers v. United States*, 263 U.S. 403 (1923)(本案判决支持了制造商与工人之间达成的在战争期间轮流减少产能的协议)。这类协议在普通法框架下是无法执行的,参见:*Clemons v. Meadows*, 94 S.W. 13, 14 (Ky. 1906)(本案认定两家旅馆经营者之间订立的要求其中一家歇业三年的协议违反了公共政策)。

两个因素非常重要。其中一个与发起收购企业在进行收购时的意图有关。一个简单的案例即为美国罐业案，该案中发起收购的企业收购对手公司的意图即为将其生产资产从市场中撤出并立刻永久性关闭工厂。[425] 但其他案件却很难定性。毕竟并非所有并购交易都能顺风顺水。[426] 一家发起收购的企业也许曾尽力利用被收购企业的资产但随后认为收购是失败的。只要发起收购的企业已经尝试以提高产能效率为目的使用被收购资产，反垄断政策不能因收购交易完成后被收购企业关闭就认定该交易本身违法。[427]

另一因素则为部分关闭被收购企业的可能性。例如，某企业或为了资源整合并以使用相关企业部分资产为目的进行收购。这类案件需要考察交易意图的实质。[428] 那些在交易完成后仍然在从事生产的被收购企业资产规模或许很小，或只是被收购企业所有生产资产中的辅助部分；若仅仅聚焦于这些事实，相应收购是无法被否决的。然而对部分生产资产的雪藏相较于

---

425 United States v. Am. Can Co., 230 F. 859, 875 (D. Md. 1916). 参见注 417—418 及相关上下文。

426 参见：Wendy B. E. Davis, The Importance of Due Diligence Investigations: Failed Mergers and Acquisitions of the United States' Companies, 2 ANKARA B. REV. 5 (2009)。

427 参见：Madl, supra note 416, at 35（主张发起收购企业可对另一家备选药企进行收购，以作为替代方案）。作者同时主张收购一家药企可以使发起收购的企业获得药品临床测试数据。同上，第 36 页。但在这种情况下，直接分享数据也许是更好的方案。

428 例如，在迪士尼公司于 2019 年收购 21 世纪福克斯公司之后不久，其关闭了后者旗下的 Fox 2000 工作室，但仍保留了 20 世纪福克斯公司与福克斯探照灯公司。Brent Lang, Disney Retiring Fox 2000 Label, VARIETY (Mar. 21, 2019, 2:35 PM PT), https://variety.com/2019/film/news/disney-retiring-fox-2000-label-1203169597 [https://perma.cc/77E2-BRXF].

将其投入生产或会带来更大的对竞争的减损。此外，我们还应谨记，在某一市场造成的重大损害或无法被另一市场获得的收益所弥补[429]——尤其是在并购对竞争造成了实质性减损且并购完成后带来的效率提升并非由该并购交易造成的市场。此外，执法者还应当考虑将那些一旦被弃用就可能造成竞争减损的资产剥离是否为可行的解决方案。虽然很多时候研究机构的资产是大量的知识产权，但其员工的天赋和其他资产也一样重要。[430]

那些从外部购得但随后被雪藏的专利则是扼杀收购的另一种版本，早在1908年最高法院作出的纸袋公司案判决中便已涉及。[431] 该案中在相关市场具有支配地位的企业在收购了一项与其自身使用的技术不同的技术专利后，并未使用该技术而是将其雪藏。[432] 随后，该公司还成功起诉了一家使用其雪藏专利技术进入市场的竞争对手。[433] 该交易成功利用了专利制度对市

---

429 参见：Areeda & Hovenkamp, supra note 9, ¶ 972。
430 有些并购的目的是为了使发起并购的公司能够直接雇用被收购公司的员工而不是为了使用后者的资产。参见：John F. Coyle & Gregg D. Polsky, Acqui-Hiring, 63 *DUKE L.J.* 281, 287-301 (2013); Peter Lee, Innovation and the Firm: A New Synthesis, 70 *STAN. L. REV.* 1431, 1435 (2018)（主张许多并购的目的就是为了获得被收购企业的高素质员工与技术）。
431 *Cont'l Paper Bag Co. v. E. Paper Bag Co.*, 210 U.S. 405, 422-26 (1908). 对于本案影响的进一步讨论，参见：Herbert Hovenkamp, The Emergence of Classical American Patent Law, 58 *ARIZ. L. REV.* 263, 287-89 (2016)。
432 *Paper Bag*, 210 U.S. at 406.
433 被告对于专利的使用在理论上并未侵犯原告的专利权，但最高法院通过扩张专利法中的等效原则从而认定被告行为构成专利侵权。Id. at 415. 关于此案判决对等效原则发展的影响，参见：Brian J. Love, Interring the Pioneer Invention Doctrine, 90 *N.C. L. REV.* 379, 392 (2012)。

场竞争造成了短期与长期的伤害。[434] 首先，这种行为使新进入者无法与该具有市场支配地位的企业进行价格竞争。其次，通过专利制度剥夺了市场获得新技术的机会，这限制而非促进了创新。

强制具有支配地位的企业以非独占许可的方式开放其所收购的知识产权，可以解决扼杀收购带来的问题，只要被收购的资产是知识产权即可。确实，如果收购方本就没有使用被收购资产的意图，那么收购非独占的权利短期内对其并无价值可言。

第五节 结论

对于反垄断执法的常见抱怨即为其费时费力。这样的论断听上去似乎是对的，但相较于作出会影响数百万消费者、雇员与其他实体的错误决定的成本，社会承担的基于大量案情分析所作决定的成本不过是九牛一毛。反垄断法是由诉讼驱动的司法机制，其需要作出决定者聚焦于其面前的特定涉案行为与资产的性质。与立法监管不同，反垄断法不会为了普遍性的执法而将一揽子行业汇总管理，这也意味着反垄断法更难成为"管制俘获"的目标。

尽管如此，反垄断执法或受制于对利益集团的偏见。消费者福利就是一种公共福利。但数不清的消费者千人千面，并且

---

434 相同的情况也发生在以下案件中：*Trebro Manufacturing, Inc. v. FireFly Equipment, LLC.*, 748 F.3d 1159, 1172 (Fed. Cir. 2014) 。"至于公共利益，并没有充分的证据证明相关禁令会伤害大众。这种'收割式'的专利交易行为只覆盖了很小的市场，并不会产生大范围波及的效果。"参见：Hovenkamp & Cotter, supra note 414, at 889-93。

在大多数时候并未被正确地组织起来。相比之下，从执法疏漏中获利的企业的数量则少得多，且为了达成目标它们会更加团结。从企业个体和消费者个体的角度来比较，某企业维持垄断地位所攫取的利益远超过竞争给某消费者所带来的收益，即使将所有受益于竞争的消费者所获的利益汇总，即使将劳动人群的收益计算在内，依然如此。[435]

今天的反垄断法受制于怠于执法的偏见，这种偏见科学地看是一种陈词滥调，并且带来了太多错误的消极影响。希望随着法庭越来越熟悉数字平台企业的经济特性与网络效应，这些偏见会烟消云散。但最高法院在运通案与第九巡回法院在高通案中的判决依然预示着前路漫漫。合理原则对于原告来说已经成为过于沉重的负担。若原告承担的案件初步证明责任能够变轻，而往往充分掌握案情信息的被告承担的答辩责任能够加重，反垄断政策可以得到更好的实施。[436]

依据反垄断法基于案情、量身定制的司法干预方式往往优于行业监管。而一些诸如消费者信息保护这样的问题在几乎所有市场都普遍存在，行业监管是行之有效的。而其他大部分监管不力的对象，则为企业。对于依据不同企业和市场分门别类适用反垄断法的呼吁最终招致的是换汤不换药的行业监管。高谈阔论这些市场是"赢家通吃"的、拥有很高的准入门槛，或（关于数字平台企业的种种现象）对市场中的其他竞争者与消费者造成了不必要的伤害是很简单的。其中典型的便是主张任何大

---

[435] 参见：Erik Hovenkamp & Steven C. Salop, *Asymmetric Stakes in Antitrust Litigation* 4 (USC CLASS Research Papers Series, No. CLASS20-12, 2020), https://ssrn.com/abstract=3563843 [https://perma.cc/H4EF-SU99]。

[436] 关于这一观点，参见：Hovenkamp, supra note 26, § 5.63。

型数字平台公司都必须被拆分的泛泛而谈。这种过度一概而论的结论并未促进而是阻碍了反垄断问题的理性分析。各家平台企业彼此之间的不同点与其他任何企业相互之间的不同点一样庞杂。

在涉及平台企业的许多案件中，有关市场力量的评估确实产生了一些独特的基于事实的问题。当我们以传统的市场份额来评估市场力量时，一个单一的相关市场应当被界定为双边市场中的一侧市场。评估企业在一侧市场的行为对另一侧市场的影响，应当考虑该影响是支持还是削弱了通过分析另一侧市场份额的变化所得出的结论。虽然直接采取经济手段干预往往能起到更好的效果，但即使市场力量可以被直接评估，这些措施对于双边市场另一侧市场的影响也必须被考虑到。最后，在网络市场中拥有市场份额较低的企业的行为也可能对竞争造成伤害，此处"较低"的门槛比传统市场中还要低。

反垄断法基于案情的分析方法对于构建合理的救济手段也至关重要。救济手段的目标应当与反垄断法提升市场总体产出的目标相一致。以一纸禁令作为救济手段永远是值得考虑的。在施予救济的同时对相关企业的效率、产业链或对企业运行的市场造成很小或不造成伤害不难做到。并且这些救济手段的效果也更容易预测。

反垄断法百年历史告诉我们，对资产进行拆分是危险的，因为其会造成规模经济和范围经济减损的威胁。其他更有效的救济手段或包括重组企业管理层、强制提升互操作性与强制信息汇总共享。重组企业管理层可以使得企业以更富竞争性的方式运作，因其内部决定的作出对象本身就被认为构成一个相关市场，并因此可以受到反垄断法的管辖。在案情合适的情况下，互操作性的提升可以在不伤害企业内部效率的情况下扩大网络效应惠及的范围。

  数字平台市场带来的竞争问题呈现了一些全新的挑战，但大部分挑战依然在反垄断法的制度框架之内。法庭和反垄断政策的制定者应当直面数字平台企业的真实面目——它们拥有独特性，但没有独特到面对它们时，我们必须抛弃我们在高科技和产品高度差异化的市场领域所经年积累的有关竞争与反垄断法的知识。

数字聚合市场[*]

第一节 引言

本文逐一分析了反垄断诉讼中"聚合市场"所扮演的角色、认定此类市场的最低要求,以及识别此类市场的过程中网络效应的相关性。最后,本文分析了如何避免认定聚合市场的存在。

许多反垄断违法行为的认定要求证明涉嫌实施违法行为的主体具有市场支配力量,或具有通过减少产出并以高于成本的方式提高价格以牟利的能力。从历史上看,反垄断诉讼当事人及法庭评估前述力量或能力的手段是通过确定市场份额来恰当地界定"相关市场"。[1]

然而,"市场"这一概念绝不只出现在反垄断法中,早在阿尔弗雷德·马歇尔[2]的微观经济学所论及的部分均衡分析及古

---

[*] 《哥伦比亚大学商法评论》已采编,待正式发表。
[1] 参见:Phillip E. Areeda & Herbert Hovenkamp, *Antitrust Law*, Ch. 5 (5th ed. 2021)(出版中)。
[2] Alfred Marshall, *Principles of Economics* 385 (1890).

诺[3]的相关理论中，便有相关论述。

反垄断案件中对于界定市场的一个基本要求便是相应市场由相同或具有紧密替代关系的商品所组成。只有这样，"市场中的商品互相竞争"这一论断才有意义，而这一论断也默认"市场之内的商品不与市场之外的商品竞争"。即使市场永远不可能是"密不透风"的，前述论断在反垄断分析当中也几乎屹立不倒，并鲜有背离之说。诚然，许多市场由差异化的商品所构成，相对于大宗商品市场来说，工业制成品市场更是如此。商品差异化的存在会带来富有挑战性的问题，即：两种商品在市场中的"距离"是否足够远，以至于它们之间并不存在什么竞争，也因此，它们不需要被归入同一市场中。[4] 比如，盒式录像电影、DVD电影、院线电影与流媒体电影是否能因为观众可自由在它们之间进行切换而被认为属于同一市场？[5]

然而，很明显，相关市场中的商品并不包括互补商品，即：必须在一起使用的商品（使用互补品）或必须一起生产的商品（生产互补品）。互补品市场的运行机制往往与相互替代之商品所构成的市场的运行机制截然相反。例如，由相互替代商品构成

---

3 Augustin Cournot, *Researches into the Mathematical Principles of the Theory of Wealth* ([1838] Nathaniel Bacon, trans. 1897)（假设存在不具有差异性的商品的离散市场）.

4 参见：*United States v. E.I. du Pont de Nemours & Co.*, 351 U.S. 377 (1956)（将玻璃纸、蜡纸、锡纸及常见的包装纸归入同一市场）; 2B Phillip E. Areeda & Herbert Hovenkamp, *Antitrust Law* ¶ 539 (5th ed. 2021)。

5 参见：*Cable Holdings of Ga., Inc. v. Home Video, Inc.*, 825 F. 2d 1559, 1563 (11th Cir. 1987)（将多种视频内容浏览技术归入同一市场）; *United States v. Syufy Enters.*, 712 F. Supp. 1386 (N.D. Cal. 1989), aff'd, 903 F.2d 659, 665 & n.9 (9th Cir. 1990)（相似地，将诸多电影播放模式如院线放映、碟片租赁与有线电视播放等归入同一市场）。

的同一市场中所有商品价格的升降趋势往往是统一的，由互补商品构成的市场价格变化的趋势却与此相反。这是因为买家购买互补商品是为了一同使用它们，而此时买家的付款意愿取决于一揽子互补商品的总价。[6] 若此时某种互补商品的价格上升了，相关互补商品的价格必须下降。例如，汽油价格上涨，人们驾车出行的次数就会减少，这会给汽车的价格带来下降压力。

互补商品常常被一同使用这一事实蒙蔽了一些法院的判断，使它们认为这些商品处于相同的市场。例如，第九巡回法院曾认定，因为保持复印机的正常使用一般需要同时购买相关备用零部件，所以复印机及其零部件都应被归入"所有（复印机）零件"市场。[7] 但这恰恰昭示了一种相反的商品与市场之间的关系——举一个例子，我们之所以将四个距离相近的加油站归入同一市场，是因为司机有加油需求时，不需要去所有加油站，她只需要去其中一家，这促使四家加油站展开竞争。

许多企业销售不止一种商品，且许多情况下这些商品并不存在竞争关系。当这样的企业被指控使用其市场支配力量实施了反垄断违法行为并造成了获得垄断地位的威胁时，将这一力量"分配"到相关商品或商品群当中是非常重要的。例如，在微软案中，微软公司被指控垄断了基于英特尔处理器的电脑操作系统市场。被指控的涉案商品为视窗操作系统，而不是其他

---

[6] 相比之下，若两种商品是生产互补品，其价格与产出的波动趋势如下：其中一种商品因需求增加而导致的产出增加会导致另一互补商品产出的增加，并导致价格的下降。

[7] 参见：*Image Technical Servs., Inc. v. Eastman Kodak Co.*, 125 F.3d 1195, 1203 (9th Cir. 1997), *cert. Denied*, 523 U.S. 1094 (1998)（引述道"商业现实"即为企业需要掌握复印机所有零件的渠道，因此存在一个"所有零件"市场）。

由微软公司出品的办公软件。[8]

假设某企业被指控在涉及大范围的商品——许多商品之间并不存在竞争——的多个市场中实施了违反反垄断法的行为。这一场景在多个不同的情境下已经出现。其中之一便是对医院并购交易的审核。[9]我们对这类交易的关注体现在医院对市场力量的支配问题上,但医院提供的是非常广泛的服务,其中很多服务之间并不存在竞争关系。例如,腹部外科手术并不与脑部手术竞争,也不与实验室化验服务或超声波服务竞争。这些服务的一个共同点即为它们都是在医院中被实施的。但显然,仅凭这一点是无法把这些服务归入同一市场的。例如,沃尔玛在同一卖场销售烤面包机与链锯,但无法据此认定存在所谓"烤面包机/链锯"市场。

然而,假设数家企业在某地区只销售商品 A,另外数家企业只销售商品 B,余下数家企业只销售商品 C。若只有一家企业同时销售这三种商品,是否能认为其"组合"了一个相关市场,其占有该市场 100% 的市场份额?还是该市场也包括前述其他企业?这一问题的答案对于涉及亚马逊这样的公司的反垄断案件来说会是非常关键的,因为亚马逊这样的公司在太多细分市场中并不具有支配地位,且销售的商品之间也不存在竞争关系。

---

8 参见:*United States v.Microsoft Corp.*, 253 F.3d 34, 51-52(D.C. Cir. 2001)(相关市场必须将所有"消费者基于相同目的可合理进行替代消费"的商品纳入其中,这限制了电脑操作系统市场只得包含基于英特尔架构的电脑,而不包含使用苹果操作系统的电脑)。

9 参见:*ProMedica Health Sys., Inc. v. FTC*,749 F.3d 559, 566-567 (6th Cir. 2014),*cert. denied*, 135 S. Ct. 2049 (2015)(联邦贸易委员会正确地将不具有竞争关系但依托相同设施与资产所提供的服务归入相同市场)。

然而亚马逊汇集的不同商品的种类与销量远胜于沃尔玛。[10]

这一汇集互不竞争的商品或服务的过程创造了"聚合市场"这一概念，它指的是由互不竞争的商品所构成的市场。接下来一个重要的问题即为何时不简单地依据特定商品的出现来认定"聚合效应"及其市场力量的存在是明智的。仅仅因为某企业同时销售两种或更多的互不竞争的商品就认定"聚合效应"的存在肯定是不恰当的。必须要有理由使我们相信"聚合效应"的存在创造了市场力量。

总之，只有在满足下述情况时，法院才能在反垄断案件中认定"聚合效应"助益于市场力量的创造：

（1）相较于销售单一的商品，许多消费者需要或至少偏好被告将不同商品聚合在同一平台进行销售这一模式，[11] 或

（2）共同供应经济（规模经济）效应使得聚合市场模式下被共同分销的各类商品的单价相较于独立分销每一种商品模式下的商品单价更低，且

（3）进入聚合市场并进行竞争是非常困难的。

此外，下文还会讨论一个法院尚未审理但却与评估网络效应下平台企业的市场力量相关的基本原理。[12]

在上述三个标准中，前两个与需求的本质相关。第三个标

---

10 参见：*Top 100 Retailers 2019*, http://risnews.com/top-100-retailers-2019（显示沃尔玛排名第一，拥有 3870 亿美元的年销售额；亚马逊排名第二，拥有 1210 亿美元的年销售额）。若将范围限制在电子商务领域，则亚马逊销售额排名第一。参见："*Market Share of Leading Retail e-commerce Companies...*", https://www.statista.com/statistics/274255/market-share-of-the-leading-retailers-in-us-e-commerce/。

11 参见：Ian Ayres, Rationalizing Antitrust Cluster Markets, 95 *YALE L.J.* 109 (1985)（强调了交易互补品的作用）。

12 参见下文的论述。

准与供给相关。反垄断法视野下的相关市场概念指的是汇聚在一起的销售行为所形成的市场，该市场中的需求弹性与供给弹性都足够低，以至于控制了该市场中销售行为的某企业或卡特尔具有通过减少产出并以高于成本的方式提高价格以牟利的能力。[13] 这里，我们希望识别的是那些对于消费者有着独特吸引力的商品组合模式，且这种模式是很难创造或被供应的。只有在这种情况下，控制聚合市场的企业才能拥有足够的收取高于竞争水平的价格的影响力。[14]

还需要注意与需求相关的标准（1）与标准（2）在适用时是彼此替代的关系，区别适用于两种颇为不同的情境下。第一种情况下，聚合市场之所以存在是因为消费者对其有需求，或不同消费者或消费模式对于组合商品中的部分商品有不同偏好。脸书就非常有可能属于这种情况。其提供了一揽子互不竞争的服务，包括照片上传、视频上传、通信、公告栏、讨论群组、其他用户的时间线、约会服务等等。不同的用户在不同的场景下使用不同的服务，有些用户甚至永远不会使用某些服务。然而这种组合模式的"触手可及性"对于消费者而言本就是有价值的，因为相应用户可以随时选择多使用或少使用某一特定服务。

标准（2）指的是由联合成本或规模经济所产生的商品聚合效应，该效应使得相应卖家较之普通卖家可提供价格更低或质

---

13 参见：Herbert Hovenkamp, *Federal Antitrust Policy: The Law of Competition and Its Practice* § 3.1 (6th ed. 2020)。

14 参见：*Emigra group, LLC v. Fragomen, Del Rey, Bernsen & Loewy, LLP*, 612 F.Supp.2d 330 (S.D.N.Y. 2009)（若买家有能力在一个全品类卖家涨价时转而与其他提供部分或单一商品的卖家进行交易，或自己生产供应相关产品与服务，则不适宜再认定存在聚合市场）。

量更好的商品。例如，某医院可提供妇产科医疗服务、胸外科医疗服务与放射治疗服务。一个典型的病患不会为了得到所有这些治疗服务而前往该医院就医。她或许只想得到某种治疗，但聚合效应的存在要么减少了该医院提供任何单一医疗服务的成本，要么使得某项医疗服务可依托该医院的共有技术以减少成本或提升服务质量。[15]

再如，在亚马逊购买烤面包机的客户一般不会同时购买链锯。此外，大部分时候，我们可假设，客户之所以会去亚马逊购买烤面包机并不是因为亚马逊也销售链锯。在这种情况下，上文中的标准（1）并不适用。此时应当考虑标准（2），即：是否是规模经济效应的存在使得亚马逊同时销售以上两种商品。答案是"有可能"。[16] 我们或需要通过专家证词来进行证明，但显然下述观点是具有可信度的，即：某公司可在多种类的产品间分摊若干成本，且相较于单一产品的销售额而言，多种产品的高销售额显然可使得该公司相较于只销售单一产品的小公司拥有成本优势。注意，这里并不是说相应公司体量很大，而是组合多种商品的效应减少了成本。

接下来需要考察的是标准（3），即：某企业正在提供的较小范围的种类商品是否可随时扩张至更大的范围。再一次，此处的答案是"有可能"，且该问题是一个事实问题并需

---

15 参见：*Sharif Pharm., Inc. v. Prime Therapeutics, LLC*, 950 F.3d 911, 918 (7th Cir. 2020)（不正确地将聚合市场的界定范围限制在"产品组合供应的模式本身就是消费者需求的目标"这一背景下，但随后即认定手术服务市场构成聚合市场）。

16 参见：*FTC v. Staples, Inc.*, 190 F.Supp.3d 100 117-118 (D.D.C. 2016)（值得借鉴的讨论，认定被组合供应的多种办公室用品构成聚合市场，但援引的是较易被分析的要素，且援引的不同产品的市场份额数据具有相似性）。

要具体到个案案情进行分析。若销售木材的商店可轻易销售水管与电子元器件，这种组合效应似乎不太可能提升其市场力量。[17]

第二节　聚合市场中的反垄断案件

最高法院与若干低级法院都已数次在反垄断案件中认可了聚合市场的存在，但相关认定并没有给出明确的标准依据。例如，在合众国诉费城国家银行案中，最高法院认定"商业银行"构成一个组合了开户业务、存款业务及其他金融服务的相关市场，即使其他诸如储蓄机构或贷款协会的金融机构也提供很多这类独立的服务。[18] 显然，该案中的情况就符合前文提及的两个标准当中的任意一个或同时符合这两个标准。正如法院所观察的，即使在其他金融机构能够支付更多利息的情况下，客户还是会在商业银行存款，对于许多人来说，这是一个有关商业银行的"约定俗成的客户偏好"。[19] 该案的情况也符合前文提及的第三个标准，因为在该案发生之时，只有商业银行提供活期存款服务，这使得商业银行提供其他服务时拥有一定的成本优势，且当时

17　参见：*Thurman Indus., Inc. v. Pay 'N Pak Stores, Inc.*, 875 F.2d 1369, 1374, 1376 (9th Cir. 1989)（不存在组合供应建筑用品及油漆的聚合市场，因为任何商店都能轻易组合供应这些商品）。

18　参见：*United States v. Philadelphia Nat'l Bank*, 374 U.S. 321, 356 (1963) [提及与"商业银行服务"一起出现的"聚合产品（各类信用卡产品）及聚合服务（例如活期存款与信托管理服务）"这一概念]。

19　Id. at 356.

进入商业银行服务领域受到法律的限制。[20]

相似地，联合供应经济与消费者偏好也解释了为何最高法院在格林纳尔案中也认定存在聚合市场，该案涉及中央警报系统提供的财产保护服务。这些服务包括抢劫警报服务、火警服务及洪涝警报服务等。[21]火警服务不能代替抢劫警报服务，反之亦然。虽然有一些公司提供上述服务当中的一种或几种，中央警报系统以联合供应的方式提供所有这些服务将会使其相较于那些单独提供一种或几种服务的公司拥有垄断式的决定性成本优势。根据当今的科技，中央警报系统通过一条与之连接的线路与被保护的房屋相连接；视频监控、破窗监控、烟雾监控与火警监控等服务也通过相同的线路与之连接并在同一中心被监控。这种模式的收费几乎肯定比不同公司提供各自的网络并提供不同的单一保护便宜得多。需要考虑的相关问题即为，提供这种联合服务的供应商是否能够通过收取一个显著高于成本的价格营利，且在同时阻止其他企业提供类似的服务组合。若上述两个问题的答案均为"是"，则这一服务组合构成独立的相关市场。

---

20 参见：*United States v. Connecticut Nat'l Bank*, 418 U.S. 656, 660–66 (1974)（法院将"商业银行"界定为一个相关市场，虽然法院也注意到银行业监管政策的未来发展将会使得严格区分储蓄银行与商业银行的行为变得"不现实"）；*United States v. Phillipsburg Nat'l Bank & Trust Co.*, 399 U.S. 350, 379–83 (1970)（法院认定存在一个"商业银行市场"，虽然法院也承认这些并购后成立的商业银行的业务与那些被排除在该市场之外的储蓄社与贷款社所提供的服务相似）。

21 参见：*United States v. Grinnell Corp.*, 384 U.S. 563 (1966)。另见：*FTC v. Wilh. Wilhelmsen Holdings, ASA*, 341 F.Supp.3d 27 (D.D.C. 2018)（同意联邦贸易委员会的观点，即：在范围广泛的水处理产品与服务中存在一个聚合市场）；*Premier Comp Solutions, LLC v. UPMC*, 377 F.Supp.3d 506, 528-529 (W. D. Pa. 2019)（拒绝认定存在成本控制服务聚合市场，因为该案被告似乎是据称的该聚合市场中的唯一企业，但法院的这一理由并不足够具有说服力，因为该理由或仅仅说明该企业是一个垄断者）。

"聚合"现象时常让我们将注意力转移至那些正被垄断的供应端。考虑一下"手术服务"这个相关市场。显然,心脏搭桥手术无法替代阑尾切除手术,这两种手术也无法代替枪伤创口修复手术。但将不可替代的服务或产品进行组合所带来的问题会顷刻烟消云散——当我们意识到任何一种垄断力量都取决于设施(facility)的存在,以此观之,在医疗服务领域,这指的就是医院的手术室、医疗支持设备与受过训练的医护工作者。

　　因此,一家地区性电话公司或对其电话线路所覆盖的区域拥有垄断力量,足以使我们将其称之为一个相关市场。尽管许多其他服务也有赖于这一电话线路,例如:对语音通话、传真、接入互联网这些无法充分替代彼此的服务,前述论断依然成立。虽然在格林纳尔案中,最高法院将相关市场界定为诸如火警警报与抢劫警报等构成的非竞品组合市场,但随后出现的中央警报系统技术预示着最高法院认定的市场并非"聚合市场",因为远程保护服务与报警服务都是通过一根电话线来提供的。[22]

22　有关其他技术产品的案例,参见:*United States v. Grinnell Corp.*, 236 F. Supp. 244, 249 (D.R.I. 1964)。另见:*Rozema v. Marshfield Clinic*, 977 F. Supp. 1362, 1379 (W.D. Wis. 1997)(判决附带意见:"医疗服务"并不适合构成一个聚合市场,因为买家并不会购买全部这类服务;最终法院认定前述意见并不足以反驳原告的主张,即:即使在这些服务被区分审查的情况下,被告依然拥有市场力量);*Premier Comp Solutions, LLC v. UPMC*, 163 F.Supp.3d 268 (W.D.Pa. 2016)(法院驳回了要求撤销案件的动议并认定保险服务的聚合市场中包含劳工补偿);*Omni Healthcare, Inc. v. Health First, Inc.*, 2015 WL 275806 (M.D.Fl. Jan. 22, 2015)(法院驳回了基于存在一个医疗诊断聚合市场的主张而提出的要求撤销案件的动议)。另见:*Messner v. Northshore University HealthSystem*, 669 F.3d 802 (7th Cir. 2012)(医院组合提供的服务可以构成一个产品市场);*FTC v. Advocate Health Care Network*, 841 F.3d 440 (7th Cir. 2016)(当事人同意在医院并购案件中使用聚合市场概念)。

当相关经济效应并未如此显著时，大部分用户只会选择许多服务当中的一种；或聚合市场模式已经得到了广泛的模仿；在这些情况下，法院不太可能认定存在聚合市场。[23] 例如，某法院拒绝认定存在一个"家装中心"市场，该中心据称必须同时销售电子产品、管道线路与建筑材料，只销售上述产品中的一种或两种的商店并不属于"家装中心"的范畴。[24] 另一法院拒绝认定存在一个向经营多种类食品的餐厅提供一站式设备与供应链服务的经销商市场。[25]

在这些案件中，法院恰当地关注了那些提供无法相互替代的产品组合的设施，但法院拒绝认定存在相关市场，因为没有任何证据可以证明，为了应对产品组合模式所带来的超竞争价格，这些产品组合不能马上被其他竞争者所复制。例如，一位想要购买榔头的顾客并不会因为某家商店同时销售榔头与其他建筑用品，就愿意在这家商店以更高的价格购买榔头。即使这

23　参见，例如：*Intellectual Ventures I, LLC v. Capital One Financial Corp.*, 280 F.Supp.3d 691, 702-704 (D.Md. 2017)。判决讨论但并未对下述问题得出结论，即：是否存在覆盖多样化的金融服务专利组合的聚合市场？

24　参见：*Thurman Indus., Inc. v. Pay 'N Pak Stores, Inc.*, 875 F.2d 1369, 1374, 1376 (9th Cir. 1989)（那些在施工时希望以"自助"方式进行建造的用户确实会偏好去一站式建筑用品商店购物，但这并不意味着"专门售卖特定建筑油漆的商店不能通过降价或其他营销策略吸引这些自助式用户"，尤其当这些用户进行的是并不复杂的施工项目时，他们可以"在特定的建筑用品商店购买特定的商品，然后在'家装中心'购买余下所有的商品"）。

25　参见：*Westman Comm'n Co. v. Hobart Int'l, Inc.*, 796 F.2d 1216 (10th Cir. 1986)[被告被指控享有的组合提供多种产品的优势并未显示出具有阻止（a）买家在其定价上涨时与其他卖家交易或（b）其他供货商以相对较快的速度扩充产品线的效果]。另见：*United States v. Ivaco, Inc.*, 704 F. Supp. 1409 (W.D. Mich. 1989)（两家计划合并的铁路导轨打夯机供应商声称存在一个更大的包括"铁路养护"设备在内的市场，后者既不与打夯机竞争也没有采用与打夯机相似的生产技术）。

位顾客希望同时购买榔头与锯子，要认定存在一个相关市场也需要证据证明一家销售榔头的商店通常很难再销售锯子。

少数一些法院在上述三个标准似乎无一被满足的情况下错误地认定存在聚合市场。例如，在图像技术服务公司诉伊士曼柯达公司案（以下简称"柯达案"）中，第九巡回法院认定存在一个柯达复印机"所有组件"的聚合市场，即使这些组件并不是由统一的设备进行生产，且同时生产这些组件也显然不会带来规模经济效应。[26] 确实，这些产品都不止一个生产商。柯达公司生产大约 30% 的柯达复印机零部件，无数其他生产商占据了剩下的所有市场份额。

法院将不具有可替代性的产品组合认定为单一市场的唯一理由是出于行政的便利，这一理由显然是正当合理的，只要我们能时刻注意认定聚合市场时的限制条件。例如，在布朗鞋业案中，最高法院将男鞋、女鞋与童鞋认定为同一市场，但这仅仅是因为被告无法证明将这三种鞋类市场独立进行审查能够带来任何益处。事实上，涉案企业及其竞争对手在多种不同鞋类市场中的份额几乎是相似的，即使将其分别作为独立市场进行审查，也不会节外生枝。[27] 相似地，在费城国家银行案中，法院将互不竞争的诸如活期存款业务与商业贷款业务界定为同一市场，因为证据显示被告在几乎所有相关业务市场中具有相似的市场地位。[28] 被告并没有在活期存款服务市场占据支配地位而在商业贷款市

---

26 *Image Technical Servs., Inc. v. Eastman Kodak Co.*, 125 F.3d 1195, 1203 (9th Cir. 1997), *cert. denied,* 523 U.S. 1094 (1998).

27 参见：*Brown Shoe Co. v. United States*, 370 U.S. 294, 327–28 (1962)（"无论单独分析还是一同分析，情况……是相同的"）。

28 *United States v. Philadelphia Nat'l Bank*, 374 U.S. 321 (1963).

场未占据支配地位。诚然，法院确实在判决中援引了被告在不同鞋类市场中的市场份额情况，相应数据也远高于法庭随后用于认定相应并购交易是否合法所适用的市场份额门槛。[29] 至少在当时，将所有市场统筹考虑确实是具有行政上的便利性的。

  柯达案的判决则似乎在告诉我们认定聚合市场的替代方案是将打印机的5000余种配件所属的市场全部独立进行审查，但这似乎很难实现。[30] 因为在任何反垄断案件中，原告都必须指控哪些产品所处的市场被垄断，哪些市场没有。若案件涉及的是范围较小的部分配件，原告证明上述指控的努力或是值得的。若一旦证实被告在产品组合所涉及的若干产品所处的独立细分市场中其市场份额均不相同，则认定存在聚合市场的前提已不复存在。举例而言，假设克莱斯勒汽车的售后零件市场包括传动装置市场，该部件是只有克莱斯勒公司能为其汽车定制的硬件产品；此外，还包括纸过滤器市场，该部件可由许多厂商轻而易举地进行复制生产。若在该案例中认定存在一个传动装置与纸过滤器的聚合市场则会使得如下事实无法得到审查：克莱斯勒公司在传动装置市场所具有的竞争性地位显著强于其在纸过滤器市场的地位。

---

29 参见同上判决书第331页，注意到并购交易后该银行资产将占其所在地区所有银行总资产的36%，该银行存款将占其所在地区所有银行总存款的36%，该银行净贷款将占其所在地区所有银行总净贷款的34%；另见同上判决书第360页注36（列举了工商贷款、个人贷款、房地产贷款、信用额度、个人信托、定期储蓄存款和活期存款业务分别独立的市场数据与重要的市场数据）。

30 比较：*Godix Equip. Exp. Corp. v. Caterpillar, Inc.*, 948 F. Supp. 1570 (S.D. Fla. 1996), *aff'd,* 144 F.3d 55 (11th Cir. 1998)（不存在一个卡特彼勒公司制造的拖拉机所使用零配件的相关市场，当超过90%的这类零部件可由其他公司生产时）。

第三节　网络效应与聚合市场

大型平台时常提供种类繁多的产品或服务。以反垄断分析为目标，这些产品或服务能否被认定其组合为了一个聚合市场？上文所提及的在传统技术背景下认定聚合市场存在的标准在平台领域同样适用，但需要增加一个额外的标准。

在供应端，网络效应是否能构成实质性市场准入门槛这一议题被广泛辩论。[31] 许多人认为网络市场是"赢家通吃"或自然垄断的市场。对于绝大多数网络市场来说，这一论断几乎肯定是错误的。[32] 尽管如此，网络效应有时确实能构成显著的市场准入门槛，这种情况主要涉及的是生产相同产品的新进入者试图进入相应市场的情况。[33] 联邦贸易委员会对脸书的指控便提及了这一问题，并声称进入脸书所在的市场的门槛是很高的，[34] 且新进入者可能对脸书造成的最大威胁并不是对脸书服务的克隆而是"向客户提供一种截然不同的互动方式的社交产品……"[35] 若一个提供差异化服务或生产差异化产品的新进入者面对的是截

31　参见：Yael V. Hochberg, Alexander Ljungqvist, & Yang Lu, Networking as a Barrier to Entry and the Competitive Supply of Venture Capital, 65 *J. FINANCE 829* (2010); Mark A. Lemley & David McGowan, Legal Implications of Network Economic Effects, 84 *CAL. L. REV.* 479 (1998); 比较：Barry Nalebuff, Bundling as an Entry Barrier, 119 *Q. J. ECON.* 159 (2004)。持批判态度的观点，参见：Gregory J. Werden, Network Effects and the Conditions of Entry: Lessons from the Microsoft Case, 69 *ANTITRUST L.J.* 87 (2001)。

32　参见：Herbert Hovenkamp, Antitrust and Platform Monopoly, 130 *YALE L.J.* (2021), available at https://papers.ssrn.com/sol3/papers.cfm?abstract_id=3639142。

33　同上。

34　参见：Facebook Compl.,infra note 38, ¶¶ 65-68。

35　Id., ¶ 69。

然不同的需求曲线，则通常规制产品成本不断下降的自然垄断市场的规则并不会被严格适用。在这种情况下，即使产品成本持续下降，企业也能顺利进入市场。

在需求端，显著的网络效应有时可以对认定聚合市场的存在提供重要依据。单边或"直接的"网络效应将使得某平台随着用户数量的增加而更具价值，虽然这一事实本身尚不足以对组合多样化的服务这一商业模式提供必要的理论支持。例如，一个电话网络随着某用户可与更多的用户通话其价值也会得到增加，即使他们使用电话网络的唯一目的就是通话。"间接"网络效应在双边市场中可以起到一样的效果，随着一侧用户数量的提升，平台的价值也在不断增长。优步网约车平台随着用户数量的增加其价值也在不断增长，因为这会不断吸引司机提供服务。同样，随着提供服务的司机数量的增加，这会吸引更多的乘客。但这些效果的实现与服务种类的多样性无关。

相比之下，共同成本或可以在多种产品或服务间分配的成本的存在会催生联合供应经济，无论被同时供应的产品或服务相互之间是否存在竞争关系。例如，对于优步来说，其通过既有技术与网络将业务扩展至"优步外卖"食品外送领域所付出的成本肯定低于一家自己独立提供食品外送服务的新公司。至少一部分成本能够在优步提供的共享出行服务与外送服务之间被摊薄。这为将优步的网约车服务与食品外送服务界定为聚合市场提供了理论依据。

当网络效应出现时，一个重要的源于共同成本的经济现象即为"范围效应"，即：随着相同平台提供的商品或服务的种类与多样性的增加，平台的价值也在悄然增长。例如，假设优步一般只向乘客提供网约车服务，而现在其还提供外送服务，后者可以使用与前一种服务同样的司机、车辆与管理技术。这势必造成优步网约车用户网络的扩张,因为这一网络将吸纳那些不使用优步的网约车服务但却使用优步食品外送服务的用户。一个包含了1000位优步网约车司机与500位优步食品外送服务用户的网络将会比两个独立的类似规模的网络拥有显著的成本与网络效应优势。

当使用优步的司机与乘客的数量达到了一种均衡,优步只能通过削减成本或涨价来进一步扩大平台规模或营收。[36]若其试图通过降低收费来提升乘客基数,则会驱离部分提供服务的司机。这源于双边市场中的独立需求结构:低收费会吸引乘客但会驱离司机。

对于优步而言更可靠的提升利润的方式是依托优步既有的投资进入新的商品或服务市场。在需求端,网约车服务与食品外送服务在很大程度上拥有独立的需求:通常来说这两类服务既非互相替代也非互相补充。换言之,在市场中的任何一个特定时间点,大部分乘客只需要其中一种服务,且它们彼此之间并不能有效地替代对方。两种独立存在的不同需求导致优步可以在不牺牲价格或驱离提供网约车服务司机的情况下,通过提供食品外送服务来扩大用户基数。只要通过上述组合方式提供网约车服务与食品外送服务来扩大用户基数,优步便有利可图。例如,若食品外送服务的市场规模是网约车规模的40%,则优

---

36 关于双边市场的参与平衡问题,参见:Erik Hovenkamp, Platform Antitrust, 44 *J. CORP. L.* 713, 722-724 (2019);Jean-Charles Rochet & Jean Tirole, Two-Sided Markets: A Progress Report, 37 *RAND J. ECON.* 645 (2006)。另见:E. Glen Weyl, A Price Theory of Multi-Sided Platforms, 100 *AM. ECON. REV.* 1642 (2010)(一般来说,导致一侧市场的市场参与度提升的因素通常会使得另一侧市场的市场参与度下降)。

步可以在不降价的情况下将其用户基数从1000个单位提升至1400个单位。而在市场的另一侧，优步也可在提高收费的情况下增加提供网约车服务的司机的数量，只要相应司机不仅能够提供网约车服务也能够提供食品外送服务。

通过组合提供不同的服务，诸如亚马逊或脸书这样的平台完全可以实施相同的行为。例如，随着各项服务用户的增多，脸书平台的价值显然与日俱增。然而，对于用户而言，脸书也变得更有价值，因为脸书为用户提供了更大范围的服务。这一过程反过来又为脸书吸引了更多用户。这些服务包括与朋友进行网络聊天、分享照片与视频、针对特定主题创建讨论群组、进行商业宣传、组织活动等。

许多上述服务并不彼此竞争，比如照片分享、视频分享、信息发送服务等。其中一些服务在使用过程中是互为补充的（即：用户时常同时使用它们，例如照片分享与信息发送），但其他服务的使用往往彼此独立。只要这些服务同时在一个平台提供且在使用时分摊了一些共同成本，它们都可被认为是生产中的互补品。[37]这使得脸书能够在提供越来越多元化的产品的过程中获得越来越多的用户，而这又为脸书赚取了更丰厚的广告利润。

在联邦贸易委员会对脸书提出的指控中，联邦贸易委员会声称存在一个"个人社交网络服务"相关市场。[38]在该指控被提

37　对于互补品的论述，参见上文。
38　Complaint ¶ 64, *FTC v. Facebook, Inc.*, 1:20-cv-03590-JEB (D.D.C. Dec. 9, 2020) [hereinafter FTC Facebook Compl.]. 参见¶52: 个人社交网络服务构成一个相关商品市场。该服务使得人们可以通过网络服务维持私人关系并与朋友、家庭成员和其他联系人在一个共享的社交空间分享生活经历。该服务是一种独一无二的网络服务。

出之时，其并未主张相关服务构成聚合市场。其反而主张这些服务共同构建于"一个昭示如何连接所有用户和相关联系人的社交图谱"。[39] 其次，联邦贸易委员会认为这些服务分享的是"用户惯常与他人进行交互时的行为特征"。[40] 再次，这包括"允许用户找到其他用户并与之沟通的"特征。[41] 此外，指控还解释了为何 YouTube、声破天、奈飞、葫芦等公司提供的服务并不与脸书提供的服务处于同一相关市场——主要是因为这些公司提供的主要为主动消费型的媒体服务而不是使人们彼此通信的服务。[42] 该指控还声称专业人士使用的诸如领英这样的网站，与社交网络服务，并不属于同一相关市场。[43]

脸书于 2021 年 3 月提交了要求法院驳回上述指控的动议，并声称联邦贸易委员会"并未有效地主张存在一个可行的相关市场，因为联邦贸易委员会未能证明存在一个'包含消费者都认为可以相互替代的所有产品的市场'"。[44] 该动议还声称联邦贸易委员会"并未指出任何事实可以使得法院能够甄别哪些产品（甚至是哪些脸书的服务）是处于其所声称的市场之中的，

39　Id., ¶53.
40　Id., ¶54.
41　Id., ¶55.
42　Id., ¶58.
43　同上。
44　*Memorandum in Support of Facebook, Inc.'s Motion to Dismiss FTC's Complaint 12, FTC v. Facebook*, No. 1:20-cv-03590-JEB (D.D.C. March 10, 2021). 另见：*Carl Shapiro's Expert Report in the Staples case 13*（注意到被告的反对主张，即：存在一个消费办公用品聚合市场这一论断"与商业现实并不相符"）。*Expert Report of Carl Shapiro, FTC v. Staples, Inc.*, No. 1:15-cv- 02115 (EGS) (D.D.C. Feb. 15, 2016). 联邦贸易委员会最终获得了胜利。

哪些不处于相应市场"。[45] 此外，脸书还主张"联邦贸易委员会并未也不能通过标准的交叉弹性分析法（即：某产品价格的改变是否会对另一产品的市场需求造成影响）来界定相关市场"。[46]

脸书的这些主张若限定于一个只有单一商品的单一市场，都是正确的。那些处于同一市场的商品必须是具有紧密替代性的，这其实就是用另一种方式简单复述了一遍高需求替代性的含义。依据该理论，同一市场中某公司的商品价格与该市场中另一公司的商品价格的起伏会保持一致。若该市场中的产品具有差异性，这一趋势或无法被完美地体现，但其一定会有所体现。

然而，聚合市场却是不同的。例如，由医院提供的多样化的诸如腹部外科手术、妇产科手术与麻醉服务之间并不存在较高的交叉弹性需求，且价格并不会同时起伏。上述服务当中的一些在使用时起到彼此补充的作用，例如手术服务与麻醉服务，这意味着病人往往同时使用它们，就像食客同时购买热狗与黄芥末一样。其他一些服务在生产的过程中起到互相补充的作用，诸如那些在相同的手术室被实施的、至少会共同分摊一些成本的、不同种类的手术。诚然，所有这些手术都有可能成为生产中的互补商品，只要在相同的设施中实施这些手术就会节省成本。在这些情况下相关市场是存在的，但并非因为所有这些被提供的服务之间存在较高的交叉需求弹性，而是因为这些服务通过聚合或联合供应的方式被提供之后，它们之间存在极高的消费者便利与消费者偏好特性，且这种聚合供应的模式很难被

45　同上。
46　同上。

复制。[47]

此外，批评联邦贸易委员会的指控并未成功说明相关市场具有哪些特性是在转移话题。商品的组合模式千差万别，正如上文中医院提供的服务那样。此外，在许多聚合市场当中产品与服务的组合方式也永远都在变化。例如，医院可随时将心脏移植手术、三级烧伤治疗或其他重要的护理程序纳入其服务清单；中央警报系统也可以增加视频监控的服务。若费城国家银行案中的当事银行还提供互联网付账服务，相关服务市场依然还是聚合市场，只不过是新增加一项服务的聚合市场。聚合市场界定的原理就是通过组合式的提供服务提升消费者的满意度或体现联合供应经济的优势。实际被聚合的商品或服务的清单很容易变化，但上述原理不会改变。

在私人主体提起的指控某特定产品或服务造成了损害的竞争诉讼中，才有可能需要甄别某公司以聚合方式提供的服务中包含哪一项特定服务。然而，在政府提起的相关诉讼中，唯一需要解答的问题即为：聚合供应这种模式是否是一种有效行使市场力量的方式？[48]

在一个双边市场中企业通过在一侧市场行使市场支配力量并以此在另一侧市场赚取利润的行为并不鲜见。脸书与谷歌搜索的商业模式就是如此。[49] 此外，需要回答的问题是：拥有如脸

---

47 参见上文的论述。
48 这便是为何在一个私人提起的反垄断诉讼中对于因果关系的要求较之于政府反垄断执法而言具体与明确得多的原因。参见：Herbert Hovenkamp, Antitrust Harm and Causation, *Wash. Univ. L. Rev.* (2021) (forthcoming), https://papers.ssrn.com/sol3/papers.cfm?abstract_id=3771399。
49 参见：Hovenkamp, Platform Monopoly, supra note.

书般市场地位的社交网络服务提供商,是否有能力收取一个反竞争价格,或对其竞争对手和相关交易方施加不合理的排他性商业约束。

第四节　聚合市场与市场力量的直接证据

聚合市场理论是一种在涉及诸如脸书这样的提供多种服务的平台时理解相应企业市场力量问题的方法。但这种方法并不一定就是最优解。迄今为止,聚合市场力量主要用于界定市场,且通过参考相关市场中的市场份额这一"间接证据"来适用。

已经被界定的市场中的份额数据一般被认为是"间接"证据,因为份额数据的得出需要做出一系列推论。在大部分案件中,评估相关市场中的市场份额并不意味着对市场力量进行了评估,市场份额只是帮助我们得出一个相对的结论,即:市场力量是存在的;且市场份额帮助我们对市场力量的大小建立初步的概念。技术上来说,只有在我们明确知悉市场的需求弹性数据与边缘竞争者的供给弹性数据后,才能通过市场份额数据精确评估市场力量,即使如此,这一方式也只适用于由不具差异性的产品所组成的市场中。[50] 若我们对前述提及的各类变量缺乏足够的信息,我们对市场力量的评估准确性堪忧。若某市场包含差异化产品,市场力量的存在会被轻视,因为该市场中所有的产品都被认为可完美替代彼此。[51] 同样地,若市场包括互相竞争的

---

[50] 参见:William M. Landes & Richard A. Posner, Market Power in Antitrust Cases, 94 *HARV. L. REV.* 937, 937-938 (1981)(通过参考勒纳指数评估企业的市场力量,将其视为边际成本与利润最大化价格间的一种关系)。

[51] 参见:2B Phillip E. Areeda & Herbert Hovenkamp, *Antitrust Law* ¶506c (5th ed. 2021)。

差异性产品，市场力量的存在会被夸大。

相比之下，"直接"证据有赖于对企业的需求弹性进行评估，主要通过企业对其他产品价格变化的回应进行论证。[52]这类方法因其为我们所知的最佳评估手段，故能够更精确地评估市场力量，它评估的其实是企业通过涨价至高于成本的水平后所拥有的盈利能力。[53]这类方法还能够通过识别面对独立的企业时市场主体的剩余需求弹性从而将产品差异性纳入评估范畴。当市场中的无差异化商品处于完美竞争的状态时，某企业单边涨价的企图所带来的影响恰恰能被其他竞争企业相应提高的产出所抵消，这会使得该企业的涨价无利可图。但若相应市场是一个产品差异化市场，前述原理并不一定适用，两种市场之间表现的差异是可以被评估的。[54]正是因为这些原因，经济学家偏好这类方法。此外，这种方法还有额外的优势，在许多案件中，该方法可以通过逐层分析以聚合模式存在的需求市场或供给市场来解决问题。但这类方法更侧重于技术分析，几乎在所有适用场景中都需要经济学家的帮助。

识别聚合市场的过程中有一个有趣的现象，即：该识别过程使用的许多分析工具与直接评估市场力量所使用的工具相同。通过直接审查市场需求与供给的经济指标，我们推测互补产品的存在与互补程度、联合供应经济效应与网络效应的范围。因此，在面对聚合市场识别问题时，其实已经存在许多"直接评估"

52　Id., ¶521.
53　参见：Louis Kaplow, Why (Ever) Define Markets?, 124 *HARV. L. REV.* 437 (2010)。
54　关于这一论断，参见：Jonathan B. Baker & Timothy F. Bresnahan, Estimating the Residual Demand Curve Facing A Single Firm, 6 *INT'L J. INDUS. ORG.* 283, 285 (1988)。

手段。例如，我们将多种产品称之为补充产品，当其需求状态符合其中一种产品需求的提升偶尔会提升另一种产品的需求。

在平台市场背景下，直接评估模式因其适用所依赖的数据能被直接收集汇总并能直接反应消费者对卖家出价的评估而拥有优势。例如，若需要评估广告商付费在脸书投放广告的意愿，我们通常分析的是在直接面对脸书时相关市场的剩余需求弹性，而不需要分析需求的变化涉及的是视频分享服务、信息通信服务或其他相关服务。例如，一旦认定史泰博（Staples）所销售的一揽子办公室用品构成聚合市场，则原告的专家证人应当评估所有这些产品的总体需求。[55] 相似地，例如领英这样的"专业人士"社交网站是否应当构成一个相关市场这一问题并不会给我们带来困扰，因为直接评估方式应该能够查明这类网站彼此之间的竞争激烈程度。

在少数案件中，法院同时考察了聚合市场的界定与评估市场力量的直接手段。一般来说法院认为这两种方法回答的是相同的问题。在并购相关案件中，上述方法体现了判例法被解释为将界定市场视为法律问题这一现象，即使在相同的情况下使用直接评估方式会是更好的选择。专家实际上还是会通过直接评估方式进行分析，但通过将分析结果解释为其是从界定市场的分析法而得出的方式来展示相应证据。[56]

例如，在威廉森案中，联邦贸易委员会否决了两家水处理

---

55 参见：Shapiro, *Staples Expert Report*, supra note, at 3-4。
56 参见：*United States v. H & R Block*, 833 F.Supp.2d 36, 84-85 & n.35 (D.D.C. 2011)（该案涉及该现象；随后描绘了相关市场并直接评估了并不需要独立界定市场就可评估的剩余需求）。

剂与相关服务提供商的合并。[57] 这些服务包括各类铝锅用水产品及服务（BWT）及冷却水处理及服务（CWT）。[58] 法院恰当地否认了 BWT 与 CWT 服务并不具有替代关系的主张。该主张在案件涉及传统市场界定时是成立的，但当核心争议是以组合方式被提供的多项服务是否构成相关市场时，该主张并不能成立。然而，法院也依据专家证词得出了这两家企业的产出足以使得并购通过后的企业有能力涨价的结论。[59]

在史泰博案中，法院将聚合市场界定为涵盖一揽子多元化且互不竞争的办公室用品的市场，随后法院依据专家有关假定垄断者测试结果的证词去评估涉案并购交易发生后的需求变化。[60] 这使得专家能够得出"相较于并购前史泰博与欧迪办公这两家消费型办公室用品供应商向大部分消费者收取的价格，某具有垄断地位的相同供应商将会向相同的消费者群体收取一个

---

57 *FTC v. Wilh. Wilhelmsen Holdings*, ASA, 341 F.Supp.3d 27 (D.D.C. 2018).
58 Id. at 48.
59 Id. at 57-59（通过直接评估法——此案中，即为假定垄断者测试——得出了 BWT 与 CWT 处于同一市场的结论）. 另见：*FTC v. Advocate Health Care Network*, 841 F.3d 460 (7th Cir. 2016)（认定存在医疗服务的聚合市场且允许专家使用假定垄断者测试来评估市场力量）；*Omni Healthcare, Inc. v. Health First, Inc.*, 2016 WL 4272164 (M.D. Fla. Aug. 13, 2016)（同时认定存在聚合市场且接受了专家有关市场力量的直接证词）。参见：Carl Shapiro & Howard Shelanski, Judicial Response to the 2010 Horizontal Merger Guidelines, 58 *Rev. Indus. Org.* 51 (2021)（在威廉森案中批准对"一同售卖但并不能彼此替代"的产品使用此方法）。
60 *FTC v. Staples, Inc.*, 190 F.Supp.3d 100, 121-122 (D.D.C. 2016). 关于并购交易中的假定垄断者测试，参见：Justice Department and FTC, *Horizontal Merger Guidelines* §§4.1.1, 4.1.3 (2010),https://www.justice.gov/atr/horizontal-merger-guidelines-08192010。

高得多的价格"这一结论。[61] 上述问题其实与纸张和订书机是否可相互替代、可互为补充或可独立使用无关。对于商家的市场力量起决定性作用的其实是组合商品模式所提升的商品可获得性与购物便利性。

这一直接评估方式通过评估产品组合供应模式所可能引起的交易或可能带来的成本节约，从而达到了在完全不对市场进行界定的情况下规避聚合市场问题的效果。[62]

直接评估方式的另一优势在于其可评估以组合方式被提供的服务的交易价值或辅助性价值。例如，脸书对于消费者的价值肯定远胜于五家分别独立提供讯息传输、照片分享、视频发布、新闻与讨论群组服务的网站。聚合供应模式所带来的价值提升可以被任何以脸书为对象的、以价格和产出波动为手段的直接评估方式所查明。例如，当某广告商决定在脸书投放广告的预算时，相应数额便反映了脸书的消费者基数，这又进一步印证了通过组合提供多元服务，脸书如何成功地创造了需求。

第五节 结论，以及对于救济方式的警示

虽然在反垄断领域聚合市场理论似乎与被普遍接受的相关

---

61 Id. at 122. 参见： *In re McWayne*, 2014 WL 556261 (FTC, Jan. 30, 2014), aff'd, 783 F.3d 814 (11th Cir.)（联邦贸易委员会认定存在由数个不具竞争关系的管道配件构成的聚合市场，并通过专家的假定垄断者测试得到了确认）。

62 参见：Ian Ayres, Rationalizing Antitrust Cluster Markets, 95 *YALE L.J.* 109, 114-115 (1985)（通过范围经济效应与交易互补效应来界定聚合市场）。另见：Gregory J. Werden, The History of Antitrust Market Delineation, 76 *MARQUETTE L. REV.* 123, 166 (1992)（注意到法院在适用聚合市场概念时的不一致性）；Jonathan B. Baker, Market Definition: An Analytical Overview, 74 *ANTITRUST L.J.* 129 (2007)（主张聚合市场概念被过度使用并支持传统市场概念）。

市场理论并不一致，在涉及消费者偏好或联合供应经济效应将组合供应互不竞争之商品或服务的商业模式合理化的场景下，其依然发挥了有效作用。网络效应为这一目标的达成提供了另一原理支持，尤其在网络效应的影响范围随着某公司提供的聚合商品或服务多样性的增长而增长的情况下。我们或可将之形容为消费领域的规模经济效应。

与此同时，聚合供应经济模式也为相关救济手段的构建传递了有用的信息。以反垄断为目标，我们将多元的产品与服务聚合供应的市场界定为"单一市场"其实也解释了聚合供应经济模式最初产生的原因。无论是基于联合供应经济效应，消费者对具有互补特性产品的偏好，还是基于广泛存在的网络效应，企业只有在有利可图时才会以"聚合市场"模式运营产品。因此，反垄断执法者在考虑拆分拥有聚合供应特性的平台这一救济手段时尤其需要谨慎。反垄断法的执法目标并不是降低产品的品质、损害消费者利益、伤害劳动力市场或伤害其他通过高产出获利的产出供应者。任何救济手段的设计都应避免这些情况。这也意味着在绝大多数情况下，除了剥离被收购企业之外的企业拆分救济手段，都应当避免被适用。幸运的是，法院在职权范围内拥有范围较广的同等救济手段可供选择。[63]

---

63 对于多种可能性的学术探讨，参见：Hovenkamp, Platform Monopoly, supra note。

平台与合理原则：评美国运通案[*]

第一节 引言：双边平台企业反垄断

在俄亥俄州诉美国运通公司案（以下简称"运通案"）中，[1] 最高法院第一次清楚无误地将反垄断法中的合理原则适用于被指控是由双边平台企业所实施的具有反竞争效果的商业行为。向最高法院提交的申请调卷令要求最高法院考量"《谢尔曼法》第1条，即禁止不合理的贸易限制行为条款，是否适用于撮合不同的消费者群体进行交易的'双边'平台企业"。[2] 该案涉及拥有不同品牌的企业间实施的纵向限制行为，[3] 该行为旨在禁止其合作商户实施建议消费者放弃使用美国运通信用卡并转而使

---

[*] 本文原载于《哥伦比亚大学商法评论》2019年第1期。
[1] *Ohio v. Am. Express Co.*, 138 S. Ct. 2274 (2018).
[2] Petition for Writ of Certiorari at i, *Am. Express Co.*, 138 S. Ct. 2274 (No. 16-1454).
[3] 纵向品牌间（interbrand）限制指的是排他交易、搭售、最惠待遇要求等商业安排，其对经销商推广或销售除了实施相关安排的公司所拥有品牌之外的其他品牌的行为进行限制。相比之下，品牌内（intrabrand）限制指的是转售价格限制或地域限制这样的商业安排，其约束的是实施相关安排的企业对自有品牌的处置。

用成本更低的信用卡的转介行为。[4] 该案在奥巴马政府时期由美国政府司法部反垄断局与十七个州联合发起。[5] 政府在地区法院赢得了诉讼，[6] 但美国第二巡回上诉法院推翻了前述判决。[7] 然而 2016 年的总统选举使得相应诉讼进程突生变数，新一届政府并不寻求向最高法院提交调卷令，但作为原案共同原告的十一个州政府却如此为之。[8] 在最高法院受理了调卷令后，美国政府代表原告提交了一份案情简报。[9]

缜密地对案情进行分析是适用合理原则稳步推进反垄断的核心前提。依据反垄断法中的本身违法原则，一旦某商业行为具有某类型化的特征——例如赤裸裸的限价行为——相应行为具有反竞争效果的认定几乎不再需要额外的证据且能够被主张的有效抗辩极为有限。[10] 相比之下，合理原则的恰当适用要求对案情进行细致的搜索与调查并进行缜密的记录，以使得法庭能够理解被告行为的结构与经济影响。[11] 这又使得上诉法院有义务审核地区法院的案情记录。最高法院在运通案判决中所发表的意见，应当以上述标准来进行考察。

---

4 *Am. Express Co.*, 138 S. Ct at 2280.
5 *United States v.Am.Express Co.*,88 F. Supp. 3d 143 (E.D.N.Y. 2015), rev'd, 838 F.3d 179 (2d Cir. 2016), aff'd sub nom. *Ohio v. Am. Express Co.*, 138 S. Ct. 2274 (2018).
6 Id. at 238-39.
7 *United States v. Am. Express Co.*, 838 F.3d 179, 207 (2d Cir. 2016), aff'd sub nom. *Ohio v. Am. Express Co.*, 138 S. Ct. 2274 (2018).
8 Petition for Writ of Certiorari, supra note 2.
9 Brief for the United States as Respondent Supporting Petitioners, *Am. Express Co.*, 138 S. Ct. 2274 (No. 16-1454).
10 7 Phillip E. Areeda & Herbert Hovenkamp, *Antitrust Law* ¶ 1509 (4th ed. 2017).
11 Id. ¶ 1507. 记录了合理原则相关案件中的案情指控与举证责任。

最高法院的多数意见、各级法院的观点与异议者们所进行论战的一个重要部分即为如何评估相应市场中的市场力量与反竞争行为的效果。因此，运通案涉及的"双边"平台定义为何便至关重要。虽然人们常常提及双边市场，但在与反垄断语境下的"相关市场"同时使用时，这一词汇总是会造成一些混淆。正如运通案中的多数意见与反对意见同时明确指出的那样，某平台是双边平台并不意味着必须将其视为反垄断视野下的单一相关市场。[12] 确实，由于缺乏市场力量，在将各侧市场都纳入考察范围的情况下，许多平台依然不构成相关市场。

许多企业时常向不同的买家群体销售辅助性商品，但这一事实并不意味着其为双边平台。相反，双边平台指的是依赖于两组不同且不具有竞争关系的交易伙伴彼此关系的商业模式。[13] 一个传统的例子即为诸如报纸这样的纸质期刊，其通过广告商和向订阅用户销售报纸获得利润。取决于不同的商业模式，类似期刊从广告商与订阅用户处获得的利润构成可能大相径庭。一个极端模式即为像《消费者报告》（*Consumer Reports*）这样的期刊，其从不销售广告，全部利润来源于用户订阅和捐赠。[14]

---

12 *Am. Express Co.*, 138 S. Ct at 2285–86; id. at 2300–01（布雷耶法官发表的异议意见）。

13 对于双边市场的经典分析，参见：Jean- Charles Rochet & Jean Tirole, Platform Competition in Two-Sided Markets, 1 *J. EUR. ECON. ASS'N* 990 (2003)。对于定义问题，参见：Michael Katz & Jonathan Sallet, Multisided Platforms and Antitrust Enforcement, 127 *YALE L.J.* 2142 (2018)。许多问题最初由下文提出：William F. Baxter, Bank Interchange of Transactional Paper: Legal and Economic Perspectives, 26 *J.L. & ECON.* 541 (1983)。

14 About Us, CONSUMER REP., https://www.consumerreports.org/ cro/about-us/support-our-work/index.htm [https://perma.cc/L75W-HQ9R]。

而另一个极端是在本地社区或免费分发给顾客的购物传单，其制作和分发完全依靠广告收入。双边平台的管理者通过提供使平台两侧群体的参与度和收益最优化的组合方案来使自身的利润最大化。

双边平台的卖家若在一侧市场作出了错误的商业决策，则其可能被另一侧市场的反馈效应所伤害。例如，依仗较为丰厚的广告收入，杂志可保持其订阅价格于一个低水平，但这可能导致订阅用户由于反感过多广告而放弃订阅。一旦如此，该杂志对于广告商的吸引力就会下降，从而使其陷入两侧市场均失去利润的恶性循环。对于杂志来说，关键在于找到优化付费订阅用户与广告商之间利益的"平衡点"。这种优化配置不仅是平台两侧价格水平所导致的，也是平台两侧群体的参与度，即适当的"参与平衡"所导致的。[15] 一旦到达这个平衡点，经营平台的企业也获得了"保持市场均衡"的能力。[16] 这意味着，经营平台的企业在经营环境不变的情况下没有任何理由去改变这种平衡。当然，如果这种平衡被改变——例如订阅杂志的邮费大幅度升高——那么相应企业就必须去取得新的平衡。值得注意的是，不仅是费用的总水平决定了平台运营者取得利润最大

---

15 参见：Erik Hovenkamp, Platform Antitrust, 44 *J. CORP. L.* (manuscript at 11–13), https://papers.ssrn.com/sol3/papers.cfm? abstract_id=3219396 [https://perma.cc/5UFG-92XT]; Dennis W. Carlton, The Anticompetitive Effects of Vertical Most-Favored-Nation Restraints and the Error of Amex, 2019 *COLUM. BUS. L. REV.* 93, 101 (2019)["罗奇特教授与泰勒尔教授认为双边平台具有市场每一侧的价格都具有独立性这一特征。"援引了：Jean-Charles Rochet & Jean Tirole, Two-Sided Markets: A Progress Report, 37 *RAND J. ECON.* 645 (2006)]。确认并达到这一平衡点的过程有时被称为"参与平衡"。参见：Hovenkamp, supra at 12–14。

16 Hovenkamp, supra note 15, at 13.

化的点，平台经营者如何分配相关费用也起到了决定性作用。[17] 第二巡回法庭在运通案中似乎忽略了平台的这一特性，因为其认为使用运通卡的"净价"决定了相关网络的盈利能力，而只字未提用户参与平衡这一要素。[18] 取决于价格如何在平台市场的两侧进行分配，相同的净价可能导致大为不同的产出与利润水平。

在平台语境下，"间接"网络效应一词指的是对于平台一侧用户而言，平台的价值取决于另一侧市场中可以获得的利润或存在的用户数量。[19] 例如，诸如优步这样的网约车平台只有在一侧市场拥有一定数量的司机用户并在另一侧市场拥有一定数量的乘客用户后才能取得成功。[20] 若费率过高，乘客的数量会下降；若费率过低，司机的数量会减少。正在进行的反垄断诉讼指控优步在司机间促成限价合谋，因为该平台对于相似的路程所计算的收费是相同的。[21] 但平台经济却并不如此。其与广播音乐公司诉哥伦比亚广播系统公司案（以下简称"BMI案"）的案情更相似，最高法院于 1979 年作出的该案判决也涉及一双边平台，虽然法庭并未如此进行定义。[22] 在 BMI 案中，法院需要

---

17 参见：Rochet & Tirole, supra notes 13, 15; Dennis W. Carlton & Ralph A. Winter, Vertical Most-Favored-Nation Restraints and Credit Card No-Surcharge Rules, 61 *J.L. & ECON.* 215, 236 (2018); Hovenkamp, supra note 15, at 11–12。

18 *United States v. Am. Express Co.*, 838 F.3d 179, 203 (2d Cir. 2016), aff'd sub nom. *Ohio v. Am. Express Co.*, 138 S. Ct. 2274 (2018).

19 参见：Rochet & Tirole, supra note 15; David S. Evans & Richard Schmalensee, *Matchmakers: The New Economics of Multisided Platforms* 25 (2016)。

20 Hovenkamp, supra note 15, at 4, 9.

21 参见：*Meyer v. Kalanick*, 174 F. Supp. 3d 817, 820–21 (S.D.N.Y. 2016); 注 173—176 及相关上下文。

22 *Broad. Music, Inc. v. CBS, Inc.*, 441 U.S. 1 (1979).

判定以非排他形式由唱片所有人授予广播公司的,由被告进行组合的一揽子非独家许可是否构成由版权所有者所实施的不法限价行为。[23] 法院认为相应行为并非不法行为,因为相应一揽子许可组合是价值极高的产品且只能由参与创作的艺术家们完成这一组合。[24] 该案案情在诸多方面与前述优步案件有较强的相似性。

平台拥有两侧市场并不必然意味着这两侧市场都是积极的利润贡献者。区分收入水平(即:总价格)与收入分配(即:价格是如何在两侧市场参与者之间被分配的)是很重要的。[25] 有时平台一侧市场对用户的收费是零元。例如,传统的"免费"无线电视完全靠广告收入支持。观众收看节目不需要付费。对于绝大部分使用诸如谷歌、必应、雅虎这样的搜索引擎的用户和绝大部分使用诸如脸书这样的社交网站的用户来说,都是如此。这些服务一般都对用户免费提供,但由广告收入支持。[26] 尽管如此,广告收入的金额依然取决于用户数量或网页浏览量。

在一些案件中,例如运通案,一侧市场中的利润甚至会是负数。[27] 信用卡公司通常会向商家收取消费者刷卡的手续费,所

23　Id. at 8–9. 假设这些艺术家们"实际上"限制了价格。
24　Id. at 20–21, 24.
25　Hovenkamp, supra note 15, at 11–12.
26　一些社交网站,诸如领英,还提供用户按月付费的"高级"版本。参见:LinkedIn Premium, LINKEDIN, https://premium.linkedin.com/ [https://perma.cc/LD7E-VWSJ]。
27　*Ohio v. Am. Express Co.*, 138 S. Ct. at 2274, 2281 (2018); *United States v. Am. Express Co.*, 88 F. Supp. 3d 143, 203 n.36 (E.D.N.Y. 2015), rev'd, 838 F.3d 179 (2d Cir. 2016), aff'd sub nom. *Ohio v. Am. Express Co.*, 138 S. Ct. 2274 (2018).

以根据各信用卡的具体服务条款，消费者使用信用卡的成本会是零元甚至是负数。[28] 一张典型的信用卡或不向顾客收取年费，且除了未结清账单的利息与逾期罚款外，也不会收取任何其他费用。此外，信用卡还可通过"补贴优惠"或其他促销手段使得消费者使用信用卡的成本为负。这些促销手段包括各类航空里程优惠、延长信用卡购买产品的质保期或升级使用信用卡租赁车辆的保险等福利。[29] 以上提到的很多福利便是运通案中的运通卡提供给用户的：许多该公司的持卡人可以免费获得该信用卡且在持卡消费后获得补贴优惠。[30] 因此，使用信用卡消费甚至会比支付现金更划算。重要的是，正如地区法院所注意而最高法院所忽视的，获得这些补贴优惠的前提是使用信用卡而非拥有信用卡。[31] 例如，消费者并不会因为钱包里有一张运通信用卡就能获得购买产品的质保延期福利；他们必须使用信用卡以满足交易要求。[32]

一些所谓的"交易型"平台，包括信用卡网络与网约车应用，

28　下文描述了相关过程：Steven Semeraro, Settlement Without Consent: Assessing the Credit Card Merchant Fee Class Action, 2015 COLUM. BUS. L. REV. 186, 196 (2015)。
　　参见：Dany H. Assaf & Rebecca Moskowitz, Global Credit Card Wars: Litigation, Legislation, or Innovation as a Path to Peace, 29 ANTITRUST 42 (2015)。
29　参见，例如：下文注 30。
30　各类运通信用卡所提供的刷卡优惠福利，参见：Retail and Travel Benefits, AM. EXPRESS, https://www.americanexpress.com/us/credit-cards/features- benefits/policies/index.html [https://perma.cc/P7SJ-P59T]。
31　Am. Express Co., 88 F. Supp. 3d at 191.
32　参见：Purchase Protection, AM. EXPRESS, https://www.americanexpress.com/us/credit-cards/features- benefits/policies/purchase-protection/faq.html#5 [https://perma.cc/P3TZ- 9PMW]（使用运通卡购买的商品才享有交易保护福利）。

显示出进行交易的两侧群体之间拥有非常直接的关系。[33]最高法院在其特殊的市场界定中强调了这一点。[34]例如,每当消费者使用运通卡进行一次消费,平台便同时在用户的客户端记录下该笔交易,同时还在商户端记录下一笔金额相同的冲抵交易(并减去运通卡商户的使用费)。[35]对于优步来说也是如此。[36]每当一位乘客完成出行订单,其通过优步的软件支付费用,而司机在优步扣除其服务费后获得相应报酬。但这种一对一直接对应的交易模式并不适用于所有双边平台。例如,健康保险网络、报纸、搜索引擎与流媒体网站则显示出平台两侧的用户之间并没有那么直接的联系。在诸如免费电视这样的市场,广告投放量与费率或基于尼尔森和其他调查观众规模与构成的研究报告来决定。[37]诸如谷歌搜索这样的搜索引擎,其广告费率一般取

---

33 *Ohio v. Am. Express Co.*, 138 S. Ct. 2274, 2280 (2018),citing Benjamin Klein, Andres V. Lerner, Kevin M. Murphy & Lacey L. Plache, Competition in Two-Sided Markets: The Antitrust Economics of Payment Card Interchange Fees, 73 *ANTITRUST L.J.* 571, 580, 583 (2006).

34 参见注 82—86 及相关上下文。

35 参见同上。

36 Brief of the International Air Transport Association and Airlines for America as Amici Curiae in Support of Petitioners at 5–6, *Am. Express Co.*, 138 S. Ct. 2274 (No. 16–1454).

37 参见:Advertising Effectiveness, NIELSEN, https://www.nielsen.com/ us/en/solutions/ advertising-effectiveness.html [https://perma.cc/TLL5- 63FX];*United States v. Gray Television, Inc.*, No. 1:15-CV-02232, 2016 WL 1064377, at *10–11 (D.D.C. Mar. 3, 2016)(关注了电视广告费率如何依基于观众规模和人口特征的尼尔森数据进行计算的过程)。一些付费电视台也播出广告,尼尔森的数据也能够用来计算这些电视节目产品的费率。参见:Dish Enlists Nielsen Digital Measurement to Power Advanced Advertising Across Sling TV, NIELSEN (Sept. 20, 2018), https://www.nielsen.com/us/en/press-room/2018/dish-enlists-nielsen- digital-measurement-to-power-advanced-ads-across-sling.html [https://perma.cc/CM2W-CL93]。

决于点击率，这意味着其越频繁地被使用，就越能赚取广告利润。[38] 在这些市场，广告的投放量与价格确实会受到上述因素的影响，但很难因此就主张在观众的行为和广告商之间存在一对一的直接关系。

运通案涉及的反垄断纠纷与运通公司给所有接受其信用卡的商户所施加的 "禁止转介" 规则有关。[39] 运通公司一般是按消费者持卡交易金额的一定比例向商户收取使用费，该笔费用会比诸如 Visa、万事达或 Discover 这样的竞争对手所发行的信用卡收取的费用高得多。[40] 许多使用运通卡的消费者一般也会使用一张或几张其他的信用卡。[41] 这使得商户会劝导消费者使用费率更低的信用卡，一旦消费者同意，商户一般会给予消费者价格折扣或其他的补偿。例如，若使用运通卡进行一笔大额购物后商家将被收取 30 美元的使用费，而相同交易 Visa 卡只需要收取 20 美元费用，商户或为了让消费者使用 Visa 卡而非运通卡向消费者提供 6 美元的价格折扣。同样，商户也可通过向消费者提供免费送货或赠送有价值的产品与服务来达到上述目标。而禁止转介规则就是阻止商户如此行为，甚至禁止商户告

---

38 对于替代性方案如何计算广告费率的总结，参见：*Web Tracking Solutions, L.L.C. v. Google, Inc.*, No. 08-CV- 03139, 2011 WL 3418323 (E.D.N.Y. July 27, 2011)（提供了基层法院的报告与建议）；Nathan Newman, Search, Antitrust, and the Economics of the Control of User Data, 31 *YALE J. ON REG.* 401, 413–14 (2014)。

39 *Am. Express Co.*, 138 S. Ct at 2280.

40 地区法院认定运通公司相较于竞争对手向商户收取了更高的费用，虽然两者的费率差在缩小。参见：*United States v. Am. Express Co.*, 88 F. Supp. 3d 143, 200 (E.D.N.Y. 2015), rev'd, 838 F.3d 179 (2d Cir. 2016), aff'd sub nom. *Ohio v. Am. Express Co.*, 138 S. Ct. 2274 (2018)。费率差在与航空、汽车租赁和住宿相关的领域似乎更高。参见同上。

41 Id. at 178.

知消费者运通卡的使用成本更加高昂。[42] 该规则并不适用于完全不使用信用卡的交易，例如现金支付或支票支付，此外，该规则也不适用于借记卡交易。[43] 政府指控该规则有效强迫消费者必须使用价格更高的信用卡，这不仅增加了商户支出的费用，也间接提高了产品售价。[44] Visa 卡与万事达卡其实也有类似规定，但它们通过签署合意判决放弃实施这些行为。[45]

"转介"行为是任何种类竞争的基本形式，这其中就包括平台之间的竞争。它使得市场参与者有动力提供成本更低的替代方案。一些平台是"单栖的"，这意味着平台的用户一般只与一个平台打交道。[46] 例如，智能手机价格昂贵，管理两种不同的手机并不方便。因为这些原因，大部分智能手机使用者一段时间只会使用一种手机。苹果手机用户在苹果应用商店（App Store）购买手机应用，安卓用户从谷歌商店（Google Play）购买应用。对于某个特定用户的竞争存在于平台，即智能手机之间，而不是在平台现有企业之间。然而信用卡市场是不同的。该市场早已具有"多栖性"。[47] 持卡人一般拥有两张或多张信

42　Id. at 165.

43　同上。

44　参见：*Am. Express Co.*, 138 S. Ct at 2288–89。正如最高法院对禁止转介规则的描述，其禁止：……商户实施优待非运通信用卡的行为；劝导消费者放弃使用运通卡；建议消费者使用其他信用卡；对使用运通卡施加任何特别的限制、条件、不利因素或费用。然而，禁止转介规则并不禁止商户推荐消费者使用借记卡、支票或现金。

45　参见：id. at 2293（布雷耶法官的异议判决）；*United States v. Am. Express Co.*, No. 10-CV-4496, 2011 WL 2974094, at *2 (E.D.N.Y. July 20, 2011), approved proposed consent judgment, 75 Fed. Reg. 62858-02 (Oct. 13, 2010)。

46　Hovenkamp, supra note 15, at 18–19.

47　Hovenkamp, supra note 15, at 17.

用卡以供日常使用，在特定交易中选择收益最大的信用卡使用。对于网约车服务、浏览器服务与计算机搜索引擎服务来说，上述原理同样适用。平台之间的竞争可以确保竞争性价格与高质量服务的存在，但是像运通案中的禁止转介规则，只会打消消费者使用更便宜的替代性方案的动机。

信用卡的禁止转介问题呈现了与既存的经济学背景下的卡特尔问题的诸多类比性。对于价格战这种竞争手段的限制，鼓励企业在价格之外的战场进行竞争。例如，虽然卡特尔组织的成员们被禁止降低名义上的价格，但它们可以在其他与价格无关的交易条件方面进行竞争，例如提供如前述诱导消费者使用其他信用卡时商家所提供的福利补贴。[48] 在极限情况下，卡特尔成员提供的非价格性福利优惠可以使得价格水平趋近于成本。例如，若竞争性价格是 10 美元而卡特尔组织设定的价格是 14 美元，则卡特尔成员们会通过向消费者提供接近 4 美元价值的非价格优惠福利来互相竞争。然而，即使不存在卡特尔，以价格和非价格手段进行的竞争也是无处不在的。

通过允许商户奖励持卡人选择使用成本更低的支付手段，转介同时促进了价格与非价格层面的竞争。发卡公司可以通过降低商户的使用费或提升福利优惠来进行竞争。转介手段的存在使得消费者可以在通过使用成本更低的信用卡来获取价格更低的商品与通过使用成本更高的信用卡来获取价格更高但优惠福利也更多的商品之间进行选择。禁止转介规则的存在至少在

---

48 参见：George J. Stigler, Price and Non-Price Competition, 76 *J. POL. ECON.* 149 (1968)。对于交易与商户支付的信用卡交易费，参见：Carlton & Winter, supra note 17, at 218, 230。另参见：*In re Text Messaging Antitrust Litig.*, 782 F.3d 867 (7th Cir. 2015)（将非价格竞争中的涨价行为视为存在合谋的证据）。

众多信用卡之间剥夺了消费者进行选择的机会。

　　一些运通卡的持卡人相较于其他人更加看重福利优惠——运通案的多数意见忽视了这一点。他们会认为更好的福利优惠合理化了更高的信用卡使用成本，仿佛所有人都会同意这种看法。然而，转介手段行之有效至少证明一些运通卡的持卡人会更偏好更低的产品价格而不是更多的福利优惠。如若不然，转介政策根本没有必要存在。

　　本文分析了反垄断治下的合理原则如何适用于平台市场中存在的排他商业行为。本文分析了合理原则的基本举证责任转移框架、平台市场中独特的市场界定要素，以及生产辅助品进入相同"市场"的相关性问题。本文还分析了最高法院对于一个从未被最高法院详细论证的命题——在分析对纵向商业行为所提出的反垄断指控时界定市场是否是必须的？——所得出的倒退且反经济学的结论。随后本文分析了最高法院对于搭便车问题的奇怪处理方式。本文还认为最高法院对案情记录关注甚少，缺乏经济分析，特别是混淆了总体损害和边际收益。最后，本文审视了最高法院有关市场界定的决定对涉及平台的案件所带来的影响。

第二节　最高法院所审理的运通案

　　在运通案中，最高法院驳回了政府向运通公司提起的有关其所实施的禁止转介规则的指控，[49]确认了第二巡回法院作出的推翻地区法院判决的决定。最高法院认为反垄断中的合理原则

49　*Am. Express Co.*, 138 S. Ct. at 2290.

的适用涉及"分三个步骤完成的举证责任转移框架"。[50] 第一步：原告必须证明"被指控的商业限制行为产生了实质性的反竞争效果使得相关市场中的消费者受到了伤害"。[51] 第二步：若原告满足了此举证责任，"那么举证责任转移至被告，由其证明其行为具有促进竞争的作用"。[52] 第三步：若被告成功进行了证明，"则举证责任转移回原告，由其证明被告先前证明的促进竞争所提升的效率可以由一种对竞争抑制更少的手段所合理取得"。[53] 由于异议方同意了这一对合理原则的文义叙述，其似乎得到了最高法院法官们全体一致的支持。[54] 那么案件剩余的关键点即为初步证据的证成以及如何确定市场力量是否存在。

最高法院认为政府并未满足上述第一步的举证责任。最高法院认为反竞争效果可通过两种方式被观察：可以"直接地"通过"对竞争造成实际损害效果的证据"[55] 来观察，证据可包括"产出减少、价格上涨或相关市场中产品质量的下降"[56]；也可以"间接地"通过"关于市场力量的证据加上一些被控行为损害了竞争的证据"[57] 来确认。正如异议者们所言，上述论断都与传统上被接受的合理原则的要求不一致。首先，对于竞争

50　Id. at 2284.
51　同上（引用被省略）。
52　同上（引用被省略）。
53　同上。
54　参见：id. at 2290（布雷耶法官的异议判决，"我同意多数判决与当事人的意见即本案应当依据'合理原则'的三步分析法评估"）。
55　Id. at 2284, quoting *FTC v. Ind. Fed'n of Dentists*, 476 U.S. 447, 460 (1986).
56　同上（引用被省略）。
57　Id.,citing *Tops Mkts., Inc. v. Quality Mkts., Inc.*, 142 F.3d 90, 97 (2d Cir. 1998); *Spanish Broad. Sys. of Fla. v. Clear Channel Commc'ns, Inc.*, 376 F.3d 1065, 1073 (11th Cir. 2004).

造成实际损害的"直接"证据并不需要对市场进行界定；[58] 然而，判决多数意见提及关于"产出减少、价格上涨或相关市场中产品质量下降"的直接证据则暗示其已界定了市场。[59] 正如斯蒂芬·布雷耶法官在其异议意见中所言："多数意见忽视的一个重要问题即为：对竞争造成实际不利影响的证据，其实更应该被认为是有关市场力量的证据。"[60] 异议意见进而论述道：

> 地区法院认定涉案非歧视性条款造成了实际的反竞争伤害表明，无论本案相关市场如何界定，美国运通公司在相应市场都拥有足够的力量造成损害。在这种情况下没有任何理由需要再去查明市场的界定方式与评估市场力量。所以多数意见关于市场界定的广泛讨论在法律上是没有必要的。[61]

其次，法院将间接证据定义为"关于市场力量的证据加上一些被控行为损害了竞争的证据"[62]，类似于合理原则分析框架下对于竞争损害的分析模式，但却忽视了"间接"证据的要义，即：其从市场份额和其他与被恰当界定的相关市场有关的特征中推导市场力量是否存在。

运通案中，原告主要依据一般并不需要对市场进行界定的

---

58 参见：2B Phillip E. Areeda, Herbert Hovenkamp & John L. Solow, *Antitrust Law* ¶521 (4th ed. 2014); Louis Kaplow,Why (Ever) Define Markets, 124 *HARV. L. REV.* 437 (2010)。

59 *Am. Express Co.*, 138 S. Ct. at 2284.The court cited *FTC v. Ind. Fed'n of Dentists*, 476 U.S. 447 (1986)（但该案判决从未提及相关市场）.

60 Id. at 2297（布雷耶法官的异议判决）.

61 Id.

62 Id. at 2284.

直接证据。然而，正如上文所言，最高法院认定诸如运通案这种涉及纵向关系的案件，即使使用直接证据也需要对市场进行界定。[63] 最高法院随后认定相关市场由平台两侧市场（即"有效竞争领域"）同时构成。[64] 例如，诸如运通案被告这样的公司通过最大化从平台两侧获得的总营收来牟利，即使其中一侧市场亏损也在所不惜。[65] 此外，"平台一侧价格的增长在没有证据证明该涨价行为提高了平台服务的总成本的情况下并不意味着其造成了反竞争的影响。"[66]

最高法院援引了大量有关双边平台独特特征的文献。其认定"在双边交易市场中，只有一个市场需要被界定。"[67] 为何这些论述最终得出了不具有竞争关系的商品应当被归入同一相关市场这一结论的原因仍不清晰。价格与辅助商品的产出必然会影响企业将其产出和价格利润最大化，[68] 但这很难需要再去重

63　参见注 76—77 及相关上下文。
64　Id. at 2285–86.
65　Id.
66　Id. at 2286.
67　Id. at 2287（引用被省略），quoting Lapo Filistrucchi, Damien Geradin, Eric van Damme & Pauline Affeldt, Market Definition in Two-Sided Markets: Theory and Practice, 10 *J. COMPETITION L. & ECON.* 293, 302 (2014). 参见：David S. Evans & Michael Noel, Defining Antitrust Markets When Firms Operate Two-Sided Platforms, 2005 *COLUM. BUS. L. REV.* 667, 671 (2005)。
68　一般来说，替代商品的存在有助于提高企业自身的需求价格弹性，因此减少其市场力量；辅助商品的存在有助于减少企业的需求价格弹性，因此增加其市场力量。参见：Aviv Nevo, Mergers with Differentiated Products: The Case of the Ready-to-Eat Cereal Industry, 31 *RAND J. ECON.* 395 (2000)；Gregory J. Werden, Demand Elasticities in Antitrust Analysis, 66 *ANTITRUST L.J.* 363 (1998). 对于该理论在双边平台方面的应用，参见：Andre Boik & Kenneth S. Corts, The Effects of Platform Most-Favored-Nation Clauses on Competition and Entry, 59 *J. L. & ECON.* 105 (2016)。

新界定市场。[69] 此外，最高法院对于运通平台"交易"[70] 属性的讨论也适用于卖家和买家面对面的传统市场。这并不是平台所独有的。例如，如果一个园丁花了 3 美元在一个五金店买了一包菠菜种子，这就是一笔即时交易，但我们永远不会因此界定存在一个园丁和菠菜种子的相关市场。

如果不是依据一个在经济学上并没有一致性的相关市场概念，最高法院本可以言简意赅地表明若需要通过直接影响来证明市场力量的存在，所有相关影响都需要被考虑。这些影响是否发生在同一相关市场是无关紧要的，因为一开始就不需要去界定相关市场。这种观点也与布雷耶法官的异议观点更加一致，即：（1）回避了依赖市场界定的路径；[71] 但（2）考虑行为带来的所有影响而不只是给平台某一侧带来的收益。[72] 地区法院在这一点上也态度清晰，虽然最高法院判决中的多数意见忽视了这一点。诚然，地区法院认定的事实之一即为：禁止转介规则导致了所有接受消费者使用运通卡的商户都收取了更高的商品价格，无论消费者是否真的使用了运通卡。[73] 仅就这一事实便可认定被告存在市场力量与反竞争的影响。

在判决的脚注中，最高法院认定在横向反垄断案件中对于市场力量的直接证据并不需要证明相关市场，但在诸如运通案这样的纵向限制案件中，需要证明相关市场的存在。最高法院认为：

69　参见注 110—111 及相关上下文。
70　*Am. Express Co.*, 138 S. Ct. at 2286–87.
71　Id. at 2294–96.
72　Id. at 2296–97.
73　*United States v. Am. Express Co.*, 88 F. Supp. 3d 143, 208 (E.D.N.Y. 2015), rev'd, 838 F.3d 179 (2d Cir. 2016), aff'd sub nom. *Ohio v. Am. Express Co.*, 138 S. Ct. 2274 (2018). 另参见：注 146—153 及相关上下文。

原告主张本案中不需要界定相关市场，因为它们已经提供了涉案行为对竞争已造成不利影响的证据，即：商家收费的提高。这一点，我们并不赞同。原告为了论述该观点所援引的案例评估的是横向限制行为是否会对竞争产生不利影响……鉴于横向限制行为涉及的是竞争者之间约定不以特定方式进行竞争，本院认为这种情况并不需要通过精确界定相关市场来认定这些协议具有反竞争的效果……但纵向限制行为是不同的。纵向限制行为一般并不会带来竞争威胁，除非实施该行为的主体具有市场力量，而法院无法在不首先界定相关市场的情况下评估市场力量。[74]

上述令人困惑的论断似乎只是陈述了已被预设的结论。法院并未详细阐述为何在均须证明市场力量的场景下，横向与纵向限制行为必须被区别对待。其中一种可能，布雷耶法官已在其异议意见中提及，即：多数意见相信存在某些种类的反竞争效果可以在不评估市场力量的情况下被认定。[75] 法庭论断的最后一句似乎得出的是一个有关法律问题的结论，但在现实中，其更有可能是一个事实问题，且在任何情况下都是不正确的。为何在横向和纵向限制的反垄断案件中不能通过行为产生的效果来推导市场力量的存在仍无明确解释。例如，在排他交易这样的纵向限制案件中，被告有能力在保持自身高价格的同时排除竞争对手或压制其销量显然是具有证明力的案件事实，正如

---

74 *Am. Express Co.*, 138 S. Ct. at 2285 n.7（引用被省略）.
75 参见：id. at 2297（布雷耶法官的异议判决，"一个要点即为多数意见忽视了有关对竞争造成实际损害影响的证据其实更应被认为是有关市场力量的证据"）.

第十一巡回法院在麦克韦恩公司诉联邦贸易委员会案中所认定的那样。[76] 当然，直接证据也有其局限性。相应案情必须证明排除竞争对手的结果是反竞争行为而不是提高效率的行为所导致的，但并没有显而易见的原因去解释需要在纵向限制案件中以完全不同的手段去分析这些问题。

此外，最高法院的分析方式是一种倒退，因为其所适用的大量经济学分析不仅弱化了传统市场界定方式的重要性，也强化了以计量经济学方法更加直接地评估市场力量这一手段的重要性。[77] 当最急迫的关切是某公司或公司集团拥有通过合谋以外的方式将价格保持在高于竞争水平的能力时，这种倒退更不容忽视。[78] 另一方面，当问题是合谋发生的可能时，对市场进行界定在识别合谋团体及其各成员作为卡特尔的促成者或执行者所具有的相对重要性方面会有所助益。[79] 最高法院的脚注值得警醒之处在于其根本没有讨论甚至援引有关市场力量评估的丰富文献，且没有为其结论的得出提供任何一处经验性支撑。

76　*McWane, Inc. v. FTC*, 783 F.3d 814, 829–32 (11th Cir. 2015).
77　Kaplow, supra note 58.
78　参见：Herbert Hovenkamp, Markets in Merger Analysis, 57 *ANTITRUST BULL.* 887 (2012); Carl Shapiro, The 2010 Horizontal Merger Guidelines: From Hedgehog to Fox in Forty Years, 77 *ANTITRUST L.J.* 49, 68 (2010)（注意到了并购案件分析中传统市场界定的式微）; Gregory J. Werden, Market Delineation and the Justice Department's Merger Guidelines, 1983 *DUKE L.J.* 514, 572–74 (1983)。
79　这些都是市场集中度指数（HHI）的核心属性，市场在并购案件中被使用，且其使用须先界定市场。参见：Herbert Hovenkamp, *Federal Antitrust Policy: The Law of Competition and Its Practice* § 12.4 (5th ed. 2016); John Kwoka, *Reviving Merger Control: A Comprehensive Plan for Reforming Policy and Practice* 7–8 (Oct. 9, 2018)（尚未出版），https://www.antitrust institute.org/wp-content/uploads/2018/10/Kwoka-Reviving-Merger-Control- October-2018.pdf [https://perma.cc/HX3Z-CKE2]。

确实，最高法院提出的主张，即名义上，无论市场力量如何被认定，任何纵向限制案件中的原告必须界定相关市场从未成为正式判决内容。此外，最高法院将相应结论视为法律规则。显然，获得准许的证明市场力量的方法——一个有关专家证言的问题——应当是一个事实问题。

在产品充满显著差异性的市场中，市场的界定是更加不可靠的市场力量指标。[80]市场的界定必须是非此即彼的，相关产品要么属于某市场，要么不属于。将具有差异性的产品归入同一市场可能会夸大该市场的竞争激烈程度。反之，则可能低估了某市场的竞争激烈程度。运通案与差异化的支付系统以及一般用途的信用卡差异化的使用成本和差异化的用卡优惠福利相关。此外，最根本的关切是发卡人并未进行合谋但总体价格却很高。在这种情况下，通过界定相关市场及市场份额来评估市场力量似乎是一种明显不应采取的方法。

不管怎样，最高法院随后认定以分析涉案限制行为为目的适当界定相关市场时，该市场为平台两侧的市场。[81]最高法院还认定"所有信用卡交易作为整体"构成相关市场。[82]这一怪异的举动，即将卖家与买家归入同一相关市场，将会使得任何具有一致性的相关市场经济分析方式无法适用，这显然解释了为何判决意见将相关界定限制在信用卡交易领域而不是任何普通的交易。由于市场中的每笔销售都涉及一次交易，更宽泛的结论将会使得前文中的园丁与菠菜种子属于同一相关市场，而这

80　参见：2B Areeda et al., supra note 58, at ¶ 563；Herbert Hovenkamp, Response: Markets in IP and Antitrust, 100 *GEO. L.J.* 2133, 2146 (2012)。

81　*Ohio v. Am. Express Co.*, 138 S. Ct. 2274, 2286 (2018).

82　Id. at 2287.

仅仅是因为它们同时处于同一交易的买家一方与卖家一方。

认定信用卡交易构成相关市场这个结论也应该交给原告去作出。案情记录清楚无误地表明禁止转介规则强迫特定买家与卖家用一种成本更高的交易方案去替代一种价格更低的交易方案,这同时伤害了买家与卖家以及其他作为竞争对手的发卡人。[83]换言之,这是一种排除竞争对手的行为,伤害了各相关方,并使得整个交易的价格更高。

重要的是,最高法院对这种非经济学的市场界定结论进行了修正,增加了若干重要的限制条件:

> 需要申明,并非在所有情况下都有必要考察双边平台两侧的市场。当间接网络效应与相对定价在相关市场中的影响甚小时,相应市场应被视为单边市场。报纸销售广告,也可被主张是以双边平台模式运营的,因为随着越来越多的人阅读报纸,相应广告的价值也在增加。但是在报纸/广告这一市场中,间接网络效应只在一个方向发挥作用;报纸的读者们在很大程度上对于报纸刊登广告的数量极不敏感。由于这些弱间接网络效应,报纸广告市场更像是一个单边市场且应如此被分析。
>
> 但是像信用卡市场这种涉及两侧进行交易的平台,情况又有不同。这些平台促成了参与者之间单一且即时的交易。对于信用卡发卡人来说,只有在商户与持卡人同时选择使用其服务时相应网络才成功出售了其服务。因此,每当信用卡服务网络向商户出售一次接受持卡人刷卡消费的服务,其必须同时也

---

83 参见注180—191及相关上下文。

向持卡人出售一次持卡消费服务。其无法单独只向持卡人或商户出售服务。为了使销量最大化，该网络必须发现价格的平衡点以鼓励尽可能多的持卡人与商户之间完成匹配交易。[84]

那些"在市场参与者之间促成单一、即时交易"[85]的平台包括信用卡网络，也非常有可能包括网约车平台，例如优步或来福车，甚至包括易趣和爱彼迎，它们的作用就是买家与卖家之间的掮客。最高法院也承认其不会将报纸这种两侧市场中的群体间不存在特定交易关系的行业视为平台模式。更不必说，其也不会将电视或电台这种只从一侧市场获得广告利润的模式视为平台。同样，由广告收入支持的电脑搜索引擎、流媒体音乐或其他类似的电脑应用也不会被视为平台，因为虽然广告收入构成公司的基本营收来源，但其商业模式并不存在用户与广告商之间一对一的交易。销售健康保险的网络也会被排除在外，因为买家与卖家并没有参与以每一单服务为基础的即时交易。[86]

最高法院评估双边交易平台对竞争的影响要求案情认定者评估平台两侧市场。[87]在运通案中，法院认为，原告并没有满足此义务：

> 聚焦于商家被收取的费用误会了案件的重点，因为信用卡公司出售的产品是交易本身，而不是提供给商家的服务，

---

84 *Am. Express Co.*, 138 S. Ct. at 2286（引用被省略）.
85 同上。
86 参见注215及相关上下文。
87 *Am. Express Co.*, 138 S. Ct. at 2287.

而对于交易的限制所产生的竞争影响也不能只通过考察商户来判断。双边交易市场一侧价格的上涨本身并不足以说明市场力量的行使产生了反竞争效果。为了证明相关行为对作为一个整体的信用卡市场产生了反竞争影响,原告必须证明运通公司的反转介条款使信用卡交易的成本高于竞争水平,减少了信用卡交易的数量或阻碍了信用卡市场的竞争。[88]

此外,运通案多数意见还总结道:"原告并未提供任何证据证明信用卡交易市场中的交易价格比一个合理可期待的竞争性市场的价格高。"[89]相反,"运通公司提高其向商户收取的费用反映的是其所提供服务价值的增长与相应成本的提高,并未反映其拥有收取高于竞争性价格的能力。"[90]

法院所言对于那些能够接受商户转介而选择使用其他信用卡的消费者来说不可能是正确的论断。显然,消费者对于各类转介优惠的估价并不高于这些商家实际提供的优惠福利的价值,否则他们也不会偏好使用其他信用卡。这意味着,相关问题即为禁止转介规则对消费者和商户产生的边际效应。[91]还应当注意,与前述任何论断相关的证据并不取决于商户与消费者所处的平台两侧的市场属于同一相关市场这一前提。此外,最高法院判决中的多数意见忽视了地区法院作出的数不胜数的清晰的事实认定,这些认定都将相关行为对平台两侧市场的影响纳入考量

---

88 同上(引用被省略)。
89 Id. at 2288.
90 同上。
91 参见注 183—188 及相关上下文。

范畴且依据的是在经济学上具有一致性的市场界定。[92]

最高法院还认为向消费者提供折扣以使消费者使用其他信用卡的交易商实际上是在搭便车，而这种行为"破坏了持卡人对于'宾至如归'的期待，即商家承诺的没有任何摩擦的交易体验"。[93]"在任何一家商户，运通卡的持卡人因为商家的转介行为而没有体验到无摩擦的交易会使得其之后在其他商户消费时更不想使用运通卡。"[94]最高法院将这种"缺乏宾至如归"的感受形容为一种"外部性"，它"危及整个运通信用卡网络的生存能力"，[95]并将这种行为比喻为使用限制转售价格的手段来阻止某卖家搭竞争卖家的便车。[96]

第三节　观察：对平台排除竞争的行为适用合理原则

一、举证责任转移的重要性

虽然最高法院所有成员名义上一致同意了合理原则的三步

---

[92] 参见：*United States v. Am. Express Co.*, 88 F. Supp. 3d 143, 174 (E.D.N.Y. 2015), rev'd, 838 F.3d 179 (2d Cir. 2016), aff'd sub nom.*Ohio v. Am. Express Co.*, 138 S. Ct. 2274 (2018) （"运通公司主张法院必须考虑信用卡行业的双边性这一主张是正确的"）。第二巡回法院也承认了这一点，但显然其认为只有通过一个将两侧市场同时纳入市场中的界定才能评估相关收益。*United States v. Am. Express Co.*, 838 F.3d 179, 199– 200 (2d Cir. 2016), aff'd sub nom. *Ohio v. Am. Express Co.*, 138 S. Ct. 2274 (2018)；参见注 149—151 及相关上下文。

[93] *Am. Express Co.*, 138 S. Ct. at 2289，citing *Am. Express Co.*, 88 F. Supp. 3d at 156.

[94] Id.

[95] Id.

[96] Id. at 2289–90,citing *Leegin Creative Leather Prods., Inc. v. PSKS, Inc.*, 551 U.S. 877, 890–91(2007). 另参见：注 134—138 及相关上下文。

举证责任分析法，多数意见却表明他们相信整个反垄断指控取决于原告初步证明的案件。一些双边平台的评论者们也犯了相同的错误，指责式地作出了诸如地区法院只考察市场一侧的情况这样的分析。[97] 但显然这并不是地区法院在运通案中的做法，也不是稳妥的思考合理原则举证责任转移框架的方法。原告初步证明的案件考察的是原告是否提交了足够的证据证明存在需要被告进行解释的竞争性伤害。[98] 由于被告是限制性行为的始作俑者，理论上其应明晰自己的行为动机，其处于一个远远更有利的位置来提供有关其行为原理和造成影响的证据。若被告能够证明其行为具有促进竞争效果的合理性，例如可以降低成本或提高产品质量，这些都能够成为其实施限制行为的动机要素。[99] 在任何情况下，地区法院都清楚无误地表明即使以举证责任转移的框架进行分析，其都会考虑市场两侧的情况。[100]

二、平台市场的轮廓

运通案中的多数意见从未解释为何评估平台两侧市场所受影响需要首先抛弃在经济学上具有一致性的将一组可以相互替代的产品或服务视为相关市场的一系列概念。换言之，一个相

---

97 参见，例如：Filistrucchi et al., supra note 67, at 301。
98 参见注 50—51 及相关上下文。
99 参见：7 Areeda & Hovenkamp, supra note 10, at ¶ 1505a; Herbert Hovenkamp, The Rule of Reason, 70 *FLA. L. REV.* 81, 107 (2018)。
100 *United States v. Am. Express Co.*, 88 F. Supp. 3d 143, 171 (E.D.N.Y. 2015), rev'd, 838 F.3d 179 (2d Cir. 2016), aff'd sub nom. *Ohio v. Am. Express Co.*, 138 S. Ct. 2274 (2018)。

关市场是一个"共谋群体"。[101] 仅仅因为完成一项交易需要两种商品就将这两种商品界定为互补商品并认定其处于同一市场，这不仅给相关法学研究带来了混乱，也给市场力量的经济学研究带来了混乱。评估能够互相替代的产品与互相辅助的产品之间的价格关系及其对市场力量之影响的先进技术手段一直存在。[102] 这些技术手段的使用并不需要放弃经济学的智慧。然而，在一些案例中，这些技术手段可能会强化或弱化通过计算市场份额所推导出的市场力量所造成的影响。不幸的是，当事人们很有可能浪费数小时的诉讼资源用于计算他们参与的诉讼案件中的"相关市场"是否应当包括辅助产品与能够相互替代的产品。

正如布雷耶法官在其异议意见中所言，"'双边交易平台'一词并不属于反垄断术语"。[103] 布雷耶法官观察到，真正的要点是，这类平台："（1）提供不同的产品与服务；（2）对象为不同的消费者群体；（3）这些群体经'平台'建立联系；（4）建立联系的场景是即时发生的交易。"[104] 但多数意见并未解释为何这一系列事实会要求法院发展出一套在经济学上并不具有

---

101 参见：Kenneth D. Boyer, Industry Boundaries, in *Economic Analysis & Antitrust Law* 70, 73–74 (Terry Calvani & John Siegfried eds., 2d ed. 1988); Gregory J. Werden, The History of Antitrust Market Delineation, 76 *MARQ. L. REV.* 123, 188–89 (1992)。

102 相关介绍参见：Jonathan B. Baker, Unilateral Competitive Effects Theories in Merger Analysis, 11 *ANTITRUST* 21 (1997)。参见：Jonathan B. Baker & Timothy F. Bresnahan, Empirical Methods of Identifying and Measuring Market Power, 61 *ANTITRUST L.J.* 3 (1992)。更加近期且更具批判性的综合分析，参见：Daniel A. Crane, Market Power Without Market Definition, 90 *NOTRE DAME L. REV.* 31 (2014)。

103 *Ohio v. Am. Express Co.*, 138 S. Ct. 2274, 2298 (2018)（布雷耶法官的异议判决）。

104 同上。

一致性的相关市场概念。

上述异议意见的逻辑推理几乎是一种必然。通过间接手段评估市场力量时，市场的界定及市场份额的计算仅仅是分析的开始。在这一阶段，法院必须考察一系列赋予市场份额数据以意义的事项。[105] 当第二巡回法院认定地区法院不可能在未将市场界定为具有双边性的情况下就认定信用卡行业具有双边性时，选择了对前述论断视而不见。[106] 若需要依据通过市场份额得出的证据，一种好得多的方式即为：首先妥善地对具有相互替代效果的产品进行分组，而后再考虑任何可从市场份额数据推导出的有关市场力量的结论，及可以强化或弱化这些结论的要素。以此观之，被控的相关市场及地区法院所聚焦的相关市场在经济学上是自圆其说的，即：一个以普通的刷卡消费为目的且买家是商户的"网络服务市场"。[107] 但第二巡回法院要求将持卡人加入这一定义中。[108] 然而在上述网络服务市场中，持卡人的交易并不是市场中的竞争者，而只是生产辅助品。[109]

增加一项文字性的要求即平台两侧都应被归入同一市场并没有带来任何实质价值。[110] 由于两侧市场并没有展开竞争，也

---

105 参见：2B Areeda et al., supra note 58, at ¶¶ 532–33。
106 *United States v. Am. Express Co.*, 838 F.3d 179, 196, 200 (2d Cir. 2016), aff'd sub nom.*Ohio v. Am. Express Co.*, 138 S. Ct. 2274 (2018). 最高法院并没有讨论被认定的案情，参见：*Am. Express Co.*, 138 S. Ct. 2274。
107 *United States v. Am. Express Co.*, 88 F. Supp. 3d 143, 171 (E.D.N.Y. 2015), rev'd, 838 F.3d 179 (2d Cir. 2016); aff'd sub nom. *Ohio v. Am. Express Co.*, 138 S. Ct. 2274 (2018).
108 *Am. Express Co.*, 838 F.3d at 197.
109 参见注 132—133 及相关上下文。
110 参见：Carlton, supra note 15。

根本不可能评估两侧进行合谋的可能。一侧市场的存在可以影响另一侧市场施展其市场力量的能力，但相关论证的任何一部分都不须以两侧市场同属特定相关市场为前提。辅助产品的供应量或价格当然可以影响某企业涨价的能力。例如，汽车公司有限的供应与高企的油价足以影响该公司涨价的能力。换言之，当评估企业的市场力量时，互相替代的产品与互相辅助的产品所起的是截然相反的作用：互相替代产品的高价趋于助长市场力量，而互相辅助产品的高价趋于削弱市场力量。[111] 数十年来，经济学家便一直持有该观点[112]，而且是在没有作出将互相替代的产品与互相辅助的产品归入同一市场这种不理智的论断的情况下。

最高法院多数意见显然是希望强迫原告在其初步证明的案件中权衡平台两侧市场的利弊。地区法院似乎已经充分地完成了这一任务，[113] 但其并没有增加两侧市场必须属于同一相关市场这样华丽的词藻。如果地区法院这样做了，究竟其分析结果会有何不同尚不清晰。

第二巡回法院担忧将市场限定为由相互替代之产品所构成会忽视"反馈效应"，即："持卡用户对使用信用卡需求（或信用卡交易）的降低……并伴随着某种程度的与商户之间的摩

111　参见注 68—69 及相关上下文；Werden, supra note 68, at 398。概念上来说，企业的市场力量由其自身的需求价格弹性所决定，需求价格弹性指的是所有其他产品的交叉弹性相对于特定产品价格的加权总和。参见：Kaplow, supra note 58, at 485–86。实践中，直接对企业自身的价格弹性进行评估相较于评估具有潜在竞争关系的多个产品之间的交叉弹性更加简单且更受青睐。Id. at 490.

112　参见：Werden, supra note 68, at 398,citing Joe S.Bain, *Price Theory* 25-26, 50-53 (1952); Fritz Machlup, *The Economics of Sellers Competition* 213-14 (1952)。

113　参见注 99—100 及相关上下文。

擦。"[114] 当然，对于任何销售辅助产品的企业来说，这一结论都适用。例如，一家同时销售牛奶和燕麦圈的杂货店也许会考虑提高牛奶的售价是否会降低顾客对燕麦圈的需求。但这并不会导致一个包括牛奶和燕麦圈的单一市场的出现，虽然这可能会要求事实认定者去考虑对于燕麦圈需求的减少会对价格上涨的牛奶的盈利能力产生怎样的影响。而这在本质上，是一个需求弹性问题，而不是界定市场的问题，这也进一步表明了在一个纵向限制案件中法庭执迷于传统的市场界定是多么的不可理喻。在极端情况下，牛奶价格的上涨对于燕麦圈最严重的影响是使得其成为不可持续售卖的产品。在任何情况下，"反馈"平衡取决于所有市场中的情况，包括运行于平台两侧的产品价格。一项允许转介规则的司法命令将使得该平衡错位。总的来说，平台两侧的市场越充满竞争，这一平衡的盈利能力就越差。在任何情况下，运通公司所丧失的交易都会被另一家价格更低的服务网络所消化，进而影响后者的反馈效应。

确实，地区法院也使用了这一有关反馈效应的论点来进行反驳，其分析也更具说服力。其认定禁止转介规则的影响是通过威慑消费者放弃使用其他信用卡并以此提高运通公司对商家的收费来创造一种对运通卡的"派生需求"。[115] 这一观点更具说服力，因为其考虑了边际——而不是平均——行为。之所以这会更具说服力，也是因为每一位因为转介而选择放弃使用运

---

114 *United States v. Am. Express Co.*, 838 F.3d 179, 200 (2d Cir. 2016), aff'd sub nom. *United States v. Am. Express Co.*, 138 S. Ct. 2274 (2018).

115 *United States v. Am. Express Co.*, 88 F. Supp. 3d 143, 188 (E.D.N.Y. 2015), rev'd, 838 F.3d 179 (2d Cir. 2016), aff'd sub nom.*Ohio v. Am. Express Co.*, 138 S. Ct. 2274 (2018).

通卡的消费者实际上经历了一次价值损失，就像每一家被强迫使用运通卡进行交易的商户一样。[116] 两侧市场的顾客都没有受益，而是蒙受损失。利润尽数被网络运营商攫取，而非商户或持卡人。唯一剩下的问题即为对于网络运营商来说，禁止转介规则是否为其提供了能够生存的最基本的市场体量。假设这是一个可行的抗辩，任何人都不需要一个专门的有关平台的理论去回应这个抗辩。

排他交易案件中也会出现类似情况，即生产设备的存续有时成为涉案行为的辩护理由。例如，假设优步对其合作司机提出排他交易[117]要求，禁止他们为竞争对手公司提供出行服务。只要优步有能力如此行事，这就能阻止司机将其服务出售给优步的竞争对手（来福车公司或传统出租车公司）。一个标准的抗辩，正如运通案中的那样，即：排他交易对于增加市场体量以使得优步平台可持续经营来说是必要的。这是一个可被测试的案情。然而，在任何与排他交易相关的主张中，都能够以此作为抗辩，无论相应交易是否涉及交易型网络或其他任何网络。例如，在麦克韦恩案这样一个更加传统的排他交易案件中，被告主张对于其所拥有的数家工厂中的一家来说，排他交易对于该工厂维持最低的可经营规模来说是必要的。[118] 第十一巡回法院认定涉案麦克韦恩公司并未证明其必须通过排他交易来提高销量。[119] 鉴于其极高的边际利润，它应该直接降价。[120]

116　参见下文注 180—191 及相关上下文。
117　更具体的来说，这是一个有关产出的合同，该类合同的独家交易义务施加于卖家而非买家。参见：11 Herbert Hovenkamp, *Antitrust Law* ¶ 1803 (4th ed. 2018).
118　*McWane, Inc. v. FTC*, 783 F.3d 814, 841 (11th Cir. 2015).
119　同上。
120　同上。

相同的原理，运通案中的证据对于判断禁止转介规则是否能够保护运通公司的运营规模处于一个使其平台可以存续的水平来说至关重要。此处，相关记录是很清晰的。运通提供的是高成本的信用卡且持续依仗禁止转介规则提高其对商户的收费。[121] 但所有这些都不取决于运通是一个在交易平台上运营的公司。即使假设运通不得不提高其信用卡的使用量以使得其平台可存续——这是一个从未被证实的事实——其依然可通过降价达成此目标。此外，最高法院的判决也只字未提运通公司的存续取决于哪些条件。正如地区法院所观察及布雷耶法官所言，审理期间，运通公司"并未提交任何专家证言、财务分析或其他直接证据证明在不实施其歧视性条款的情况下，其在事实上，将无法使其业务适应竞争更激烈的市场"。[122] 最后，经营存续问题也非网络市场所独有，而是一个简单且老式的规模或范围经济问题。

被恰当适用的反垄断法已经要求在包括搭售辅助性产品在内的纵向品牌间限制案件中对平台两侧市场进行分析，但这类法律适用并不需要以经济学上无法保持一致性的分析方式进行，例如将市场两侧的产品归入同一相关市场。[123] 有关搭售与排他交易的法律都会通过评估一级市场中的市场力量与二级市场中的封锁行为来评估相应行为对竞争造成的影响。通常来说，如

---

121 参见：*Ohio v. Am. Express Co.*, 138 S. Ct. 2274, 2293 (2018)（布雷耶法官的异议意见，注意到"运通公司在二十种不同的场合提高了其对商户的收费"）。

122 *Am. Express Co.*, 138 S. Ct. at 2304（布雷耶法官的异议意见），quoting *United States v. Am. Express Co.*, 88 F. Supp. 3d 143, 231 (E.D.N.Y. 2015), rev'd, 838 F.3d 179 (2d Cir. 2016), aff'd sub nom.*Ohio v. Am. Express Co.*, 138 S. Ct. 2274 (2018).

123 比较：*Am. Express Co.*, 88 F. Supp. 3d at 171（明确将对另一侧市场产生的效果纳入考察范畴）。

运通案一样，两种产品是相互辅助的关系。首要例外是与搭售相关的法律中不合时宜但却一直顽强存在的本身违法规则，其允许在不认定封锁行为的情况下推定存在反竞争的搭售行为。[124]

举例来说，在杰斐逊教区诉海德医院案中，在认定被告医院收治的外科病人只占相关市场的 30% 后，最高法院依据合理原则驳回了对医院服务—麻醉服务捆绑销售行为所提出的指控。[125] 重要的是，法院并未界定存在一个包括麻醉师与外科病人在内的独立市场。并且需要注意的是，医院是一个双边平台，一侧是医疗服务供应商，一侧是病人。

在诸如杰斐逊教区案这样的纵向品牌间封锁案件中证明存在反竞争伤害，要求证明在一级市场存在某种程度的市场力量及最小限度的封锁行为、排除竞争对手或在辅助产品市场涨价。[126] 例如，在著名的与排他交易相关的坦帕电气有限公司诉纳什维尔煤炭有限公司案中，相关公用事业单位在其所服务的电力供应市场中具有支配地位，且其消耗了佛罗里达州和佐治亚州 18% 的煤炭用量。[127] 根据现行的排他交易标准，这一百分比足以认定相关行为的违法性。[128] 然而最高法院驳回了该起诉，因为该公司在这两个州的煤炭采购量"不及市场上该公司可采

---

124 参见：9 Phillip E. Areeda & Herbert Hovenkamp, *Antitrust Law* ¶ 1720 (4th ed. 2018)。

125 *Jefferson Par. Hosp. Dist. No. 2 v. Hyde*, 466 U.S. 2, 7, 26–27 (1984)（注意到被告缺乏市场力量因为该区域 70% 的外科手术病人会去其他医院就诊）。

126 以评估纵向封锁行为为目标界定市场，参见：2B Areeda et al., supra note 58, at ¶ 570。

127 *Tampa Electric Co. v. Nashville Coal Co.*, 365 U.S. 320, 331 (1961).

128 参见：*Standard Oil Co. of Cal. v. United States*, 337 U.S. 293, 295, 305 (1949)（认定涉及占零售石油总产量 6.7% 的排他交易合同违法）。

购煤炭总量的1%"。[129] 最高法院在该案中并没有尝试界定存在一个煤炭与电力供应的单独市场。诚然，若如此行事将会彻底瓦解相关分析。仅仅只考察坦帕电气公司提供电力服务的一侧市场将会严重夸大竞争造成的伤害。在坦帕电气公司案中，法院通过将上游市场与下游市场同时限制为由互相替代的产品构成进而才评估竞争所造成的损害从而得出了正确的结论。正如布雷耶法官在运通案中所质疑的那样，"与商户相关的服务和与购物者相关的服务之间的经济关系为何就能够合理化多数意见对于市场的新奇界定？"[130] 从经济学的角度来说，评估纵向品牌间限制案件中的市场与对平台进行分析，并无二致。[131]

三、使用辅助品与生产辅助品

有关辅助品的问题，运通案多数意见认为相关交易的两侧并不具有互相辅助的关系，因为它们并未被同一买家所购买。[132] 反对意见则认为它们具有相互辅助的关系，且将相互辅助的商品与相互替代的商品归于同一市场"不具有任何经济意义"。[133] 双方观点都未明确提及的是两侧市场显然具有互相辅助的关系，但它们是生产辅助品而非使用辅助品。但运通案判决的多数意见却认为它们是使用辅助品，就像烤面包片与果酱的关系，或园丁与菠菜种子的关系。生产辅助品指的是一同被生产的商品

---

129 *Tampa Electric*, 365 U.S. at 331.
130 *Ohio v. Am. Express Co.*, 138 S. Ct. 2274, 2299 (2018)（布雷耶法官的异议意见）.
131 关于这一点，参见：Carlton & Winter, supra note 17。
132 *Am. Express Co.*, 138 S. Ct. at 2286 n.8（"主张两者并非'由同一买家购买的'互补商品"）,quoting Filistrucchi et al., supra note 67, at 297.
133 Id. at 2295-96（布雷耶法官的异议意见）,quoting 2B Areeda et al., supra note 58, at ¶ 565a, at 431.

或服务，例如牛肉与牛皮，石油与天然气，木材与木屑，语音留言服务与信息服务。多数意见认为，每一笔持卡人的消费都一定会被一笔费用相同的商户交易所抵消。[134] 生产辅助品的运营模式与使用辅助品相似。例如，对于石油的强力需求导致更高的油价。然而，石油产量的增加必然带动天然气产量的增加，因为天然气是石油生产的副产品。如果对天然气的需求保持不变，它的价格将会下降，正如石油价格上涨一样。

四、搭便车问题

运通案判决的多数意见并未明晰搭便车行为的存在与本质。其认为其他信用卡公司搭了运通公司"对其信用卡福利优惠所进行投资的"便车，将禁止转介规则与使用转售价格维持规则以免受搭便车侵扰相提并论。[135] 但正如反对意见恰当指出的，运通公司提供的使用信用卡的优惠与特定交易紧密相关，而不仅仅与拥有信用卡这一事实相关。[136] 若持卡人仅仅因为拥有运通卡就能够获得优惠福利，当然，搭便车很有可能会成为问题。消费者为了获得优惠福利而申请获得运通卡但却使用其他成本更低的信用卡完成实际交易。多数意见对此关注甚少，但地区法院对此却心知肚明[137]，这似乎无可争议。相应政策也清晰显

---

134 Id. at 2286.
135 Id. at 2289–90, citing *Leegin Creative Leather Prods., Inc. v. PSKS, Inc.*, 551 U.S. 877, 890–91 (2007).
136 Id. at 2304（布雷耶法官的异议判决）.
137 *United States v.Am.Express Co.*, 88 F.Supp.3d 143,237(E.D.N.Y.2015), rev'd, 838 F.3d 179 (2d Cir, 2016), aff'd sub nom.*Ohio v.Am.Express Co.*,138 S. Ct. 2274 (2018). "很显然，……与信用卡使用相关的投资行为（如会员奖励积分的赚取、购买保护服务与类似福利）并不会成为搭便车行为的对象，因为持卡人成功放弃使用其美国运通卡并转而使用其他公司信用卡的行为所带来的网络效应并不会招致任何成本。"

示在运通卡的官网上。[138]

以搭便车理论解释转售价格限制或其他经销商限制措施时，一个值得重点考虑的因素是，制造商无法将服务本身的附加值与产品的价格区分开来。例如，无法因为销售人员受到良好训练就额外据此向消费者收费，但相应成本肯定被包含在基本商品的售价中。这使得消费者可以区分获得两种产品——从训练有素的经销商处获得有关产品的详细信息，然后再从价格优惠的经销商处购买商品。[139] 然后，若发卡人直接将福利优惠与持卡购买产品绑定，那么，按照法官弗兰克·伊斯特布鲁克的话来说——"无便车可搭"。[140]

只能说判决多数意见将搭便车理论附属于其对消费者行为的看法是一种在经济学上奇葩的观点，且显然与我们通常的假设——消费者会合理最大化其自身利益——相矛盾。多数意见认为禁止转介规则是一种提升使用运通卡"宾至如归"体验的手段。[141] 而本案中"宾至如归"显然指的是买家必须被阻止获得甚至是知悉价格更低的替代性方案。运通公司在其诉讼摘要中孤注

---

[138] 参见：Extended Warranty Description of Coverage, AM. EXPRESS, https://www.americanexpress.com/content/dam/amex/us/credit-cards/features-benefits/policies/pdf/EW%20Benefit%20Guide_Tier%201%20Rev%2007-18.pdf [https://perma.cc/8TEZ-HNNL]（描述了运通白金卡提供的产品延保服务，前提是相关产品使用该卡进行购买）。

[139] 参见：Lester G. Telser, Why Should Manufacturers Want Fair Trade?, 3 *J.L. & ECON.* 86, 91–92 (1960); 8 Phillip E. Areeda & Herbert Hovenkamp, *Antitrust Law* ¶ 1613 (4th ed. 2017)。

[140] *Chi. Prof'l Sports Ltd. P'ship v. NBA*, 961 F.2d 667, 675 (7th Cir. 1992). "当存在支付可能时，搭便车不是问题，因为无'便车'可搭。"

[141] *Am. Express Co.*, 138 S. Ct. at 2289.

一掷的主张，却被法庭多数意见悉数采纳。[142] 第二巡回法院认定"宾至如归"是有效抗辩，因为转介行为对运通公司造成的销售损失将会对平台两侧市场产生不利影响。[143] 不可否认，消费者对于某产品"宾至如归"体验的降低当然会损害该公司在相关辅助产品上的收益。例如，在一级市场认定卡特尔实施的联合抵制某降价者的行为违法将会对辅助产品的销售产生不利影响；或，杂货店牛奶销量的降低也可能损害杂货店燕麦圈的销量。相比之下，地区法院采取了在经济学上合理得多的方式分析相应情况，即："允许商户积极地参与消费者进行相关交易的决定将会消除人为的将商家的需求与网络服务的价格区隔开来的障碍。"[144]

用最合理的论断来解释这个观点，可以说运通公司对一个依赖于向商户收取较高费用的商业模式进行了投资。当商户向消费者提供了一个使用不同且价格更低的信用卡的选项，这一邀约破坏了运通公司的商业模式。事实上，当然，这是真的。任何时候若某商户告诉某买家，存在一个比该买家最初的选择更好的选择，这当然破坏了第一个选择给买家的"宾至如归"的感受。其实，任何竞争行为都会有此效果。这不禁引人深思，

---

142 参见：Brief for Respondents Am. Express Co. & Am. Express Travel Related Servs. Co., Inc. at 9, *Am. Express Co.*, 138 S. Ct. 2274 (No. 16-1454)。

143 参见：*United States v. Am. Express Co.*, 838 F.3d 179, 191 (2d Cir. 2016), aff'd sub nom.*Ohio v. Am. Express Co.*, 138 S. Ct. 2274。"虽然各行各业的商户们通常会通过策略性的产品植入、折扣或其他交易来'转介'消费者以改变其购物决定；但信用卡行业的转介行为若干扰了服务网络平台两侧竞价的能力，则会造成损害。"

144 *United States v. Am. Express Co.*, 88 F. Supp. 3d 143, 220–21 (E.D.N.Y. 2015), rev'd, 838 F.3d 179 (2d Cir. 2016, aff'd sub nom.*Ohio v. Am. Express Co.*, 138 S. Ct. 2274 (2018).

如今获得运通案多数意见支持的结论,是否可被认为在为限价行为进行辩护。毕竟,允许卡特尔的竞争对手提供一个比卡特尔还要低的价格显然会破坏卡特尔产品"宾至如归"的感受。[145]

此外,多数意见忽视了案情事实所表明的搭便车现象。禁止转介条款使得运通卡的持卡人对于使用哪张卡毫不关心,因为所有增加的成本都由商户承担。商户吸收这些额外的成本成为了分内之事,但其会用更高的价格来弥补损失,正如地区法院所认定的那样。[146]实际上,所有买家,无论他们使用的是运通卡或其他信用卡,都被迫补贴了被运通收取更高费用的商户。这才是真正的搭便车。

第二巡回法院并未对这些被认定的事实表示异议,但其认定运通卡向其持卡人提供的优惠福利所具有的高价值合理化了运通公司的高收费,尤其对于那些运通卡的持卡人坚持要使用运通卡来进行交易的商户来说。[147]第二巡回法院显然并未发现这一认定是对运通公司市场力量的屈服,即:运通公司拥有强迫商家在整个市场内提高产品价格以补贴其向持卡消费的用户提供优惠福利的能力。没有市场力量的公司不可能在整个市场范围内迫使价格上涨,并以一种优惠其用户但伤害其他人的方式为之。最高法院却没有讨论第二巡回法院关于此事项的认定。

五、对于卷宗的使用

合理原则至关重要的特征即为其对卷宗的开发和分析。合

---

145 Hovenkamp, supra note 15, at 31.
146 参见注 154 及相关上下文。
147 *Am. Express Co.*, 838 F.3d at 202.

理原则的适用需要对案情进行细致的分析，因为限制行为并不像本身违法原则所针对的行为那样可以被一刀切地处理。[148] 布鲁克集团有限公司诉布朗威廉姆森烟草公司案涉及掠夺性定价，便是一个最佳例证，该案中最高法院仔细审核了案情，在判决中近二十次援引卷宗并最终同意了地区法院有关原告败诉的判决。[149]

相比之下，最高法院在运通案中的判决只援引了一次卷宗，且涉及的是与被控限制竞争行为无关的部分，且根本没有对援引部分进行分析。[150] 而第二巡回法院数次讨论了案情，讨论主要集中在地区法院作出的相关市场必须被限制在可合理替代的商品之间这一结论。第二巡回法院也认定对于商户的损害必须被持卡人所获得的优惠福利所抵消，而只有将两个群体归于同一市场才能达到此分析目的。[151] 其并未认定对于受到禁止转介规则影响的持卡人，禁止转介规则带来的收益必然低于商户被收取的更高费用。[152] 最高法院也没有讨论这些被认定的案情。对于地区法院所认定的更高的零售价格，第二巡回法院认为该认定错误，因为其"疏于考虑持卡人以优惠福利和其他服务形式所被补偿的收益"。[153] 这等同于认定运通公司有资格以提升持卡人福利为目的，提高其向商户收取的一揽子费用。[154]

---

148 7 Areeda & Hovenkamp, supra note 10, at ¶¶ 1507–08.
149 *Brooke Grp., Ltd. v. Brown & Williamson Tobacco Corp.*, 509 U.S. 209 (1993).
150 *Ohio v. Am. Express Co.*, 138 S. Ct. 2274, 2282 (2018)（援引了案件记录中的观点，即：运通公司向低收入个人提供了若干银行与支付服务）.
151 *Am. Express Co.*, 838 F.3d at 205.
152 参见注 188—192 及相关上下文。
153 *Am. Express Co.*, 838 F.3d at 204 n.52.
154 对于搭便车问题，参见注 94—96，注 134—145 及相关上下文。

虽然最高法院的多数意见并未对地区法院翔实的事实认定表示异议或否定，其也根本没有使用这些被认定的事实——异议判决注意到了这一点。[155] 不得不说，最高法院得出其判决结论的唯一方式就是忽略前述案情。虽然多数意见援引了大量有关平台模式的经济学学术讨论文献，最高法院对这些文献的使用也仅局限于为若干概念提供定义。实际上，最高法院从未分析涉案特定交易以及禁止转介规则如何影响消费者的行为与福利。

相比之下，异议判决总结了地区法院的结论：依据禁止转介规则，以五年为一个周期，在此期间，运通公司有能力至少提高其向商户的收费大约 20 次，尤其在运通根本不需要担忧商户会转介消费者使用成本更低的信用卡的情况。[156] 其认定在不存在禁止转介规则的情况下，商户被收取的费用"极有可能下降"。[157] 其还认定禁止转介规则成功阻止了作为运通公司竞争对手的 Discover 公司通过向商户收取更低的费用来招揽商户的企图。[158]

地区法院还认定对于许多商户来说，接受信用卡消费所付出的成本"是许多商家中最高的"，这使得商户"拥有很强的经济动力去采取措施削减"成本。[159] 法院认定："原告还能够证明位于通用目的信用卡服务（GPCC）平台另一侧的、遭受被告行

---

155 *Am. Express Co.*, 138 S. Ct. at 2293（布雷耶法官的异议判决）.
156 Id.
157 Id.
158 Id. at 2293-94. 关于使用纵向最惠条款或类似商业实践阻止他人进入市场，参见：Carlton, supra note 15。
159 *United States v. Am. Express Co.*, 88 F. Supp. 3d 143, 221 (E.D.N.Y. 2015), rev'd, 838 F.3d 179 (2d Cir. 2016), aff'd sub nom. *Ohio v. Am. Express Co.*, 138 S. Ct. 2274 (2018).

为损害的商户所服务的顾客也受到了损害，因为商户被运通公司收取的额外费用以更高的零售价格这一形式被传递给了所有消费者——包括运通卡持卡人和不使用信用卡的消费者。"[160]

《谢尔曼法》所规定的贸易限制行为的标准所针对的核心目标是产出限制行为与其导致的价格上涨。[161]地区法院对于特定案情的认定便正中靶心。对于产出相关问题，卷宗记录了所有法庭应当知悉的案情。禁止转介规则使得交易以更高的成本进行，这使得平台两侧受影响的持卡人和商户都遭受了损失。此外，这还导致各类受影响商品价格上涨，即使是那些不需使用运通卡购买的商品。

正如布雷耶法官对该证据的形容，其显示了"市场经济中的消费者们最终还是支付了更高的零售价格"。[162]地区法院也观察到运通公司对这些案情进行了"激烈的争辩"但最终以有利于政府的方式解决了它们。[163]最高法院并未推翻该结论。地区法院还认定："当运通公司提高其向商户收取的网络服务的价格时（并不是以更高的零售价格这种形式，该形式的代价由所有消费者承担），消费者从来没有看见也没有支付额外的成本；因此，不能期待消费者在一开始就会选择实施替代行为。"[164]

160　Id. at 208.

161　参见：Herbert Hovenkamp, Is Antitrust's Consumer Welfare Principle Imperiled?, 44 *J. CORP. L.* (forthcoming 2019) (manuscript at 3), https://papers.ssrn.com/sol3/papers.cfm?abstract_id=3197329 [https://perma.cc/EG3A-6N3C]。

162　*Am. Express Co.*, 138 S. Ct. at 2294（布雷耶法官的异议判决）。

163　*Am. Express Co.*, 88 F. Supp. 3d at 222.

164　*Am. Express Co.* 88 F. Supp. 3d at 177. 地区法院认定："从长期来看，法院期待商户以降低零售价格的形式，将因接受顾客使用信用卡而支付给信用卡公司的费率的降低所节约的开支传递一些给消费者。" Id. at 221.

六、对经济分析的疏忽

多数意见忽视的另一个要点即为其并未分析禁止转介规则如何影响市场主体。最高法院显然认为由于平台两侧的市场达到了一种平衡，这意味着一侧市场付出的"成本"被另一侧市场的"收益"所弥补。[165] 这一假设，经常在法院纵览网络市场全局时出现，推动了最高法院大部分的分析论证。因此，在最高法院看来，比较平台两侧的负担与收益成为其判定初步证明案件的重点。[166]

一些涉及双边平台的案件确实与平台两侧的利弊相抵有关。当唯一的问题是收入的来源与数量时，尤其如此。一个范例即为华莱士诉IBM案。[167] IBM在其一条计算机产品线上使用了一套开源程序作为操作系统。[168] 作为开源许可义务的一部分，相关程序必须被免费提供。[169] 这可以算是商业惯例。例如，各类智能手机并未就其安装谷歌安卓操作系统收取费用。当然，

---

165 *Am. Express Co.*, 138 S. Ct. at 2288. 第二巡回法院作出了相同假设，参见：*United States v. Am. Express Co.*, 838 F.3d 179, 203 (2d Cir. 2016), aff'd sub nom. *Ohio v. Am. Express Co.*, 138 S. Ct. 2274 (2018)。和最高法院一样，其并未考察单独的交易而是对平台一侧或另一侧所汇聚的增量价值进行了普遍性的观察。

166 参见：*Am. Express Co.*, 138 S. Ct. at 2288。"运通公司对于商户的高收费是建立在持卡人对于商户贡献了多少附加价值的细致研究之上的。在市场的另一侧，运通公司通过向商户收取的高额费用来对消费者进行强力的优惠项目补贴，这对于维持持卡人忠诚度并鼓励持卡人进行消费是必要的，而正是这些要素使得运通对商户具有价值。运通公司以不同于Visa信用卡和万事达信用卡的方式在商户和持卡人之间分配价格并不能作为证据证明其使用其市场力量达到反竞争的目的。"（引用被省略）

167 *Wallace v. IBM Corp.*, 467 F.3d 1104 (7th Cir. 2006).
168 Id. at 1107.
169 Id. at 1105.

IBM 公司的业务并不是免费赠送软件，而是销售电脑，而软件是作为电脑的辅助商品被分销的。丹尼尔·华莱士开发了另一套与之竞争的操作系统，其希望将之出售给 IBM 电脑的用户，[170] 但与售价零元的产品进行竞争是非常困难的。华莱士指控 IBM 实施了掠夺性定价。[171] 伊斯特布鲁克法官驳回了起诉，认定相关案情并不属于掠夺性定价的范畴，因其以获得民事损害赔偿的可能性为构成要件。[172] 任何情况下都不能在不考察所有利润来源的情况下去评估诸如掠夺性定价这样的指控。电脑加操作系统的产品售价从未被指控低于成本，所以法庭驳回了掠夺性定价的指控。

另一案例是迈耶诉科尼克案，原告指控优步公司通过在司机间设定一个共同价格来达到限价的目的。[173] 限价行为是反竞争行为因该减少产出的行为会导致更高的消费者价格。但为了判定该行为对双边平台市场产出的影响，还必须考察一侧市场的影响在另一侧市场所产生的连带影响，正如华莱士案一样。为了达到该目的，并不需要做出诸如为司机与乘客界定一个单一市场这样不理智的事情。尽管如此，为了判定相关行为对市场产出的影响，还是必须检视优步定价背后的经济学原理。作为平台的运营者，优步需要找到使得司机与乘客数量最优化的平衡点。将收费设定过高会损失乘客，将收费设定过低则会损

170　Id. at 1106.
171　Id.
172　Id. at 1106, 1108.
173　*Meyer v. Kalanick*, 174 F. Supp. 3d 817, 819–20 (S.D.N.Y. 2016). 在集体诉讼的背景下讨论了反垄断事项。

失司机。[174]

这一过程并不必然意味着优步的行为是合法的，虽然这确实意味着其行为不应依照评估普通限价行为的本身违法原则来检视。事实上，该限价行为被一精心设计组织架构的合资企业所实施这一事实，足以使该行为触发合理原则的扳机。[175] 据此，优步的行为或依然违法。例如，优步也许被地方性的、在某些区域具有市场力量的司机卡特尔所控制。他们设定的价格过高而无法实现整体利润最大化，但他们却通过合谋使得相关司机的利润最大化。[176] 这一指控挑战了优步"高峰流量"的定价模式，即优步在出行需求相对于司机供给而言较大的交通繁忙时段涨价。[177] 但这正是我们能够设想的高效双边平台为了维持两侧市场的均衡而运行的模式。当对于司机的需求提高时，为了平衡对于司机供给的需求，收费的提高是必要的。证明反垄断损害的存在还需要额外的证据，例如司机操控价格的证据或在某地区限制其他司机提供服务的证据。总而言之，这种情况下反竞

---

174 参见注 20—21 及相关上下文。

175 比较：*NCAA v. Bd. of Regents of Univ. of Okla.*, 468 U.S. 85, 101–03 (1984)（表明若限制行为对于商品的供给来说是至关重要的，那么合理原则必须被适用）；*Broad. Music, Inc. v. CBS, Inc.*, 441 U.S. 1, 22–25 (1979)（驳回了认定限价行为构成本身违法的主张，并对双边平台发生的被最高法院描述为限价的行为适用了合理原则进行分析）。

176 参见：First Amended Complaint at ¶ 4, *Meyer*, 174 F. Supp. 3d 817 (No. 1:15-CV-9796), 2016 WL 950376（指控优步的首席执行官与司机合谋提升乘客的出行费用）；¶ 47[注意到"费率基于优步开发的算法进行计算"，当对出行的需求相较于司机的供给增加时将会涨价（高峰费）]。相似的高峰负荷收费在电力中间销售领域也很常见，交易也发生在双边平台两侧的发电站和用户之间。参见：Rafal Weron, *Modeling and Forecasting Electricity Loads and Prices: A Statistical Approach* 4–5(2006)。

177 参见：First Amended Complaint, supra note 176, at ¶¶ 2, 4, 47。

争的损害很难被证明，但也不能直截了当推定损害不存在。

无论某公司是否运营平台，评估其利润需要检视其所有相关利润来源。举一个不以平台模式运营的企业的例子：可口可乐向各类雇主免费提供自动售货机，只要他们同意只在其中存储可口可乐的产品。[178] 但这并不必然意味着可口可乐在自动售货机市场实施了掠夺性定价行为。为了评估该企业的盈利能力，必须同时检视可口可乐公司从自动售货机与其产品处获得的利润。值得注意的是，回答上述问题并不需要界定存在一个可口可乐产品及相应自动售货机的相关市场。

然而，在运通案中，相关收费并不是掠夺性定价或限价行为，而更像独家交易或最惠待遇条款这样的排他商业行为。[179] 最高法院不仅对案情的关注少之又少，其也从未对交易进行分析以判定平台两侧市场所受损失与所获收益是否达到平衡。正如罗纳德·科斯所言，当我们想要理解某商业行为时，最好的方法莫过于研究每一笔交易发生背后的动机——虽然可能是很小的交易——并考察它们如何对整体产生影响。[180] 然而第二巡回法院和最高法院均未如此行事。

七、边际损害与边际收益

竞争总是存在于边际区间。这要求企业对它们的业务模式进

---

178 Coke Vending Machine, VENDINGSOLUTIONS, http://www.vendingsolutions.com/coke-vending-machines [https://perma.cc/MVR6-4EJP]; 参见：Erik Hovenkamp & Herbert Hovenkamp, Tying Arrangements and Antitrust Harm, 52 *ARIZ. L. REV.* 925, 942, 943 n.78 (2010)。
179 对于将禁止转介规则视为最惠条款，参见：Carlton, supra note 15; Carlton & Winter, supra note 17, at 215–16。
180 参见：R. H. Coase, The Nature of the Firm, 4 *ECONOMICA* 386, 397–98 (1937)。

行渐进调整，不断跟踪调整其业务模式以回应它们的成功或失败。这些改变可能具有反竞争的效果，也可能没有，这部分取决于实施相应行为的公司或组织的总体结构。只要被制定的规则或被作出的决定可能损害竞争，合理原则就是为了管控这一过程而存在的。例如，在运通案中，美国政府并未试图瓦解运通公司的整个商业模式，只是要求禁止其实施禁止转介规则。这样的案件需要评估禁止转介规则本身的边际成本与边际收益。一个存在于最高法院多数意见中的普遍错误即为，其并未区分禁止转介规则的边际效应与被告运通公司的商业模式所产生的总体影响。最高法院只是简单地假设平台一侧市场受到的损害被另一侧市场获得的收益所弥补，除此之外，其只谈到了与作为被告的运通公司的商业模式有关的证据。然而卷宗清楚地表明，在边际区间每位受到禁止转介规则影响的商户都遭受了损失，每一位运通卡的持卡人也是如此。该规则对竞争造成的损害显而易见。

不能通过考量被告商业行为的总体成本是否超过其收益来评估该被告实施的某特定限制行为对竞争造成的影响。例如，在 NCAA 诉俄克拉荷马大学董事会案中，争议与 NCAA 作为协会的存在或合法性无关；而与其对电视转播比赛的限制所造成的影响有关。[181] 该案的争议是该对转播比赛数量的限制行为对竞争所造成的渐进式伤害，是否可被该限制所带来的渐进式补偿收益所合理化。[182] 同理，运通案的争议并不是运通公司因其向持卡人提供的大量优惠福利而向商户收取更高的费用这一基

181　NCAA v. Bd. of Regents of Univ. of Okla., 468 U.S. 85, 88 (1984); 参见：7 Areeda & Hovenkamp, supra note 10, at ¶¶ 1502–03, 1511。
182　Id. at 94.

本商业模式是否产生了整体收益，而是禁止转介规则造成的渐进式伤害对于竞争的影响是否是弊大于利的。这就需要就特定规则对竞争造成的影响进行评估。

第二巡回法院因持有"由于非歧视条款[183]对与持卡人及商户相关的竞争造成了影响，原告首先负有义务证明该非歧视条款使得平台两侧所有运通公司的顾客，即商户与持卡人都处于更糟糕的处境"这一主张，其也混淆了总效应与边际效应之间的区别。[184]

但这并不是关键。因为许多限制行为根本不会影响诸多消费者。例如，NCAA 案中对于转播比赛的限制规定并未影响那些收看比赛的观众。[185] 相似地，限制转售价格的规则也只会影响那些原本打算以更低价格进行销售的商户。[186] 标准设置规则与联合抵制规则影响的只是有可能违反某标准的生产商。[187] 这样的例子还可继续列举下去。但当政府只是在寻求对相关规则发出禁令而不是要求彻底瓦解被告的商业模式时，必须明确需要被检视的只能是相应规则。运通案中，真正受到禁止转介规则影响的是那些如果没有该规则将会使用其他成本更低信用卡的消费者。这暗示了，这些消费者认为运通公司提供的刷卡优惠福利的价值低于商户为了接受运通卡而对相应产品提高的价格。

---

183 第二巡回法院使用了"非歧视条款"（NDPs）一词来形容运通公司禁止商户（1）向顾客提供任何折扣或金钱激励以使得他们使用对商户而言成本更低的信用卡；（2）明示对任何信用卡的偏好；或（3）披露商户接受不同信用卡消费所支付费率的差异。*United States v. Am. Express Co.*, 838 F.3d 179, 184 (2d Cir. 2016), aff'd sub nom. *Ohio v. Am. Express Co.*, 138 S. Ct. 2274 (2018).

184 Id. at 205.

185 *NCAA*, 468 U.S. 85.

186 参见：8 Areeda & Hovenkamp, supra note 139, at ¶¶ 1624d, 1625, 1627。

187 参见：13 Herbert Hovenkamp, *Antitrust law* ¶ 2231 (3d ed. 2012)。

考虑下述可被轻易推而广之的例子。[188] 对于某类交易，运通公司向商户收取的费用比竞争对手高 50%。假设某特定交易中，商户被运通公司收取了 30 美元费用，而 Visa 卡发卡公司只会向商户收取 20 美元。这 10 美元的差价创造了议价空间——按照科斯的话来说，是一种"剩余"[189]——以使得商户和持卡人可以协商以达成双赢的交易。假设此时商户向持卡人提供额外 6 美元的折扣，只要其使用 Visa 卡完成交易，这为消费者在该笔交易中节约了 6 美元，也为商户节约了 4 美元。若消费者认为运通卡的刷卡福利优惠的价值不及 6 美元，消费者就会同意商户的转介提议。

然而，禁止转介条款阻止了该交易的发生。这使得消费者不得不使用运通卡并额外损失了 6 美元。而商户也损失了 4 美元。这种情况绝非平台一侧市场获得了价值而另一侧市场失去了价值，实际上，两侧市场都失去了价值。而在边际区间，平台的持卡人侧与商户侧都成为了输家。此外，与运通卡竞争的 Visa 信用卡，也遭受了损失，因为其失去了提供成本更低的替代交易的机会。唯一获利的实体只有运通公司——该平台的所有人，而非依托平台进行交易的两方中的任何一方。由于那些原本会使用其他信用卡的持卡人并不看重运通卡提供的优惠福利，这意味着相应交易的边际成本还是特别高的，运通公司因此而获利。那些最有可能使用其他信用卡的运通卡持卡人是那些能够从使用其他信用卡中获利最多的人。

正如地区法院观察到的，其他运通卡的持卡人将会拒绝商

188　此处的分析基于：Hovenkamp, supra note 15, at 27。
189　参见：Robert Cooter, The Cost of Coase, 11 *J. LEGAL STUD.* 1, 4 (1982)（讨论了科斯的作品《社会成本问题》，载《法律与经济学杂志》1960 年第 3 卷）。

户提出的使用其他信用卡的建议，因为对于他们来说，使用运通卡所获得的福利优惠和商户被运通收取的额外费用价值是一样的，或至少与商家建议他们使用其他信用卡所节省的那一部分资金的价值是一样的。[190] 因为禁止转介规则而不得不做出改变的持卡人因为该规则的存在而处于更糟糕的境地，这使得平台两侧都遭受了价值损失。[191] 这也就是为何即使相关市场如多数意见所界定的那样[192] 被不合理地认定为包括平台两侧，对竞争造成的损害依然是显而易见的：在边际区间，持卡人、商户与竞争平台全都因减损产出的限制行为而受到了损害。

运通案中，禁止转介规则究竟使谁受益？肯定不是平台两侧的交易者，只有运通公司自己，因为这家公司能够以超出持卡人所认为的使用该卡的价值的利润率来确保这笔交易的发生。运通公司显然受益良多，因每笔交易都提升了其公司价值，但

---

190 *United States v. Am. Express Co.*, 88 F. Supp. 3d 143, 220 (E.D.N.Y. 2015), rev'd, 838 F.3d 179 (2d Cir. 2016), aff'd sub nom.*Ohio v. Am. Express Co.*, 138 S. Ct. 2274 (2018)."即使某商户倾向于放弃接受消费者使用运通卡，若持卡人认为运通公司提供的刷卡福利相比于商户提供的折扣、类似福利或其他优惠更有价值，持卡人依然享有使用运通卡的自由。"

191 第二巡回法院认为相应判断标准即为禁止转介规则是否"使得平台两侧所有运通公司的消费者，即商户与持卡人'在总体上'处于更糟糕的处境"。*United States v. Am. Express Co.*, 838 F.3d 179, 205 (2d Cir. 2016), aff'd sub nom.*Ohio v. Am. Express Co.*, 138 S. Ct. 2274 (2018).短语"在总体上"定义模糊，但其或暗示了恰当的问题，那个政府确实回答了的问题，即禁止转介规则使得所有受影响的商户和持卡人处于更糟糕的处境。例如，在某独家交易案件中，法院不会探明若非独家交易的存在，每一位消费者都会选择其他交易，并因此使得实施独家交易行为的主体市场占有率为零。取而代之的是，法院需要查明的问题是，若非独家交易的存在，是否有足够多的消费者会选择其他交易从而推定实施独家交易行为的主体的相关行为对竞争造成了损害。

192 参见注64—65及相关上下文。

Visa卡的发行公司却因此失去了相应交易。[193]人们或情不自禁地将这种使用其他信用卡的转变视为两败俱伤之举，但实际上其并不是。从运通卡转变为 Visa 卡——该平台得到了很多持卡人和商户的青睐——将会创造更高的持卡人与商户价值，并提高产品市场的产出。可以肯定的是，若运通公司失去这些交易，其利润将会减少，且相应的反馈效应将会催生一种新的且对于运通公司来说盈利能力减少的平衡，但竞争本就是如此。

还有一个值得检视的问题即为让运通公司继续保留这些交易对其商业模式的存续是否是必要的。若是必要的，这是否为竞争提供了超出其代价的益处？例如，运通公司或主张其需要将对商家收费较高的交易量保持在某最低水平以维持盈利。首先，该问题并不取决于存在一个还是两个市场。[194]其实，这甚至都不取决于平台是否存在，而是取决于规模经济或其他与盈利能力和盈利规模相关的特性。这些都是产业组织当中的核心问题。其次，在收取更高费用的同时还需要维持商业模式的存续听上去很难成为一个值得称赞的反垄断抗辩。

转介规则将使得磋商交易的各方，即商户与顾客通过协商以共同取得利益的最大化。那些并不看重运通公司刷卡优惠福利的消费者则会使用不同的支付手段且因此受益。对于这类顾客，商户可以通过提供折扣价格或提供诸如免费送货这样的连带服务来体现商户对特定支付手段所付出的相应成本。重要的是，在信息通畅且没有交易成本的情况下，所有因素都可以反映在打折的售价之上。[195]这成为一个重要的效率原则：支付系

193　Hovenkamp, supra note 15, at 30–31.
194　Id. at 25–27.
195　参见：R. H. Coase, The Problem of Social Cost, 3 *J.L. & ECON.* 1, 1–16 (1960).

统应当是"中立"且透明的,允许交易方磋商以达到共同利益的最大化。[196] 运通公司的禁止转介规则是阻止支付平台的相关参与方共同达成利益最大化交易的谈判障碍。此外,在运通公司损害其平台参与方的过程中,其也排除了竞争对手的信用卡平台,这些平台随时待命且愿意也能够提供更好的服务条款。最终,这导致了大范围的商品价格上涨。

总体来看,地区法院与布雷耶法官通过仔细检视卷宗作出的判断无疑是正确的。依据合理原则,核心问题即为原告是否展示了足够的有关竞争受到损害的证据以使得被告必须提供抗辩。相应损害是清晰的:持卡人被剥夺了获得更低价格交易的机会,商户被剥夺了以更低成本进行交易的机会,提供成本更低支付系统的运通公司的竞争对手失去了销量。从消费者福利的角度来看,被直接影响的消费者们与无论使用哪一种支付手段都必须为更高的商品售价买单的消费者们也都被置于更差的处境。[197] 虽然运通公司通过将交易留在自己的支付系统中而受益,这实际上最多只是将财富从丧失交易的平台转移到了运通

---

[196] Rochet & Tirole, supra note 15, at 648. "支付系统的中立性。由商户银行(受让方)选择向持卡人银行(发行方)支付的交易手续费在下述条件被同时满足的情况下是不相关的:首先,发行方和受让方将相应收费(或福利)传递给持卡人与商户。其次,商户可依据消费者使用现金还是信用卡进行支付对其购买的商品或服务收取不同的价格;换言之,该支付系统并未将无附加费规则作为商户接入该系统的条件。第三,商户与消费者不会因为双重价格体系的存在而承受额外的交易成本。"正如罗奇特教授与泰勒尔教授所观察,科斯定律表明在一个运行良好的市场,商户与消费者将会共同达到一个财富最大化的均衡状态。同上,第649页。但此状态的最低要求也是当事方可以自由磋商(即:不得禁止转介行为),且就相关交易所可能获得的收益他们均可获取充分的信息。参见同上。

[197] 参见注180—192及相关上下文。

公司。[198]实际上,禁止转介规则根本就不是中立的财富转移规则,而是将财富从创造更高价值的竞争对手平台转移到了创造更低价值的平台。正如布雷耶法官在其异议判决中所言,看着初步证明的案件,"无须多言"。[199]

八、市场界定的暗示

运通案还涉及反垄断案件中有关市场界定的重要议题。正如上文所谈论的,将平台两侧归入同一单一相关市场在经济学上毫无意义,且在任何情况下对于最高法院应当采取的分析方法来说都是不必要的。[200]尽管如此,法律就是法律,判决所涉及的范围成为重要的问题。

最高法院判定并非每一个双边平台都配拥有独一无二的商业模式,但撮合平台两侧群体完成即时一对一交易的交易型平台是"不同的"。[201]即使该界定过于宽泛以至于多数意见援引的若干文献无法对其提供支持。[202]此外,最高法院的错误观点

---

198 Hovenkamp, supra note 15, at 30.
199 *Ohio v. Am. Express Co.*, 138 S. Ct. 2274, 2294 (2018)(布雷耶法官的异议判决)。
200 参见注 101—112 及相关上下文。
201 *Am. Express Co.*, 138 S. Ct. at 2286(要求"参与者之间发生单一且即时的交易")。
202 正如布雷耶法官在其异议判决中所言(id. at 2300),法院的界定较之最高法院多数判决所援引的经济学文献中所给出的界定还要宽泛。例如,罗奇特教授与泰勒尔教授的观点——得到了多数判决的采信——写道:"'让双方共同参与'是一个有用的特征,但却不足够具有约束力。诚然,若分析止步于此,几乎所有市场都是双边的,因为买家和卖家必须要在一起市场才可能存在,交易带来的收益才能实现。我们依据终端用户之间的交易量是否取决于市场结构而非平台向交易方收取费用的总体水平将双边市场界定为单一的市场。某平台的使用费或可变收费会影响平台两侧群体在平台上进行交易的意愿,且因此影响它们之间潜在的互动所可能产生的净盈余;平台的会员资格或固定收费水平反过来又决定了终端用户在平台上的存在。平台对可变收费和固定收费结构的精心设计只有在平台两侧群体不会通过协商消灭相应使用费和成员资格外部性的情况下才有意义。" Rochet & Tirole, supra note 15, at 646.

显然导致了如下结论的产生：在一个交易型平台，平台一侧获得的收益都会在平台另一侧产生等量且具有抵消作用的收益。[203]

尽管如此，依据多数判决的理论，运通公司运营平台两侧的市场构成一个单一相关市场，因为运通平台消费者一侧所进行的 50 美元的交易将会即时地由商户一侧所进行的 50 美元的交易（减去运通公司向商户收取的使用费）所抵消。

乍看之下，优步以此观之，似乎是另一个纯交易型平台。每一次乘客购买的出行服务生成了一笔对应且即时的支付给司机的交易（须减去平台抽佣）。国际银行运营的自动取款机也很可能属于同一类别。相同的道理也适用于航班和宾馆的预订网站，例如 Orbitz 网站与 Expedia 网站，或许也包括票务网站 Ticketmaster。[204] 然而，所有这些案例，都取决于详尽地对案情进行评估。

最高法院还观察到了其他平台展示了较为松散的平台两侧进行交易的关系，但这些平台并不属于最高法院"单一市场"规则的范畴。其注意到了报纸销售与广告销售之间逐渐式微的类似关系。[205] 对于大部分杂志来说，情况也是如此。对于计算机搜索引擎、广告商赞助的音乐流媒体以及广告商赞助的其他服务来说也是如此。但对于这些模式来说，并不存在平台两侧一对一的平衡交易。其他没有展示一对一关系的付费网站包括

---

203 参见注 188—193 及相关上下文。
204 参见：Brief of US Airways at 2, *US Airways, Inc. v. Sabre Holdings Corp.*, No. 17-960(L) & 17-983(XAP), 2018 WL 3456163, (2d Cir. July 16, 2018)（考虑了旅行中介公司使用的促进票务交易的航空公司全球分销系统是否构成运通案界定下的单一市场）。
205 *Am. Express Co.*, 138 S. Ct. at 2286.

网飞、亚马逊视频与 Hulu 视频。对于这些网站来说，订阅用户一般按月付费，而网站随后新增的视频内容对于这些用户来说都是免费提供的。因此，支付费用的高低与付费用户可以观看的内容的多寡并不存在非常紧密且即时性的关系。[206] 例如，网飞的用户每月付费 8.99 美元以享受基本的订阅服务，无论她在一个月内观看一部电影还是十几部电影。[207] 亚马逊的视频服务稍显复杂，因为付费会员可以免费观看若干在其付费后上线的电影，但同时特定电影也需要支付费用才能够观看，一般来说，亚马逊对于后一种情况会向每位会员单独收取例如 3.99 美元 / 部的费用。[208]

然而，对于电影与流媒体音乐来说，又有额外的问题，即：平台的运营人本身就可能是相关内容的销售方或许可方。网飞、亚马逊以及其他流媒体音乐供应商，通常以固定成本许可协议的形式获得相关流媒体内容的非独占许可。[209] 因此，它们并非电影所有者与消费者之间的中介平台。且在以固定价格获得了

---

206 例如，所有网飞的按月付费会员都可不受限制地在当月观看网飞平台的内容。参见：Choose Your Plan, NETFLIX, https://www.netflix.com/signup/planform。
207 参见：Choose a Plan That's Right for You, NETFLIX, https://www.netflix.com/signup/planform。
208 参见：Andy Beatman, What Is Prime Video? – Amazon Prime Insider, AMAZON, https://www.amazon.com/primeinsider/video/prime-video-qa.html [https://perma.cc/Y5B9-LYDF]（描述了亚马逊提供的"Prime"套餐与租赁视频内容）。
209 参见：Erik Hovenkamp & Neel U. Sukhatme, Vertical Mergers and the MFN Thicket in Television, CPI ANTITRUST CHRON., Aug. 2018, at 4, https://www.competitionpolicyinternational.com/wp-content/uploads/2018/08/CPI-Hovenkamp-Sukhatme.pdf [https://perma.cc/4SBK-RTH7]。根据固定成本许可协议，诸如网飞这样的被许可方，对于视频内容播放不须按次付费，而是为既定时间段内的视频非排他许可一次性支付费用。参见同上。

非独占且允许进行转售的许可后，网飞或亚马逊本身就成为销售方，所以并不存在市场的两侧可被界定，而只有一侧的卖家与另一侧的买家，和任何市场一样。这是一个非常重要的区别。在诸如运通案这样的案件中，立案前提即为商户销售其所拥有的产品而顾客购买之。运通公司只是一个促成交易的中介平台。商户并未向运通公司销售货物，且运通公司也没有将这些货物销售给顾客。对于优步公司也是如此：司机并未向优步出售出行服务，也未随后将之出售给乘客。运通案的多数意见并不适用于商户实际上是向平台的运营方进行销售或授权的情况。

同理，只要亚马逊、沃尔玛、塔吉特及数不胜数的其他零售商还从其他制造商处购买货物并将之在网站进行销售，平台的运营者就不只是交易的促成者。因此，早已确立的市场界定经济学应当适用于这些案件。若像 Orbitz 与 Expedia 这样的网站购买空客房以供出售，或 Ticketmaster 这样的网站采购了特定演出的若干门票以销售，这些交易也并不符合运通案中有关市场的界定方式。相似地，BMI 案中的一揽子授权许可也是这种情况，创作者们先授予 BMI 公司以非独占许可，而随后 BMI 公司将该一揽子许可出售给广播电视台。[210]这些案例都不存在即时的或一对一的双边交易。

考虑到最高法院即将审理苹果公司诉佩珀案，智能手机端的应用商店的法律状态也可能成为与上文相关的议题。[211]涉案

---

210 参见：*Broad. Music, Inc. v. CBS, Inc.*, 441 U.S. 1, 4 (1979); 注22—24 及相关上下文。
211 *In re Apple iPhone Antitrust Litig.*, 846 F.3d 313 (9th Cir. 2017), cert. granted sub. nom. *Apple, Inc. v. Pepper*, 138 S. Ct. 2647 (2018). 参见：*Salveson v. JP Morgan Chase & Co.*, 663 F. App'x 71 (2d Cir. 2016); *In re Payment Card Interchange Fee & Merch. Disc. Antitrust Litig.*, 05-MD- 1720, 2018 WL 4158290, at *3 (E.D.N.Y. Aug. 30, 2018)（注意到了运通公司在考虑持卡人是否可被认为是发卡行服务的间接购买者这一问题时存在的相关性）。

争议即为消费者从安装在苹果手机或其他苹果设备上的苹果应用商店所购买的手机应用，是否能被认为是直接从苹果公司处所购买。假设某手机应用开发商是一个搅局者，那么根本性的法律问题即为相关应用商店（平台）仅仅只是应用制造商与消费者之间的掮客，或相关平台与消费者之间的关系是转售商与买家关系。若属于后一种情况，间接购买规则禁止对间接购买人提起损害赔偿诉讼的规则将被适用。[212] 运通案中一个重要但却并不必然被伊利诺伊州制砖公司案判决所规制的问题即为相关交易是否是"即时的"，正如运通案所要求的那样。例如，手机应用开发商可以预先将其开发的应用授权并交付给苹果公司，而苹果公司将其储存于自有云或储存设备中，随后在消费者订购后送达之。在此场景下，应用开发商将应用出售（许可）给苹果公司，苹果公司随后持有该应用并在消费者购买（获得许可）后发出该应用的复件。[213] 一个重要的原则即为运通案并未对将传统的纵向分销模式转变为同时存在于上游与下游的单一市场这一转变提供任何依据。平台所具有的许多经济学效应与源于普通纵向分销模式的经济学效应颇为相似。[214]

还存在许多中介平台，其所撮合促成的平台两侧群体之间的交易并非一对一的，且在绝大多数情况下，也非即时发生的。一个重要的例子即为健康保险服务网络。平台一侧是投保病人，

---

212 参见：*Ill. Brick v. Illinois*, 431 U.S. 720, 730–31 (1977); 2A Phillip E. Areeda, Herbert Hovenkamp, Roger D. Blair & Christine Piette Durrance, *Antitrust Law* ¶ 346 (4th ed. 2014)。

213 在苹果公司向美国最高法院提交的简报中，其对于该问题的立场是明确的。参见：Brief of Petitioner at 2–3, *In re Apple iPhone Antitrust Litig.*, 138 S. Ct. 2647 (No. 17-204)。

214 关于这一点，参见：Carlton & Winter, supra note 17, at 215。

其得到被保险覆盖的医疗服务。另一侧是医疗服务提供商。处于两者之间的即为平台，其作为承保人从投保人或其雇主处收取保费，并在必要时支付给医疗服务提供者相关费用。[215] 然而此处，保单的销售既不是即时发生的，也不是基于匹配的付费服务模式。

实际上，最高法院依据本身违法原则在亚利桑那州诉马里科帕县医疗协会案[216]中认定违法的相关商业安排更像是双边平台，然而运通案的意见却不会如此界定之。在该案中，作为医生的商业安排参与者同意按照每次提供服务的规定费用获得补偿，该费用由投保人（更有可能是雇主）来支付。[217] 但这样的商业安排也无法满足运通案的相关界定标准，除非支付行为与收费行为是即时完成的。在任何情况下，由于马里科帕案认定相应商业安排违法，保险公司采取了要求服务供应商分担一部分风险的更加精确的方案。[218] 马里科帕案的判决本身也考虑到了该结果，其建议那些"将资金集中、共同承担损失风险与盈利机会的"公司应当更倾向于被认定为是一体化的单一实体。[219]

---

215 讨论运通案所涉及的在蓝十字公司众子公司之间实施的横向地域划分与限价协议的案件是：*In re Blue Cross Blue Shield Antitrust Litig.*, 308 F. Supp. 3d 1241, 1276 n.20 (N.D. Ala. 2018)；参见：*Lifewatch Servs. Inc. v. Highmark Inc.*, 902 F.3d 323, 337 (3d Cir. 2018)（提及了运通案与医疗保险市场中市场界定的关联性，但并未据此作出判决）。

216 *Arizona v. Maricopa Cty. Med. Soc'y*, 457 U.S. 332 (1982).

217 Id. at 339–40.

218 参见：Scott D. Danzis, Revising the Revised Guidelines: Incentives, Clinically Integrated Physician Networks, and the Antitrust Laws, 87 *VA. L. REV.* 531, 531–44 (2001); Thomas L. Greaney, Managed Competition, Integrated Delivery Systems and Antitrust, 79 *CORNELL L. REV.* 1507, 1530 (1994).

219 *Maricopa*, 457 U.S. at 356.

现代健康保险服务网络以风险共担和精确定价为特征，其显然不符合最高法院所要求的平台须"撮合参与者间单一且即时发生的交易"这一特征。[220] 保险公司或每月从被保险人处获得例如 500 美元的保费，并以此支付被保险人当月的医疗费用（减去免赔付金额与被保险人自费金额等）。根据被保险人的实际需求，保险公司的赔付金额可以高于 500 美元也可以低于 500 美元。当然，通常也存在共同支付费用的情况，例如对每次访问办公室所收取的固定费用。然而，这种共同支付模式通常并非直接对保险公司进行支付，而是直接支付给医疗服务提供者。在这种情况下医疗保险服务网络并非作为中介平台存在。再一次，为了得出结论，除了仔细检视卷宗外，别无他法。

假设某保险服务网络与某医疗供应商订立了排他协议，有效防止了该医疗服务供应商向其他医疗服务网络或医疗支付系统提供服务。对一个初步证成的案件，排他交易的认定或要求对至少 30% 的交易完成了封锁。[221] 这要求对服务供应市场与消费者市场同时进行界定，但这并不需要将这两类不同的市场以在经济学上不合理的方式归入同一市场。[222] 作为回应，保险网络服务提供者或主张其必须以排他方式由麻醉医师提供服务以维持其服务网络的经济可行性，但这一问题在很大程度可以独立于有关网络服务的考量的方式被回答。

其他并不属于运通案"单一市场"界定范围内的中间商只是将买家和卖家聚集在一起，但与最后它们之间达成的交易几

220　*Ohio v. Am. Express Co.*, 138 S. Ct. 2274, 2286 (2018).

221　参见：11 Hovenkamp, supra note 117 ¶ 1821c（讨论了封锁的比率并建议将最低费率设定在 30%）。

222　参见注 122—126 及相关上下文。

乎没有任何关系。例如，诸如 Realtor.com 和 Zillow.com 这样的不动产交易网站会确认待售或待租的不动产。确定意向房产后，潜在买家会通过电子邮件或电话联系中介人员，随后经过谈判，房产或成功出售。但所有这些交易都与运通案中的一对一即时交易缺乏近似性。相同的道理也适用于 Match.com 或 OkCupid.com 这样的约会网站。一般来说，网站两侧的会员支付月费或年费，虽然一些网站也有免费的版本。然而，对于不动产网站来说，其作用仅仅只是介绍买家和卖家认识彼此。随后能够发生的绝大部分事情都与网站没有关系。初看之下，相较于易趣网，Craigslist 网站更符合运通案的界定，因为相关二手物品交易确实是在网站上完成的。在 Craigslist 网站上，商品或服务的提供者会展示附有其联系方式的广告，但意向买家与提供者取得联系后一般都会在线下完成后续交易。

对于 NCAA 大联盟来说也是如此，其或被认为是多边平台，且根据一位专家的说法，其将学生、学生运动员、校友、教练与体育从业者汇聚在一起。[223] 事实上，这一论断或是正确的，但以反垄断为目标，其并不符合单一双边相关市场的界定，除非可以证明市场两侧主体间存在即时的一对一交易。

诚然，还存在其他的例子，但要点在于各类双边平台市场中，只有较小一部分符合最高法院对于双边单一市场的界定。对这一问题，若坚持在反垄断政策中使用在经济学上具有一致性的分析方式，那么运通案的判决就必须限定于其特定案情之中。在任何情况下，最高法院都明确表明平台两侧市场不得被视为

---

223 *In re NCAA Athletic Grant-in-Aid Cap Antitrust Litig.*, No. 14- md-02541 CW, 2018 WL 4241981, at *4 n.3 (N.D. Cal. Sep. 3, 2018).

单一市场除非两侧市场之间发生的"交易"是"即时的"且一对一的。[224]

第四节 结论

运通案判决产生的一个危险即为其传递了这样一种信号：依据合理原则，详尽的经济分析或卷宗检视对于反垄断法适用而言都不是必须的。这显然对联邦法庭一个世纪以来适用合理原则的方式发出了挑战，因联邦法院总是强调，就与市场力量和市场行为相关的事项，须对记述翔实的卷宗进行仔细的分析。[225] 威廉·霍华德·塔夫脱法官本人也必须依靠对案情的仔细分析才能将商业辅助行为与赤裸裸的限制行为区分开来。[226]

运通案的多数意见从未主张地区法院对于案情的认定滥用了自由裁量权或有任何不适当。其只是选择将其无视。最高法院也没有判定作为一个法律问题，依据合理原则，在反垄断案件中，仔细分析对于案情的翔实记录是不重要的。因此，若需要做出在经济学上一致的结论，低级联邦法院不应认为传统上在适用合理原则时需要对交易进行详细分析这种手段被排除在了选项之外。

与双边市场相关的经济学文献在各类市场中对价格与产业组织理论的构建做出了重大贡献。其应该在产业经济学与竞争政策中享有重要地位。然而，与此同时，其影响也不应夸大。

---

224 *Am. Express Co.*, 138 S. Ct. at 2286.
225 Hovenkamp, supra note 99, at 101–02.
226 *United States v. Addyston Pipe & Steel Co.*, 85 F. 271, 280–83 (6th Cir. 1898), modified and aff'd, 175 U.S. 211 (1899).

从本质上来说，其依然只是新古典经济学的一种工具，而非能够在实际上对经济学的基础理论产生威胁的发现。

双边平台理论与三十年前产业组织理论的另一个理论发展成果极为相似。该理论被称为"可竞争市场"理论，其源于一种即时的且合理的观察结论：当市场中只有一个卖家时，为了"得到市场"而产生的竞争可以取得与"市场中"存在多个卖家时一样的竞争效果。[227] 竞争市场理论由著名经济学家隆重推出，并发表了数篇论文与至少一部专著。[228] 随后，曾任美国经济协会主席的威廉·J.鲍莫尔先生声称这一理论是产业结构理论的一次"起义"。[229] 因为该理论旨在消灭对公共事业或航空业进行监管的需求，因为即使是拥有自然垄断地位的市场主体也知悉若其收取一个过高的价格，其潜在对手将必然有机可乘并偷走其商业果实。

但该理论从未达到哪怕一丁点其所怀有的预期，但其确实提供了一些有价值的教训。即使在航空业这一视竞争为主要目标的行业，市场竞争者之间的竞争依然是决定价格与产出的重要因素。平台市场理论也将追寻相同的目标。在经过一段时间

---

227 关于最初的论战，参见：Harold Demsetz, Why Regulate Utilities?, 11 *J.L. & ECON.* 55 (1968) and Oliver E. Williamson, Franchise Bidding for Natural Monopolies—In General and With Respect to CATV, 7 *BELL J. ECON.* 73 (1976)。关于之后的论战，参见：Herbert Hovenkamp, Regulation and the Marginalist Revolution, *FLA. L. REV*, https://papers.ssrn.com/sol3/papers.cfm?abstract_id=3181852 [https://perma.cc/6ZWD-MAKB]。

228 参见：William J. Baumol, John C. Panzar & Robert D. Willig, *Contestable Markets and the Theory of Industry Structure* (1988)。

229 William J. Baumol, Contestable Markets: An Uprising in the Theory of Industry Structure, 72 *AM. ECON. REV.* 1, 1 (1982).

的理论扩充后，产业组织理论会得到充实，但其本质不会改变。运通案的判决凸显了当最高法院遭遇新兴事物而放弃基本的经济学理论时会发生什么。

与运通案极为相似的在经济学分析方面"哑火"的案例是最高法院于1992年在伊士曼柯达公司诉图像技术服务公司案中所作的判决，本案中，最高法院认定消费者"锁定"效应的存在可推定一家不具有市场支配地位的企业具有足够的市场力量以实施违法的将其商品和服务捆绑进行销售的行为。[230] 柯达案是一个六票对三票的判决，但对于该案的反应是如此的强烈以至于随后低级法院作出的决定都竭尽全力对其进行限制。[231] 该案对反垄断的影响实属有限，即使时时今日锁定效应在现代网络化的社会中的存在远比1992年时更加普遍。

运通案判决所造成的其他后果也将显现。其将鼓励越来越多的立法和监管措施的出台，因为更多的政策制定者们对于法官所确立的促进竞争的反垄断规则失去了信心。正如布雷耶法官在其异议意见中所言：世界范围内若干法域已对高交易费与禁止转介规则采取了行动，绝大多数以成文法或机构规章的形式实施。[232] 历史上，美国的法律体系较少依赖于各类成文规范而更多诉诸反垄断法来达成相应目标，这种方式更不具有侵入性。但该案判决所描述的"转介"行为实际上属于最普通的且

---

230 *Eastman Kodak Co. v. Image Tech. Servs.*, 504 U.S. 451, 496 (1992).
231 关于限制柯达案判决的判例法，参见：10 Phillip E. Areeda & Herbert Hovenkamp, *Antitrust Law* ¶ 1740 (4th ed. 2018)（讨论了搭售安排与柯达案判决）。
232 *Ohio v. Am. Express Co.*, 138 S. Ct. 2274, 2290 (2018)（布雷耶法官的异议判决），citing U.S. GOV'T ACCOUNTABILITY OFF., GAO-08-558, *Credit and Debit Cards: Federal Entities Are Taking Actions to Limit Their Interchange Fees, But Additional Revenue Collection Cost Savings May Exist* 31–35 (2008).

对竞争是否能够发挥作用来说最关键的行为：鼓励人们去获取信息并给予他们选择的机会。这一过程保护了竞争过程，提升了产品质量并使得价格趋近于竞争水平。例如：因为病人们对价格漠不关心，对于医疗服务成本的最常见的担忧即为其过于高昂。首先，医药费账单是由保险公司间接支付的。其次，大部分病人甚至都没有支付保险费；反之，其要么是由雇主要么是由政府机构支付的。因此，患者只承担了一小部分费用且倾向于过度开支。禁止转介规则也以非常类似的方式运行：其使持卡人无须在意商户付出的成本，也因此打消了消费者削减这些成本的动力。

今天，反垄断中的消费者福利原则正受到那些崇尚民粹主义、政治理论与其他思潮并主张摒弃反垄断经济分析法的人士的猛烈抨击。[233] 运通案这样的判决更像是为这些人摇旗呐喊。反垄断作为由经济政策驱动的工具，其成功取决于法官高效使用经济分析手段以管控垄断价格与产出限制并在同时保护可被证明的效率的能力与意愿。合理原则不能简单地成为法官为了得出一个并非基于经济学分析的且皆大欢喜的判决而忽略记录翔实的卷宗与优良经济学理论的借口。

---

233 参见：Barak Orbach, Antitrust Populism, 14 *N.Y.U. J.L. & BUS.* 1 (2017); Carl Shapiro, Antitrust in a Time of Populism, 61 *INT'L J. INDUS. ORG.* 714 (2018);Hovenkamp, supra note 161, at 1–4。

反垄断与信息技术[*]

第一节 引言

传统上看,反垄断政策与信息的关系一般涉及的是具有潜在反竞争效果的口头与书面的沟通行为,这主要是因为这类沟通行为可促进合谋或排他性商业行为。[1]这其中涉及的最复杂的问题即为解释那些可被理解为进行合谋串通、威胁实施合谋或促进合谋实现的沟通行为的重要性。[2]一方面,市场从信息的自由流动中受益巨大。[3]另一方面,特定信息的使用若具有使得企

---

[*] 本文原载于《佛罗里达大学法律评论》总第68期(2017)。
[1] 参见:*Associated Container Transp. (Austl.) Ltd. v. United States*, 705 F.2d 53, 55–56 (2d Cir. 1983)(聚焦于被指控实施排他策略的公司之间的通信行为)。
[2] 参见:6 Phillip E. Areeda & Herbert Hovenkamp, *Antitrust Law* ¶¶ 1417–1419(聚焦于买家之间串通合谋的沟通行为);William H. Page, Communication and Concerted Action, 38 *LOY. U. CHI. L.J.* 405 (2007)(相似主题)。
[3] 参见:Herbert Hovenkamp, Antitrust Violations in Securities Markets, 28 *J. CORP. L.* 607, 607 (2003)。

业合谋限制价格、产出或创新的效果，则会威胁竞争。[4]

当然，公开的限价行为本身就是一种使用信息的行为，但其他种类繁多的通过公开各类价格或产出信息来促成卡特尔的商业实践也当属此类。因此，信息的沟通模式在并购案件分析中也是需要审查的因素，尤其在相关并购有可能促成合谋的情况下。[5]一个新近的体现这一关切的案例即为与基于伦敦银行间拆放利率的金融工具相关的反垄断诉讼案[6]，该案涉及银行通过误报利率以操控利率的指控。[7]美国法院还处理过主张企业通过交换与薪资相关的信息来使得薪资被限定或固定在一个人为的高水平的指控。来自多种行业的从业者都提出过上述主张，从石油地质学家[8]到硅谷的高科技工程师，[9]再到法学院教授。[10]

---

[4] 参见：12 Herbert Hovenkamp, *Antitrust Law* ¶ 2020 (3d ed. 2012)（讨论了限价与相关商业实践）; Louis Kaplow, *Competition Policy and Price Fixing* 219, 221 (2013); Page, supra note 2, at 412; William H. Page, The Gary Dinners and the Meaning of Concerted Action, 62 *SMU L. REV.* 597, 607–10 (2009)。

[5] 4 Phillip E. Areeda & Herbert Hovenkamp, *Antitrust Law* ¶¶ 914, 942–944 (4th ed. 2016).

[6] *In re LIBOR-Based Financial Instruments Antitrust Litigation,* 935 F. Supp. 2d 666 (S.D.N.Y. 2013).

[7] Id. at 679.

[8] *Todd v. Exxon Corp.*, 275 F.3d 191, 195 (2d Cir. 2001),cause transferred by *In re Comp. of Managerial, Prof'l & Tech. Emps. Antitrust Litig.*, 206 F. Supp. 2d 1374 (J.P.M.L. 2002).

[9] *In re High-Tech Emp. Antitrust Litig.*, 856 F. Supp. 2d 1103, 1108–09 (N.D. Cal. 2012).

[10] *United States v. Am. Bar Ass'n*, 934 F. Supp. 435, 436 (D.D.C. 1996), *modified*, 135 F. Supp. 2d 28 (D.D.C. 2001), *and modified*, No. 95-1211, 2001 WL 514376 (D.D.C. Feb. 16, 2001). 调解了一宗指控美国律师协会将法学院员工薪资与法学院实力评估挂钩的行为违法的案件。

在 20 世纪 80 年代之前，反垄断执法中涉及的"信息"主要指的是纸质媒介、电台、电视、电影以及录音。曾几何时，所有这些媒介都曾被卷入反垄断纠纷，而被提起的指控涉及美国反垄断法的几乎所有方面——从纵向并购到 1948 年合众国诉派拉蒙影业案[11]中的排他行为，再到洛雷恩杂志公司诉合众国案中的单边拒绝交易行为，[12]再到一系列报社合并案件及 1970 年出台的旨在保护报社合营的《报业保护法》。[13]在皮卡尤恩时报诉合众国案[14]中，最高法院拒绝认定政府指控的涉及报纸发行行业的搭售协议——一家新奥尔良的报纸发行公司要求相同的广告商同时在其报纸的晨报与晚报版面投放广告——违法。[15]最终，广播音乐公司诉哥伦比亚广播系统公司案[16]驳回了涉案反垄断指控，并认可了录制音乐行业中的非排他、一揽子版权许可模式。[17]

信息在涉及被监管行业的竞争政策方面也扮演重要角色，这主要是因为各行业中介机构一般依赖被管制企业提供的信息运营。因此，可通过虚假报告某企业的市场地位来排挤竞争对

---

11 *United States v. Paramount Pictures, Inc.*, 334 U.S. 131, 137 (1948).
12 *Lorain Journal Co. v. United States*, 342 U.S. 143, 148, 155 (1951).
13 参见：*Mich. Citizens for an Indep. Press v. Thornburgh*, 868 F.2d 1285, 1286–87 (D.C. Cir. 1989)[解释了《报业保护法》，15 U.S.C. §§ 1801–1804 (2012)];1B Phillip E. Areeda & Herbert Hovenkamp, *Antitrust Law* ¶ 251e (4th ed. 2013)（讨论了《报业保护法》作为反垄断适用豁免的情况）。
14 *Times-Picayune Publishing Co. v. United States*, 345 U.S. 594 (1953).
15 Id. at 596–97, 627.
16 *Broadcast Music, Inc. v. Columbia Broadcasting System, Inc.*, 441 U.S. 1 (1979).
17 Id. at 22–25.

手或串通合谋。[18] 或在专利法领域，夸大某专利的有效性或强度也可成为强有力的排他手段。[19]

所有以上讨论所涉及的竞争政策与信息之间关系的议题时至今日依然存在。考虑到无所不在的信息传播的速度，这些议题比过去任何时刻都更重要。

本文考察的是一个相关但却截然不同的议题：竞争政策与信息技术之间的关系。信息技术的改变既可以促进也可以消除信息使用行为所带来的反竞争商业行为。[20] 上述效果的达成在很大程度上（但绝不完全是）由数字化与数字化所缔造的许多产品及数字化所创造的许多流程所造成的。[21] 此外，反垄断法在处理知识产权相关问题时所面对的困难也拜信息技术所赐。[22] 此外，信息技术的改变也会影响若干产品的结构，在此过程中，竞争被损害的可能性既有可能增加也有可能减

---

18 参见：*Kottle v. Nw. Kidney Ctrs.*, 146 F.3d 1056, 1058–59 (9th Cir. 1998) [将诺尔-本灵顿（*Noerr-Pennington*）豁免适用于医护服务提供者，他们被指控通过向当局提供虚假信息以使得其可拒绝其他企业进入该市场］。

19 参见：*Walker Process Equip., Inc. v. Food Mach. & Chem. Corp.*, 382 U.S. 172, 177 (1965); *Transweb, LLC v. 3M Innovative Properties Co.*, 812 F.3d 1295, 1306–12 (Fed. Cir. 2016)（适用了前述沃克案的分析方式）。

20 参见：Rachel Aridor-Hershkovitz, Antitrust Law—A Stranger in the Wikinomics World? Regulating Anti-Competitive Use of the DRM/DMCA Regime, 27 *J. MARSHALL J. COMPUTER & INFO. L.* 1, 2–6 (2009)（讨论了版权法领域数字权利的变迁所导致的反竞争商业实践）。

21 Id. at 2.

22 Dana R. Wagner, The Keepers of the Gates: Intellectual Property, Antitrust, and the Regulatory Implications of Systems Technology, 51 *HASTINGS L. J.* 1073, 1073–76 (2000).

少。[23] 这里尤为重要的是评估高度数字化技术所带来的市场力量；数字市场中消费者角色的转变——对谷歌搜索发起的调查将是关注重点；数字化对实施合谋机会的影响——对苹果电子书商店提起的反垄断诉讼将是关注重点；反垄断法在促进网络中立性与其他互联网相关竞争概念方面的作用；信息在以专利实践为目标进行反垄断评估过程中的作用——尤其是在那些受标准设定和专利池影响的市场中所进行的与FRAND（公平合理非歧视）许可相关的信息。

第二节　数字技术与市场力量

将反垄断与其他对不法商业行为的管控区分开来的首要特征即为反垄断关注的是威胁"市场力量"行使的商业行为或通

---

23 参见：*Novell, Inc. v. Microsoft Corp.*, 731 F.3d 1064, 1066–67 (10th Cir. 2013)（软件），cert. denied, 134 S. Ct. 1947 (2014); *Somers v. Apple, Inc.*, 729 F.3d 953, 956, 958 (9th Cir. 2013)（数字音乐及相关设备）；*Lavoho, LLC v. Apple, Inc.*, 71 F. Supp. 3d 395, 396 (S.D.N.Y. 2014)（电子书）；*Meredith Corp. v. SESAC LLC*, 1 F. Supp. 3d 180, 186 (S.D.N.Y. 2014)（获授权的电视节目）；*Comput. Automation Sys., Inc. v. Intelutions*, 998 F. Supp. 2d 3, 6–7 (D.P.R. 2014)（软件）；*United States v. Apple, Inc.*, 992 F. Supp. 2d 263, 266 (S.D.N.Y. 2014)（电子书），aff'd, 787 F.3d 131 (2d Cir. 2015); *Kickflip, Inc. v. Facebook, Inc.*, 999 F. Supp. 2d 677, 682 (D. Del. 2013)（社交网络）；*Blizzard Entm't Inc. v. Ceiling Fan Software LLC*, 28 F. Supp. 3d 1006, 1010 (C.D. Cal. 2013)（电脑游戏软件）；*Oracle Am., Inc. v. CedarCrestone, Inc.*, 938 F. Supp. 2d 895, 896–97 (N.D. Cal. 2013)（软件）；*Authors Guild v. Google Inc.*, 770 F. Supp. 2d 666, 670 (S.D.N.Y. 2011)（涉及电子书的和解诉讼）；*TradeComet.com LLC v. Google Inc.*, 693 F. Supp. 2d 370, 372–73 (S.D.N.Y. 2010)（搜索引擎广告），aff'd in part, 647 F.3d 472 (2d Cir. 2011), and aff'd in part, 435 Fed. Appx. 31 (2d Cir. 2011)。

过将产出降至低于竞争的水平以涨价从而牟利的力量。[24] 若没有市场力量的企业减少产出，其他企业会迅速弥补产出的空白，这使得价格不会受到影响。[25] 所以为了拥有市场力量，某企业（或协同行为的企业集团）必须拥有足够的规模以使得其有能力实质性地减少市场的总体产出。[26] 此外，必须存在可以制约竞争对手或潜在竞争对手进入市场或其提升产出的能力。[27] 诈骗、消费者欺诈、强硬的讨价还价，以及涉及毁坏或减损竞争对手资产的商业侵权行为都有可能影响商品的价格。然而，这些行为并未违反反垄断法，除非这些行为有增加或延续市场力量的威胁。这一市场力量要求对于大多数反垄断分析来说是至关重要的，因为太多诸如技术分享、搭售协议、要求只与一家企业进行交易的协议、拒绝交易及并购等商业行为，对于社会及竞争市场是有益的。对于这些商业行为，市场力量的存在是造成竞争损害的必要（但通常并不是充分）条件。

数字技术影响企业施展其市场力量也为市场力量的评估带来困难。产品开发与产品分销领域的数字技术革命已经分阶段发生。其中最极端的例子即为"完全的"数字分销，即：所有内容都以数字化形式交付给消费者。[28] 在那之前甚至直到今天，音乐、若干书籍和其他内容都是以 CD 或 DVD 形式进行分销。[29]

24　2B Phillip E. Areeda, Herbert Hovenkamp & John L. Solow, *Antitrust Law* ¶ 501, at 109 (4th ed. 2014).
25　Id.
26　Id. at 109–10.
27　Id. ¶ 420, at 73（描述了市场准入门槛与竞争者流动性）.
28　Aaron Perzanowski & Jason Schultz, Digital Exhaustion, 58 *UCLA L. REV.* 889, 890 (2011).
29　Id. at 890–91, 890 n.1.

虽然大部分 CD 或 DVD 承载的内容都是数字形式，这些数字内容依然需要转录至物理实体，然后通过包括实体零售商或邮件在内的传统渠道包装运输到消费者手中。[30] 相比之下，完全的电子化分销指的是歌曲下载市场与视频流媒体、视频下载市场，包括电影、电子游戏、软件及电子书等内容。[31] 整个消费者"套餐"都是以纯电子格式分发的。当然，想要利用电子内容的便利要求相关设备能够读取与处理电子内容，而相当一部分诉讼也涉及将特定数字内容与相应设备进行捆绑的限制行为。[32]

商品完全数字化带来的重要后果之一即为对企业使用其市场力量的机会的影响。[33] 另一后果即为对企业所竞争之市场的规模和结构的影响。[34] 数字书籍与相关媒介在相关市场中的生产和分销与传统模式极为不同，这使得大部分历史类比分析都不尽如人意。例如，在任何电子传输可以工作的地方，电子书籍都能参与竞争。此外，电子书可以在几乎没有任何成本的情况下传输至任何地方，且传输距离远近一般不会影响传输的成本。这意味着发生竞争的"相关反垄断市场"[35] 至少是全国性甚至

30　Id.
31　Id. at 890–91.
32　参见，例如：*Tucker v. Apple Comput., Inc.*, 493 F. Supp. 2d 1090, 1093 (N.D. Cal. 2006)（驳回了原告对苹果音乐播放设备与 iTunes 音乐数据库之间存在技术搭售行为的指控）。
33　参见：Nicola F. Sharpe & Olufunmilayo B. Arewa, Is Apple Playing Fair? Navigating the iPod Fairplay DRM Controversy, 5 *NW. J. TECH. & INTELL. PROP.* 332, 332–33, 348–49 (2007)。
34　Id. at 332–33.
35　2B Areeda, Hovenkamp & Solow, supra note 24, ¶ 539, at 317.

是世界性的。[36] 因此，诸如书店这样的本地零售商，或许在当地的小社区拥有一些市场力量，但它们面临的是与日俱增的竞争压力，即使本地市场并没有新的零售商进入。

然而这些事实并不必然意味着传统图书销售者与电子书销售者在同一反垄断市场中竞争。一个反垄断视野下的市场，即"相关市场"，不仅是一个其中的商品能够相互替代的市场，也是一个市场中的销售者完全可以阻止任何一家市场中的独立企业通过减少产出来大幅度涨价的市场。[37] 每家企业的产品价格会保持在与其成本相近的水平。[38] 当两个卖家拥有非常不同的分销技术（例如传统产品市场与完全电子化替代物市场）时，确定相关市场的存在是非常困难的，即使两种产品的名称是一致的。例如，一家传统的 CD 商店也许只有在下载音乐的收费远高于其成本的情况下才能与之有效地进行竞争。[39] 若果真如此，那么销售完全数字化音乐的卖家即使在与传统卖家进行竞争时也会拥有显著的市场力量。

对于电影市场来说也是如此，电影可通过线下影院、DVD（无论是通过在商店购买还是通过邮件租赁）、有线电视或线上流媒体进行分销。[40] 一个普通的观察者或许会看到相同的消费者通过上述所有方式观看电影，在这些方式中来回切换。但

36　参见，例如：*Lavoho, LLC v. Apple, Inc.*, 71 F. Supp. 3d 395, 396 (S.D.N.Y. 2014)（该案涉及一些小的国内电子书卖家与相应的国外买家，它们共同主张苹果精心设计的限价协议与最惠条款对它们造成了损害）。

37　2B Areeda, Hovenkamp & Solow, supra note 24, ¶ 539, at 317.

38　同上。

39　*In re Dig. Music Antitrust Litig.*, 812 F. Supp. 2d 390, 397 (S.D.N.Y. 2011).

40　Howard Marvel & Kivanc Kirgiz, Recent Antitrust Issues in Distribution of DVDs, 15 *ABA SEC. ANTITRUST* 9, 9 (2011).

并不能因此就说在反垄断的视野下这些服务的提供者是竞争者，除非其中一者的存在足以使得其他竞争者的价格维持在一个合理高于成本的水平。甚至一些法院的判决也犯下了这一错误。[41]

竞争通常会使得价格趋近于短期边际成本，后者指的是每生产一个新单位的增量成本。[42] 一个普遍存在的问题是，在分析数字市场中的市场力量问题时，卖家通常拥有非常高的固定成本与可变成本比。[43] 这就意味着定价必须大幅度高于短期边际成本才能够盈利，[44] 但这会使得企业无法收回其固定成本。

例如，开发 Microsoft Office 软件也许需要一千万美元，但在 DVD 光盘上复制、生产并分销一份该软件只需要五美元。若微软与若干家销售无差别 Microsoft Office 软件的卖家进行正面竞争，每份副本的价格将被趋近于五美元，此时，微软将无法收回其庞大的研发投资。但若微软通过宽带向用户直接提供该软件，分销成本将几乎为零。

因此，许多传统的市场力量评估方式如今会产生无法接受的"假阳性"结果。[45] 这些评估手段包括勒纳指数及其他从其

---

41 参见，例如：*Cable Holdings of Ga., Inc., v. Home Video, Inc.*, 825 F.2d 1559, 1563 (11th Cir. 1987)（本案将所有电影形式归入同一市场，包括：院线首映及随后放映的电影、出租电影碟片及有线电视播放电影等）；*United States v. Syufy Enters.*, 712 F. Supp. 1386, 1389 (N.D. Cal. 1989)（认定当今的相关产品市场为院线首映及随后放映的电影、家庭播放的电影、有线电视播放的电影及电视付费播放电影），aff'd, 903 F.2d 659 (9th Cir. 1990)。

42 Phillip Areeda & Donald F. Turner, Predatory Pricing and Related Practices Under Section 2 of the Sherman Act, 88 *HARV. L. REV.* 697, 700 (1975).

43 2B Areeda, Hovenkamp & Solow, supra note 24, ¶ 520, at 216.

44 Id. at 216–17.

45 Daniel A. Crane, Market Power Without Market Definition, 90 *NOTRE DAME L. REV.* 31, 59–60 (2014).

衍生出的工具。因为竞争会使得价格趋近于边际成本,勒纳指数通过 (P–MC)/P 这一比率评估市场力量,P 代表的是被观测到的价格,MC 是公司收取前述价格时的短期边际成本。[46] 当公司收取的是一个极具竞争力的价格,其会等同于边际成本,这将使得勒纳指数为零。[47] 随着市场力量的增加,该指数数值将接近于一。[48] 然而需要重点指出的是,固定成本完全不会影响勒纳指数。[49] 因此,一个产品完全数字化的公司可以收取一个显著高于边际成本的价格,并以此施展其强大的市场力量,但同时其也一样可能会破产,因为其无法收回固定成本开支。

数字交付的短期内边际成本通常而言是非常低的,这其中包括每次使用相关产品时所需要支付的特许使用费,以及数据传输过程中几乎可以忽略不计的电费支出。例如,一旦电子书或数字音乐已经制作完成,销售或传输额外的副本的成本几乎为零。所以完全电子化的分销——只有数字内容从卖家转移至买家——的情况下,勒纳指数会造成一种存在实质性市场力量的错觉。

这自然而然地带来了一个问题:若数字媒体商品在出售时处于一种互相竞争的状态,为何它们的价格不是零元或接近零元?答案在于知识产权保护的双重作用——我们称之为"每次

---

46 参见:A. P. Lerner, The Concept of Monopoly and the Measurement of Monopoly Power, 1 REV. ECON. STUD. 157 (1934) (解释了何为勒纳指数);Herbert Hovenkamp, Response: Markets in IP and Antitrust, 100 GEO. L.J. 2133, 2140–41 (2012)。

47 同上。

48 Herbert Hovenkamp, Federal Antitrust Policy: The Law of Competition and Its Practice §§ 3.1–3.2 (5th ed. 2015).

49 Hovenkamp, supra note 46, at 2140.

使用版税"与"产品差异性"。前者指的是卖家每卖出一个单位时所产生的成本。[50] 因此,它是边际成本的一部分。比如,若每售卖一本某电子书其作者就能得到一美元,那么该电子书的分销成本至少为每份拷贝一美元。相比之下,一次性的特许权使用费,是指在产品的整个商业寿命中只收取一次的费用,[51] 并不会体现在边际成本中。例如,若某作者将一个故事以 2000 美元的价格卖给某电子杂志,这是其唯一可以期待的该故事给其带来的利润,那么对于杂志社来说 2000 美元就是一笔不影响边际成本的固定成本开销。杂志社之后再额外销售任何该故事的拷贝都不需要再支付版税。这也是许多学术作者在发表了科学或技术性文章后无法获得任何版税的原因。再一次,在这种情况下,电子分销模式的边际成本在实践中就是零元。

尽管如此,那些作者并未收取版税的、发表在数字化学术期刊上的文章的售价几乎很难为零元。实际上,这些文章可以非常昂贵。[52] 之所以如此是因为知识产权可以创造产品差异性,这会极为可观地模糊竞争所带来的影响,即使在原作者不收取任何版税的情况下。例如,在本文写就之时(2016 年 4 月),亚马逊

---

50 参见:Christopher B. Seaman, Ongoing Royalties in Patent Cases After eBay: An Empirical Assessment and Proposed Framework, 23 *TEX. INTELL. PROP. L.J.* 203, 225 (2015)。

51 Id. at 223–24。

52 参见:例如,Aaron S. Edlin & Daniel L. Rubinfeld, Exclusion or Efficient Pricing? The "Big Deal" Bundling of Academic Journals, 72 *ANTITRUST L.J.* 119, 154–55 (2004); Danielle Jurski & Bridget Lamb, *Study of Subscription Prices For Scholarly Society Journals: Society Journal Pricing Trends and Industry Overview* 2–4 (Allen Press, 2015), http://allenpress.com/system/files/pdfs/library/2015_Allen_Press_Study_of_Subscription_Prices .pdf (表明众多出版商自 2011 年起稳步涨价)。

出售超过 281 种 Kindle 版本的意大利语电子书，售价从零美元至二十五美元不等。[53] 仍受版权保护的书籍不得被原样复制。除非获得授权，原样复制的第二本书籍会构成对被复制书籍的版权侵权。而当书籍内容并不完全相同时，消费者会产生偏好，这使得商品可超过成本定价，即使市场中存在诸多竞品。[54]

版权已经失效的电子书分销市场展示了依法执行的版权保护体系所带来的影响。通常来说，版权失效的书籍指的是 1923 年以前首次在美国拥有版权的书籍。失去版权保护不仅使得版税再无存在必要，也使得相应无差异化的产品可以进行正面竞争。例如，上文提及的在亚马逊出售的零元意大利语烹饪书籍是在 1919 年出版的，所以其已失去了版权保护。[55]

一本完全电子书版本的《白鲸记》（于 1851 年首次出版）——一本无版权保护的名著——在许多网站也以零元出售，其中包括亚马逊、[56] Gutenberg 网、[57] 谷歌图书（多个版本）[58]

53　AMAZON, https://www.amazon.com（在搜索栏选择亚马逊"Kindle 商店"，之后搜索"意大利烹饪书籍"，随后展示了售价低于 25 美元的可供购买的意大利烹饪书籍清单）。

54　Edward Chamberlin, *The Theory of Monopolistic Competition* 56 (1933); Drew Fudenberg & J. Miguel Villas-Boas, Price Discrimination in the Digital Economy, in *The Oxford Handbook of The Digital Economy* 254 (Martin Peitz & Joel Waldfogel eds., 2012).

55　AMAZON, http://amazon.com （在搜索栏选择亚马逊"Kindle 商店"，之后搜索"Maria Gentile"著，"The Italian Cook Book The Art of Eating Well"，随后展示的是一本售价零元的书）。

56　AMAZON, http://amazon.com （在搜索栏选择亚马逊"Kindle 商店"，之后搜索《白鲸记》，随后展示的是一本售价零元的书）。

57　GUTENBERG, https://www.gutenberg.org（在书籍分类栏搜索《白鲸记》）。

58　GOOGLE BOOKS, https://books.google.com（在搜索栏搜索《白鲸记》）。

与 Hathitrust 网（多个版本）[59]。在这种情况下，卖家不必支付任何授权费，不同的卖家们也不需要担心出售相同内容的文本会构成版权侵权。诸如巴诺书店（Barnes & Noble）这样的传统出版商也会销售未获得授权的、失去版权保护的精装版《白鲸记》。即使如此，这些书籍的定价仍然是积极的，[60]如实反映了每一本书籍生产与分销的积极成本。最后，能够在失去版权保护的电子书籍市场造成积极定价的一个产品差异性要素即为电子书的特定格式。若某种电子书格式只适用于特定设备，则某公司有能力对相应设备的拥有者收取一个积极定价。[61]

当传统的反垄断工具评估市场力量时，拥有高固定成本的公司似乎拥有显著的市场力量。[62]这一问题并不限于勒纳指数。没有任何一种评估市场力量的反垄断工具对于固定成本的存在具有特别的敏感度。[63]即使在界定传统的商品市场与地理市场时都会考虑在一段相对较短的时间内、在特定产品或地理范围内，企业是如何回应竞争强度变化的。[64]例如，法院通过考量当一家新的比萨店进入某先前只有一家比萨店的社区时出现的相关价格反应，或一家公司为应对被认为是其竞争对手的企业的降价而做出的具体价格下降幅度来评估反垄断治下的市场。

59　HATHITRUST, https://www.hathitrust.org （在搜索栏搜索《白鲸记》）。
60　BARNES & NOBLE, http://barnesandnoble.com （在搜索栏搜索《白鲸记》，随后展示了多个定价版本的《白鲸记》，包括 8.6 美元一本的纸质版本）。
61　有关标准制定的讨论，参见本文第六节第一部分。
62　Hovenkamp, supra note 46, at 2140–41.
63　同上。
64　参见：Philip Nelson, Monopoly Power, Market Definition, and the Cellophane Fallacy, ECONOMISTS INC., http://www.justice.gov/atr/monopoly-power-market-definition-and-cellophane- fallacy（2015 年 6 月 25 日最后一次更新）。

但是对这些短期回应的评估一般假设固定成本资产早已落实到位，所以大部分企业的回应，例如当新的企业进入市场后的降价行为，对其评估考虑的主要是可变成本。法院一般不考虑投资与研发这样的在先投资。[65]

除非在一段相对较长的时间内企业获得了超高的回报，否则反垄断分析不应该得出存在实质性市场力量的结论。完全数字化的产品一般都在富于竞争且产品具有差异性的市场中售卖。例如，能在诸如 iPad 这样的设备上运行的电子计算器或记事本在"App"市场中有数不胜数的供应商进行竞争。[66] 若法院只作短期考量，这些市场可以同时具备高度竞争性与高成本利润率。[67] 产品差异化很大程度上解释了高于边际成本的价格与定价差异。

一家企业无法长期获得高额利润并不意味着其无法使用市场力量。其实这还可能意味着市场中的企业以一种协同而非单边的方式在使用着市场力量。[68] 例如，高固定成本与低可变成本的组合——正如上文"App"市场[69]那样——将成为限价行为或在某些情况下发生的市场分割的诱因，市场分割出现在两家或更多的卖家将市场进行分割，然后给予每个卖家在相应分割

65　美国政府颁布的《2010 横向并购指南》通过区分对涨价作出回应的"迅速的市场进入者"与其他市场进入者来解决这一问题。"迅速的"市场进入者指的是不需要负担大量的沉没或固定成本就能够进入价格被影响之市场的主体。参见：U.S. Dep't of Justice & Fed. Trade Comm'n, *Horizontal Merger Guidelines* § 5.1 (2010), http://www.justice.gov/atr/public/guidelines/hmg-2010.html。

66　参见：Gideon Kimbrell, Five Killer Marketing and Distribution Strategies for Your App, FORBES (July 18, 2014, 9:11 AM), http://www.forbes.com/sites/theyec/2014/07/18/five-killer-marketing-and-distribution-strategies-for-your-app/。

67　Hovenkamp, supra note 46, at 2140.

68　12 Hovenkamp, supra note 4, ¶ 2000, at 7.

69　2B Areeda, Hovenkamp & Solow, supra note 24, ¶ 520, at 216.

市场排他性的权利。[70] 只有在相关企业同时使用其市场力量时，限价行为与市场分割行为才都能够减少市场总体产出并使得相关产品涨价。[71] 若缺乏任何这种力量（例如甚至都没有能力在一个拥有一万名土豆种植者的市场聚集其中十名种植者）的企业卡特尔试图涨价，它们的销量只会下降。

高固定成本诚然可解释卡特尔为何发生，但其绝不能使之具有正当性。其中一个原因即为产品差异性一般来说足以创造高于成本的回报，即使在固定成本很高的情况下。[72] 真正值得注意的是拥有高固定成本且产出无法被差异化的市场。

另一个让我们不能容忍拥有高固定成本的市场中的限价行为的原因是协同行为的企业可以收取一个垄断（卡特尔）价格，而不是最低的盈利性价格。[73] 市场中存在的完全垄断价格可以比维持企业生产的必要最低价格高得多得多，这会导致财富显著地从消费者手中被转移[74]且使得产出降低进而导致效率减损。[75]

法院可以在不查明企业市场力量的情况下根据反垄断本身违法原则直接认定存在赤裸裸的限价与市场分割行为。[76] 但这仍然难以解决法院在传统上依然使用合理原则审查具有创造效率

70　12 Hovenkamp, supra note 4, ¶ 2000, at 6.
71　Id. ¶ 2000, at 7.
72　2B Areeda, Hovenkamp & Solow, supra note 24, ¶ 520, at 219.
73　12 Hovenkamp, supra note 4, ¶ 2001a, at 8–9.
74　参见：William H. Page, A Neo-Chicago Approach to Concerted Action, 78 *ANTITRUST L.J.* 173, 175–76 (2012)。
75　参见：Jonathan B. Baker, Preserving a Political Bargain: The Political Economy of the Non-interventionist Challenge to Monopolization Enforcement, 76 *ANTITRUST L.J.* 605, 605 (2010)。
76　12 Hovenkamp, supra note 4, ¶ 2004, at 68.

潜力的单边行为或协同行为这一问题。这意味着需要对企业的市场力量进行评估，无论达成这一目标有多困难。

在最近的联邦贸易委员会诉阿特维斯案[77]中——该案涉及知名药物品牌与仿制药之间的竞争[78]——美国最高法院判定法院可通过知名医药企业与仿制药制药商之间签订的大额"延迟付款协议"推定存在市场力量。[79]该协议规定，仿制药企业在一段特定时间内不得进入市场，以此换取通常达到数以亿计美元的相应款项。[80]这一款项安排意味着市场力量的存在，因为其表明付款方有值得保护的销量与利润。[81]需要说明的是，付款方的行为反应的也许是其所持有的某有效专利的市场力量，但专利有效性问题与专利市场力量的问题不可混为一谈。此外，即使某专利的有效性完美无瑕，基于上述同样的原因，这也不能合理化与之相关的横向限价或市场分割协议——因为这类行为会使得专利具有一种等同于在市场中取得垄断或达成卡特尔的价值。[82]

正如阿特维斯案所昭示的那样，在一些案件中可以通过企业的行为来评估市场力量，这种评估较之于从价格成本关系得

---

77 *Federal Trade Commission v. Actavis, Inc.*, 133 S. Ct. 2223 (2013).
78 Id. at 2224–25.
79 Id. at 2236–37（将该付款方案称为"逆向支付"）；Aaron Edlin, Scott Hemphill, Herbert Hovenkamp & Carl Shapiro, The Actavis Inference: Theory and Practice, 67 RUTGERS L. REV. 585, 586 (2015).
80 *Actavis*, 133 S. Ct. at 2225.
81 Id. at 2236; 2B Areeda, Hovenkamp & Solow, supra note 24, ¶ 520, at 215–16.
82 2B Areeda, Hovenkamp & Solow, supra note 24, ¶ 520, at 216–17; Crane, supra note 45, at 54.

出的评估信息更有效。[83]

正如数字技术市场那样，高价格成本利润率并不能有效地反应医药市场存在的市场力量，因为这一指数并未考虑研发成本，而该成本开支巨大，且往往在药品生产开始之前就已产生。[84]药品的生产成本是很低的，相应的利润也会很高。因此，当一家仿制药生产商带着等效药进入市场时，相应药物的价格会陡然下降。当两家或更多的仿制药生产商进入了先前只有一家仿制药品生产商所处的市场时，这一情况将尤其明显。[85]这些价格与短期成本之间的差异并不如数字技术市场那样极端，但实质上并无二致。

阿特维斯案传递的另一个重要信息即为在更加传统的证据帮助有限时，法院可以遵照除了相关市场界定或价格成本关系以外的其他标准推导市场力量的存在。支付一大笔费用要求他人离开某市场这样的行为只有在付款企业具有显著的市场力量时才具有合理性。[86]法院应当更加仔细地审视这些非传统市场力量评估手段，包括对他人施加繁琐的合同条款约束的行为。

数字科技市场的另一个共有特性即为网络效应，这也为市场力量的评估带来了复杂性。具有网络效应的市场一般是"双

83　Id.; Crane, supra note 45, at 77.

84　参见：M. Howard Morse, Product Market Definition in the Pharmaceutical Industry, 71 *ANTITRUST L.J.* 633, 674–75 (2003); Crane, supra note 45, at 57（解释了为何勒纳指数在医药行业背景下会被误读，"高额的固定研发投入对于新技术的创造是必要的"）。

85　参见：Edlin et al., supra note 79, at 607; Herbert Hovenkamp, Anticompetitive Patent Settlements and the Supreme Court's Actavis Decision, 15 *MINN. J.L. SCI. & TECH.* 3, 9–10 (2014)。

86　2B Areeda, Hovenkamp & Solow, supra note 24, ¶ 520, at 214.

边"或多边的。这意味着交易不仅仅只在买家与卖家之间的某种单一渠道进行。[87] 双边市场的卖家面对着两类或更多类买家，这些买家可以互相竞争或互相扶持。[88]

例如，信用卡公司必须同时在接受刷卡支付的商家与使用刷卡付费的消费者这两个市场进行竞争，而使得这两个市场中的任意一侧市场规模扩大的商业行为都可能扩大或减小另一侧市场的规模。对商家收取太高的费用会减少商家用户的数量，这转而又会使得信用卡对用户的价值降低。因此，在决定向商家用户收取的最优定价时，信用卡公司也必须考虑其对信用卡持卡用户的影响。订阅杂志也同时从订阅读者和广告商处赚取利润。随着订阅用户的增加，广告商也愿意支付更多的广告费，该收入的增长又会降低杂志从消费者处获得利润的需求。对于消费者来说，他们既有可能欢迎杂志价格的降低，也有可能反感广告被过度投放。为了利润，杂志必须在这两个群体之间取得利益最大化的平衡。[89] 在一些情况下，最合理的定价是对其中一个群体收取零元的费用。[90] 例如，在传统的有线电视市场与非卫星 AM 与 FM 广播市场，消费者可以免费收看收听，广

87　David S. Evans, Governing Bad Behavior by Users of Multi-sided Platforms, 27 *BERKELEY TECH. L.J.* 1201, 1203 (2012).

88　参见：Id. at 1203–04；Herbert Hovenkamp & Christopher R. Leslie, The Firm as Cartel Manager, 64 *VAND. L. REV.* 813, 867–70 (2011)（讨论了万事达与 Visa 卡的案例）。

89　参见：Jean-Charles Rochet & Jean Tirole, Platform Competition in Two-Sided Markets, 1 *J. EUR. ECON. ASS'N* 990, 990 (2003).

90　参见：Geoffrey G. Parker & Marshall W. Van Alstyne, Two-Sided Network Effects: A Theory of Information Product Design, 51 *MGMT. SCI.* 1494, 1496–97, 1503 (2005).

告收入构成了电视台与广播台的全部收入来源。更多的观众增加了广告收入，但至少有一部分观众会因为广告的数量超出其预期而选择其他频道。相似的情况出现在大型互联网搜索引擎市场——例如谷歌搜索——其绝大部分功能对用户免费但却由广告商资助。[91]

数字网络市场的共同特征即为多边性。多种多样的诸如新闻杂志、音乐服务与一些电子游戏的数字网站面对用户开放并由广告商资助。[92] 其他数字网站，包括声破天网站与 Pandora 网站，都有一个主要得到广告商支持的免费使用的版本与一个用户付费使用的、广告投放被移除或被严格限制的高级版本。[93] 若我们只考察听众的市场，我们会发现存在一种试图同时抓住使用高级版本的高要求用户与使用免费版本的低要求用户的价格歧视模式。但价格歧视涉及的是以不同的价格与成本比率进行销售的行为。在计算这些比率前，必须同时确定从消费者使用端与广告端获得的利润。可以想象，平台运营者从"免费"但获得广告商资助的消费者赚取的利润高于平台的付费消费者。

因为"反馈"效应——一侧市场发生的价格变动会影响另一侧市场的规模与利润——的存在，在多边市场评估市场力量会遭遇特别的困难。只单独考察一侧市场，价格与边际成本之间没有必然的关系，即使收费为零元的行为也可能是一个绝对

---

[91] 参见：Peter T. Barbur, Kyle W. Mach & Jonathan J. Clarke, Market Definition in Complex Internet Markets, 12 *SEDONA CONF. J.* 285, 290 (2011)。

[92] 另见：David S. Evans, Antitrust Issues Raised by the Emerging Global Internet Economy, 102 *NW. U. L. REV.* 1987, 1992 (2008)（注意到许多互联网行业主要通过从广告商获取利润的方式提供免费的内容）。

[93] *Spotify v. Pandora*, DIFFEN, http://www.diffen.com/difference/Pandora_vs_Spotify (last visited Apr. 4, 2016).

理性的竞争性商业策略的一部分。[94] 评估市场力量经常需要总体分析各侧市场。例如，若因为某受广告商赞助的互联网音乐网站以零元价格向订阅用户提供服务就认定其缺乏市场力量肯定是错误的。同样，也不能因为订阅价格的巨大变化并不会导致订阅者端利润大幅度降低就认定某杂志拥有实质性市场力量。因为订阅者基数的减小所导致的广告利润损失也应当被视为订阅者端的利润损失。[95]

高固定成本限制了在大多数多边平台市场使用价格成本利润率这一手段来评估市场力量这一事实加剧了上述问题。[96] 这些复杂的问题使得反垄断执法机构时常被批评忽略市场的多边性并总是过度或排他地仅将视线置于一侧市场。[97] 反驳这些批评的事实即为某商业行为是否构成不合理的排他行为通常是企业的市场份额或支配地位所造成的。此外，多边市场中在一侧市场拥有支配地位的企业通常可以反竞争的方式排除竞争对手。

所有这些要素都警示了在具有低可变成本、强知识产权、网络效应、多变性等特征或混合前述特征的市场中对于市场力量的评估是极为困难的。并不罕见的是，网络数字市场展现了所有这些特征。[98] 若我们对相关市场没有透彻的了解，对市场力

---

94 参见：*Wallace v. IBM Corp.*, 467 F.3d 1104, 1107 (7th Cir. 2006)（当操作系统与硬件紧密相关时，IBM 以零元定价其开源操作系统并非非法掠夺性定价行为）。
95 参见：Jith Jayaratne & Janusz A. Ordover, Economics and Competition Policy: A Two-Sided Market?, *ANTITRUST*, Fall 2012, at 78, 79–80。
96 Id. at 79.
97 参见：David S. Evans, The Antitrust Economics of Multi-sided Platform Markets, 20 *YALE J. ON REG.* 325, 328–29, 345 (2003)。
98 参见：2B Areeda, Hovenkamp & Solow, supra note 24, ¶ 520, at 216; William J. Baer & David A. Balto, Antitrust Enforcement and High-Technology Markets, 5 *MICH. TELECOMM. & TECH. L. REV.* 73, 75–76 (1999)。

量进行评估将面临极高的假阳性或假阴性的风险。此外,取决于具体问题,得到的答案也会不同。假设 iPad 或其他苹果设备可使用二十种记笔记的"App"。假设每一种应用都不是免费的,而是以显著高于短期边际成本的价格进行销售。仅仅单看后一事实,并不足以认定其满足排他商业行为成立所需的垄断性市场力量要件。也有必要查明被告应用制造商的行为如何在整个市场范围内(相对于单个公司来说)造成排他的影响以及这种影响发生的概率。然而同时,对于上述相同的制造商实施的限价与赤裸裸的市场划分行为,仍应毫不犹豫地认定其违法。

最终,如前文所述,在纯粹的数字市场中,知识产权对于显著市场力量的使用来说几乎总是至关重要的。[99] 与这一论断关系最为密切的知识产权是版权,虽然商标权和时不时被涉及的专利权也很重要。一旦诸如《白鲸记》这样的书不再受版权保护,其可以被非常便宜地复制,而数字化还会进一步降低相关的库存成本与分销成本至近乎零元。[100] 因此,在这种情况下即使是公开的限价行为也不太可能在长期使得价格维持在高于成本的水平。若反竞争约束行为仍然发生了,那与不再受版权保护的产品本身无关,但可能与分销这类内容的硬件或基础设施有关。真正使得数字媒体市场中的合谋行为有利可图的原因在于对版权的保护,它允许卡特尔成员在不损失销量予他人的情况下收取一个更高的价格。[101]

上述观察使得数字市场的一个被若干反垄断诉讼所重点关

---

99 参见注 42—51 及相关上下文。
100 参见注 49—59 及相关上下文。
101 参见:David McGowan, Networks and Intention in Antitrust and Intellectual Property, 24 *J. CORP. L.* 485, 486 (1999)。

注的特性被凸显——名义上,消费者们想要的"产品"并不是重点,真正的重点是交付产品的设备。例如,电子书与线上音乐产业发展的主要瓶颈并不是书籍或歌曲本身——这类内容是很难被垄断的——而是阅读与收听设备所面临的技术限制及这些设备所运行的内容的格式。正在进行的苹果公司 iPod 播放器与 iTunes 软件反垄断诉讼案中,[102] 原告主张苹果公司策略性地操控了硬件设置与文件格式以使得其无法和非苹果系统兼容,这使得消费者被锁定在一系列苹果设备与单一技术中。[103] 在这些场景下,竞争的对手是跨平台的非兼容性与可移植性的缺乏。下文对于反垄断政策与谷歌搜索的讨论便诠释了有时不被关注的可移植性的重要性。

第三节 数字技术与消费者的选择:谷歌搜索

市场力量这枚硬币的另一面是消费者的选择。电信业与数字技术同时发生的革命所带来的后果之一即为消费者如今面对的是从未有过的海量选择,而在不同的产品之间进行切换的成本也达到了历史最低。[104]

---

102 *Apple iPod iTunes Antitrust Litigation*, No. 05-CV-0037 YGR, 2014 WL 4809288 (N.D. Cal. Sept. 26, 2014).
103 Id. at *2. 本文写就之时,该案已经审理,且陪审团已对被告苹果公司作出了判决。Verdict Form at 2, *Apple iPod*, No. 05-CV-0037.
104 参见:Adam Candeub, Behavioral Economics, Internet Search, and Antitrust, 9 I/S: *J.L. & POL'Y FOR INFO. SOC'Y* 407, 409 (2014); Aaron S. Edlin & Robert G. Harris, The Role of Switching Costs in Antitrust Analysis: A Comparison of Microsoft and Google, 15 *YALE J.L. & TECH.* 169, 172–73, 177 (2013); Herbert Hovenkamp, Antitrust and the Movement of Technology, 19 *GEO. MASON L. REV.* 1119, 1120 (2012)。

此处，一个重要的因素即为专用硬件和兼容数字系统之间互相依赖的程度。[105] 纯数字系统完全能够在不同平台之间轻易移植，而硬件很少能够这样。[106] 看一看十几年前的微软/视窗操作系统案件与如今的谷歌搜索案件（相关案件现在很可能在美国已结案但在欧洲又被起诉）之间的不同。[107] 微软公司充分利用了计算机硬件——所谓的"IBM兼容"或基于英特尔架构的电脑工作站——与视窗操作系统之间的高度适配性。[108] 一家使用了300台视窗操作系统电脑的公司只有通过更换电脑才能转而使用安装了苹果操作系统的电脑。这种转换的成本实在太过高昂，不仅因为购买新电脑的开销巨大，也因为训练员工、更换一系列应用软件等行为的成本极高。[109]

谷歌搜索案件则形成了鲜明的对比。对于美国政府与欧盟向谷歌搜索发起的调查应当保持审慎的态度，即使谷歌搜索在欧洲的市场占有率很高。[110] 大部分搜索引擎都能够在所有主流平台平稳运行，这些平台包括视窗系统、苹果系统与安卓设备。诚然，谷歌搜索引擎一般是安卓等手机的默认或预安装搜索引擎，但消

105　Edlin & Harris, supra note 104, at 178.
106　Id. at 193–94.
107　Id. at 171–74.
108　参见：*United States v. Microsoft Corp.*, 253 F.3d 34, 52 (D.C. Cir. 2001); Edlin & Harris, supra note 104, at 185–86。对于这些案件的精彩讨论，参见：Andrew I. Gavil & Harry First, *The Microsoft Antitrust Cases: Competition Policy for the Twenty-first Century* (2015)。
109　对于相关事项的精彩讨论，参见：Andrew I. Gavil & Harry First, *The Microsoft Antitrust Cases: Competition Policy for the Twenty-first Century* (2015)。
110　参见：Matt Rosoff, Here's How Dominant Google Is in Europe, BUS. INSIDER (Nov. 29, 2014, 2:38 PM), http://www.businessinsider.com/heres-how-dominant-google-is-in-europe- 2014-11（提供了搜索引擎市场份额的图表）。

费者一般也能够安装替代的搜索引擎。微软推出了自己的搜索引擎，必应搜索，它一般是微软操作系统的默认搜索引擎。[111] 从消费者的视角看，台式电脑与笔记本电脑之间的故事则更加简单。消费者可以在台式机或笔记本电脑上安装任何流行的搜索引擎，这样的搜索引擎很多，安装极为快捷且不收费。电脑用户可使用多种搜索引擎并非不常见的现象。任何时候，当用户对某搜索引擎的结果不满意，他们可以转而使用其他搜索引擎。

此处，高市场份额切不可与垄断状态混淆。后者需要的是能够将价格维持在高于竞争性水平或在提供差强人意的服务的同时还能够保有支配性的市场份额的能力。[112] 因此，竞争政策制定者必须对使得消费者更难转换使用不同搜索引擎的技术封锁手段保持警惕。只要做到了这点，对于特定搜索内容的担忧将变得不再那么重要。

必须承认的是，欺骗（自我优待）是一个问题。然而大部分欺骗行为与垄断无关，消费者保护法或侵权法是解决这类问题最好的手段。若垄断想要持续一段时间，消费者必须进行超额支付（或支付所得极为有限）且对此无可奈何。相比之下，对于欺骗行为的最佳手段便是禁止或惩处之。例如，若搜索引擎使用者（1）知悉搜索引擎所有权的利益关系且（2）拥有简单的切换搜索引擎的方式，则对于谷歌搜索的结果会优待诸如

---

111 参见：Sam Mattera, Microsoft Is Trying to Keep You off Chrome and Firefox, MOTLEY FOOL (Sept. 20, 2015, 6:00 PM), http://www.fool.com/investing/general/2015/09/20/microsoft- is-trying-to-keep-you-off-chrome-and-fir.aspx。

112 参见：Matthew K. Finkelstein & Colleen Lagan, Note, "Not For You"; Only for Ticketmaster: Do Ticketmaster's Exclusive Agreements with Concert Venues Violate Federal Antitrust Law?, 10 *ST. JOHN'S J. LEGAL COMMENT*. 403, 415 (1995)。

YouTube（谷歌的子公司）这样的谷歌资产的担忧就会少得多。若谷歌持续以一种优待其自身资产的方式伤害消费者，消费者随时可以在不负担任何成本的情况下使用其他搜索引擎。解决这一问题最好的方式就是信息公开：要求谷歌告知消费者被优待的网站在搜索结果中得到了更显著的展示。在该背景下"被优待（的资产）"指的是谷歌所有的资产或谷歌收取费用以更好地展示特定搜索结果。除此之外，搜索算法的管理最好留给市场。

这意味着反垄断法的执法机关应当重点确保搜索引擎所运行的所有平台——包括手机移动端——拥有足够的可替代性以使得被合理充分告知的消费者可以轻易进行搜索引擎切换。若更加强势的商业行为监管手段势在必行，管理默认搜索引擎是一个比管理搜索引擎算法简单得多的解决方案。此外，正如下文所述，这也会是行之有效的方案。早在2015年，火狐浏览器，作为美国与世界范围内第三流行的浏览器，[113]将其默认搜索引擎从谷歌变为了雅虎。[114]不久之后，谷歌在美国搜索市场的份额从77.3%降至75.2%，而雅虎的市场份额从8.6%提升至10.6%。[115]有趣的是，微软的必应搜索引擎，并未卷入这次

---

113 对于持续变化中的浏览器市场份额的数据，参见：STATCOUNTER, https://statcounter.com (last visited Apr. 4, 2016)。

114 Nicole Arce, Here's Why Firefox Dumped Google and Made Yahoo! Its Default Search Engine, TECH TIMES (Nov. 22, 2014, 4:55 AM), http://www.techtimes.com/articles/20602/ 20141122/heres-why-firefox-dumped-google-and-make-yahoo-its-default-search-engine.htm.

115 Liam Tung, Google's US Desktop Search Share Dips After Yahoo-Firefox Tie Up, ZD NET (Jan. 8, 2014, 11:41 AM), http://www.zdnet.com/article/googles-us-desktop-search-share- dips-after-yahoo-firefox-tie-up/.

的默认搜索引擎改变之中，其市场份额毫无变化。[116] 只考察火狐浏览器的用户，谷歌搜索的市场占有率从 86.1% 降到了 60.8%，而雅虎从 7.5% 增长至 32.2%。[117] 这些数据表明对于默认搜索引擎的选择会对市场份额带来影响，虽然在本文写就之时评估相应改变之影响的显著性或持续性还为时尚早。对默认搜索引擎进行管理相较于任何尝试对谷歌搜索的算法进行微观管理的企图，对于解决该竞争问题来说是更加易于驾驭的方案，后者几乎显然需要持续的行业监管，这很快就会使得谷歌搜索成为公共设施。一纸禁令足以禁止销售已预先设置默认搜索引擎的设备并要求消费者选择默认搜索引擎。

当然，如一位记者指出的那样，使用火狐浏览器中的雅虎搜索引擎作为默认搜索引擎的消费者永远可以换回谷歌搜索引擎，确实有一些消费者如此做了。[118] 尽管如此，回应默认搜索引擎改变的市场份额的变化依然指明了一种重要的竞争政策分析法。若谷歌搜索引擎确实具有垄断地位，为何其他消费者会换回谷歌搜索引擎？假设这些消费者并未被约束而如此行为，那解释便是他们因为某些原因偏爱谷歌搜索。若如此，这与反垄断法无涉。

---

116 另一份报告则显示较大的市场份额转移至火狐浏览器用户。参见：Gregg Keizer, Yahoo's U.S. Share on Firefox Quadruples After Deal, COMPUTERWORLD (Jan. 8, 2015, 3:02 AM), http://www.computerworld.com/article/2866429/yahoos-us-share-on-firefox-quadruples-after-deal.html。

117 Keizer, supra note 116.

118 参见：Robert Hof, Why Google's Search Markets Share Loss to Yahoo Means Pretty Much Nothing, FORBES (Jan. 8, 2015, 6:02 PM), http://www.forbes.com/sites/roberthof/2015/01/08/why-googles-search-market-share-loss-to-yahoo-means-pretty-much-nothing/。

第四节　数字化、成本结构与结论：电子书反垄断案

与电子书相关的反垄断诉讼案（以下简称电子书案）[119]是一起发端于美国的涉及合谋行为的案件，最后欧洲与其他法域也提出了类似指控。苹果公司促成了图书出版商卡特尔的实现，这不仅提升了电子书的价格，还以最惠条款形式对苹果公司的竞争对手亚马逊公司施加了价格限制规则。[120]本案中，作为合同条文的最惠条款要求当出版商在苹果公司的竞争对手处——尤其是亚马逊平台——销售电子书时，其售价必须至少与其在苹果电子书商店的售价相同。[121]美国第二巡回上诉法院随后认可了相应判决。[122]

电子书技术正在改变书籍市场，其造成的影响远超上文提及的限价协议。最重要的是，电子书在急速改变整个行业的成本结构：从不菲的固定成本搭配相对较高的可变成本转变为除了许可费与小部分固定分销成本外其他成本都固定的模式。[123]

119　*In re Electronic Books Antitrust Litigation*, 859 F. Supp. 2d 671 (S.D.N.Y. 2012), *aff'd sub nom.* United States v. Apple, Inc., 791 F.3d 290 (2d Cir. 2015), *cert. denied*, 2016 WL 854227 (Mar. 07, 2016).

120　Id. at 673–74. 相关影响，参见：Babur De los Santos & Matthijs R. Wildenbeest, *E-Book Pricing and Vertical Restraints* 7 (NET Inst. Working Paper No. 14–18, 2014), http://www.netinst.org/DelosSantos_14-18.pdf。

121　*Apple*, 791 F.3d at 304–05. "若任何以精装形式发布的新书，其……（在苹果书店的）售价在任何时刻已经或将要高于该书在任何其他卖家处的售价……，则相应出版商应当（在苹果书店）公布一个新的、更低的售价以低至前述卖家的低价。"（删减修改了部分原文，引述某苹果公司与出版商签订的合约中的最惠条款）

122　Id. at 297.

123　Mark Graban, On Amazon, Publishers, and Book Prices, LEAN BLOG (Aug. 9, 2014), http://www.leanblog.org/2014/08/on-amazon-publishers-and-book-prices/.

对于传统出版业来说，固定成本一般指的是稿件采购费用、编辑人员劳务支出、排版设计与至少有一些的营销成本。[124] 可变成本则包括纸张和其他物料、印刷、裁剪、装订、保存、运输与零售配送等相关成本。[125] 对于反垄断执法者来说，图书出版市场从未像今天这样疑窦丛生。该市场充斥着数不胜数的小出版商且几乎不存在具有支配地位的企业。[126] 卖家的总数量以及产品之间存在的实质差异性限制了合谋行为发生的可能。一个例外即为本地化的报纸市场，相关市场主体还是可以在一定地理范围内获得市场支配地位。[127]

图书行业拥有悠久的由零售商设定并维持零售价格的传统。在美国，这一传统实际上可追溯至1908年，早于法院正式在实践中适用反垄断法的时间。在博布斯-美林公司诉施特劳斯案[128]中，最高法院拒绝执行某版权授权协议当中的限价条款。[129] 当时，法院作出判决的依据并不是反垄断政策而是版权法中的"首次售卖"原则。[130] 英国的"净书价协议"——起到的主要

---

124 R. Anthony Reese, Public but Private: Copyright's New Unpublished Public Domain, 85 *TEX. L. REV.* 585, 653 (2007).

125 Id. For data, see Price Charts, GORHAM PRINTING, http://www.gorhamprinting.com/ prices-book-printing/price-charts.html (last visited Apr. 4, 2016).

126 SIC 2731 Book Publishing—Description, Market Prospects, Industry History, REFERENCE FOR BUS., http://www.referenceforbusiness.com/industries/Printing-Publishing- Allied/Book-Publishing.html（最后访问日期为2016年4月4日）.

127 例如：*Lorain Journal Co. v. United States*, 342 U.S. 143, 146–47 (1951)。

128 *Bobbs-Merrill Co. v. Straus*, 210 U.S. 339 (1908).

129 Id. at 350; 参见：Christina Bohannan & Herbert Hovenkamp, *Creation Without Restraint: Promoting Liberty and Rivalry in Innovation* 372 (2012)。

130 *Bobbs-Merrill Co.*, 210 U.S. at 350.

作用就是防止书籍的折扣价格低于出版商宣布的价格——就是一个例子。[131] 今天，大部分零售价格维持协议再次在美国获得了合法地位，[132] 虽然欧盟与加拿大以更严苛的标准对待之。[133]

电子书极大地改变了图书出版市场的成本结构。版权采购、编辑排版成本，以及仍然具有可变性的许可费，但是编辑排版成本随着电脑文字处理技术的普及已经变得低廉了很多。[134] 一旦书籍被录入为电子格式，出版商就已经支付了除广告和营销之外的绝大部分固定成本。[135] 此外，虽然出于某些目的广告费用会被视为可变成本，但它并不与每本被售出的书直接挂钩。实际上，与电子书配套的广告本身就是电子化的。除了电子书的源文件外，根本不需要储存其他副本。出版商可以几乎不受限制地生产副本，相应的电子传输成本几乎微不足道。

这一成本结构的变化对于图书市场的影响是显著的，许多影响还未显现。首先，正如电子书案所诠释的，该变化会激励

---

131 Amelia Fletcher, Office of Fair Trading, An Evaluation of the Impact upon Productivity of Ending Resale Price Maintenance on Books 20 (2008), http://webarchive.nationalarchives.gov.uk/20140402142426/ http://www.oft.gov.uk/shared_oft/economic_research/oft981.pdf; 参见：Frederick Orridge Macmillan, The Net Book Agreement 1899 and the Book War: 1906–1908, at 1–30 (1924)（回顾了相应历史）；Herbert Hovenkamp, The Sherman Act and the Classical Theory of Competition, 74 *IOWA L. REV.* 1019, 1058 n.244 (1989)。

132 *Leegin Creative Leather Prods. Inc. v. PSKS, Inc.*, 551 U.S. 877, 882 (2007).

133 Bhawna Gulati, Minimum Resale Price Maintenance Agreements—and the Dilemma Continues, 8 *COMPETITION L. REV.* 129, 134 (2012).

134 Hean Tat Keh, Evolution of the Book Publishing Industry, 4 *J. MGMT. HIST.* 104, 105, 111 (1998).

135 William Skidelsky, The True Price of Publishing, GUARDIAN (Aug. 4, 2011, 10:04 AM), http://www.theguardian.com/books/booksblog/2011/aug/04/price-publishing-ebooks.

合谋行为的产生。[136] 在许多高固定成本行业，这已然成为事实。竞争趋于将价格趋近于可变成本或边际成本，此时，价格收益往往无法覆盖固定成本开支。在出版行业弥补该不足的方式即为产品差异性：书籍的名称都是独一无二的，这至少会给出版商保留一些价格自主性。

电子书行业的崛起急剧冲击了传统实体书店的销量与全国范围内的实体书（平装与精装）的分销。[137] 最终，其甚至有可能直接威胁所有独立于出版商的图书零售商——包括亚马逊或苹果这样的巨头——的生存。虽然苹果公司 30% 的加价幅度早就广受瞩目，真实市场中独立出版物的加价幅度从低于上述 30% 到超过 100% 不等。[138] 考虑到其提供的服务，这种加价幅度不可谓不高。出版商并不需要保存电子书，也不太需要考虑退货或货损。因此，商业风险是最小的。绝大部分相关的出版及营销信息都是电子形式的，且直接由出版商提供。诚然，诸如亚马逊与苹果这样的经销商提供可以直接阅读的书籍版本，但这一市场竞争激烈，新进入者层出不穷。[139] 许多大型图书出版商，诸如企鹅兰登书

---

136 参见：*In re Elec. Books Antitrust Litig.*, 859 F. Supp. 2d 671 (S.D.N.Y. 2012), *aff'd sub nom. United States v. Apple, Inc.*, 791 F.3d 290 (2d Cir. 2015), *cert. denied*, 2016 WL 854227 (Mar. 07, 2016)。

137 G.D., The Future of the Bookstore: A Real Cliffhanger, ECONOMIST: PROSPERO (Feb. 27, 2013, 7:05 PM), http://www.economist.com/blogs/prospero/2013/02/future-bookstore.

138 参见：L. Gordon Crovitz, Apple's 30% E-Book Commission Is 100% Legal, WALL ST. J. (June 9, 2013, 7:00 PM), http://www.wsj.com/articles/SB10001424127887323844804578531433167811270。

139 参见：Rory Maher, Here's Why Amazon Will Win the eBook War: Kindle Already Has 90% eBook Market Share, BUS. INSIDER (Jan. 13, 2010, 12:38 PM), http://www.businessinsider.com/amazon-selling-90-of-all-e-books-2010-1（描述了电子书市场越来越激烈的竞争）。

屋公司、阿歇特公司、哈珀·柯林斯公司、西蒙与舒斯特公司、麦克米伦公司、禾林公司与许多准大学图书出版商,诸如牛津大学出版社、哈佛大学出版社与剑桥大学出版社也出版各种格式的电子书。[140] 其他公司,诸如宾夕法尼亚大学出版社,更偏好直接经销更为通用的电子书格式,例如 Adobe 数字版或 Bluefire 阅读版。[141] 而早已失去版权保护的,于 1923 年之前在美国出版的书籍的电子版更是拥有诸多不同的版本格式。[142]

当图书市场中的中间商数量严重过剩时,或会出现下述情况:为了生存,诸如亚马逊与苹果这样的中间商必须向出版商提供充分的资源以证明其为最佳选择。除此之外,它们还会利用诸如技术不兼容性或与其专有设备捆绑的技术达到此目的。这些约束性的利用行为或许可以延缓更有效率的图书分销模式的出现,但不太可能永远奏效。

并不存在合理的技术或商业理由解释为什么出版商或出版商联盟不能直接向同一个互联网网址直接分销电子书。相应地,一个类似于规制广播电台或其他媒体播放录制音乐的"一揽子授权"的系统很有可能会出现。[143] 作者的书籍将被电子化,随后通过非排他性许可被录入一个可被特定网站访问的大型数据库。读者在付费后便可以下载任意书目,随后他们可自己保存该电子版或使

---

140 参见:Maureen Sullivan, Libraries and Book Publishers, 22 *ME. POL'Y REV.* 48, 48 (2013)。

141 参见:Ebooks from Penn Press, UNIV. OF PA. PRESS, http://www.upenn.edu/pennpress/about/ebooks.html(最后访问日期为 2016 年 4 月 4 日)。

142 参见:Sally W. Grotta & Daniel Grotta, E-reader Roundup: 8 Devices Compete for the Crown, ITWORLD (Sept. 15, 2010), http://www.itworld.com/article/2748933/personal-technology/e-reader-roundup--8-devices-compete-for-the-crown.html。

143 参见:*Broad. Music, Inc. v. Columbia Broad. Sys., Inc.*, 441 U.S. 1, 22–25 (1979)。

用特定网站运营的云存储服务保存之。该网站可以提供任何格式与数量的书籍。与这一系统相关的交易成本将会非常低。若该网站由出版商自己运营，中间商及相应差价还会被消灭。

虽然一些书籍出版市场的观察者看到一种垄断性平衡的存在有利于诸如亚马逊这样的超级中间商，[144] 该行业组织的历史与反垄断实践则昭示了完全相反的结论。两个强大且革命性的促进产出提升的现象与此相关，即：纵向整合与标准趋同。

企业在有利可图时才会进行纵向整合，利润的增长主要得益于市场化交易昂贵成本的消除；企业内部运行机制通畅所节约的生产成本；上游或下游市场中双重边缘化、垄断与卡特尔定价的消失。[145] 例如，那些恐惧加油站进行合谋的炼油厂或以直接向其全资拥有的加油站供油来进行回应。

144　参见：Keith Gessen, The War of the Words, VANITY FAIR (Dec. 2014), http://www.vanity fair.com/business/2014/12/amazon-hachette-ebook-publishing; Jeremy Greenfield, How the Amazon-Hachette Fight Could Shape the Future of Ideas, ATLANTIC (May 28, 2014), http://www.the atlantic.com/business/archive/2014/05/how-the-amazon-hachette-fight-could-shape-the-future- of-ideas/371756; George Packer, Cheap Words: Amazon Is Good for Customers. But Is It Good for Books?, NEW YORKER (Feb. 17, 2014), http://www.newyorker.com/magazine/2014/02/17/cheap-words; David Streitfeld, Amazon, a Friendly Giant as Long as It's Fed, N.Y. TIMES (July 12, 2014), http://www.nytimes.com/2014/07/13/technology/amazon-a-friendly-giant-as-long-as-its- fed.html; Steve Wasserman, When Will the Justice Department Take on Amazon?, NATION (July 16, 2014), http://www.thenation.com/article/180681/when-will-justice-department-take-amazon。

145　参见注 48 中霍温坎普著作第九章关于美国早期纵向整合历史的介绍，并讨论了这些原理，参见：Herbert Hovenkamp, *Enterprise and American Law, 1836–1937*, at 296–347 (1991)。随后的历史，参见：Herbert Hovenkamp, *The Opening of American Law: Neoclassical Legal Thought, 1870–1970*, at 220–39 (2015)（下文简称为：Hovenkamp, *Opening of American Law*）。

由出版商拥有的经营联合体可以有效消除由第三方进行分销时引起的双重边缘化问题，尤其在阅读设备市场充满竞争的情况下。双重边缘化发生于企业处于买方—转卖方关系之中或提供辅助性产品之时，每一家企业都拥有一定的市场力量，但两家企业却无法协调它们的产能。[146] 这种情况下每一家企业都会独立实施利益最大化的行为。且最终价格会比其他情况下更高，而产量则会比其他情况下更低。[147] 若出版商直接向消费者销售其书籍，双重边缘化对于书籍来说就不会是一个问题，而唯一需要担忧的就是电子书阅读设备市场中的市场力量。而对于这一问题，只要阅读设备硬件市场依旧富于竞争，或适合阅读多种格式电子书的应用能够以零元或极低的成本被消费者获取，双重边缘化也不会是一个问题。今天，许多能够阅读各类电子书格式的软件都能够免费下载。[148]

　　在电子书行业，亚马逊的溢价幅度，暗示溢价已超过了分销成本，这为纵向整合提供了一个经典的机会。数字分销模式的一个特征即为纵向整合的成本是非常低的，显然是远低于建造一个全国性的加油站或零售商店网络。只要亚马逊与苹果公

146　De los Santos & Wildenbeest, supra note 120, at 2.
147　关于纵向关系中的双重边缘化问题的论述，参见：3B Phillip E. Areeda and Herbert Hovenkamp, *Antitrust Law* ¶ 758 (4th ed. 2015)。对于电子书市场中由第三方分销协议所引起的双重边缘化问题，参见：Germain Gaudin & Alexander White, *On the Antitrust Economics of the Electronic Books Industry* 3 (Dusseldorf Inst. For Competition Econ., Discussion Paper No. 147, 2014), http://papers.ssrn.com/sol3/papers.cfm?abstract_id=2352495。
148　例如，ePUB 阅读器是最广泛被支持的格式。EPUB READER FOR WINDOWS, http://epub-reader-for-windows.en.softonic.com/download （最后访问日期为 2016 年 4 月 4 日）。

司还在为其提供的电子书分销服务收取昂贵的费用，就可以期待出版商实施纵向整合。这会惠及作者、艺术家与消费者。

还需注意，传统的图书卖家除了销售书籍之外还会提供重要的实时信息指引。例如，在一家高品质书店工作的消息灵通的前台员工能够成为一个信息宝库。但网络资源——包括专业的书评与读者的评价——的激增，正加速蚕食着前述特殊信息指引服务的存在。

对于单一标准的趋同来说，可以假设大部分读者都希望他们能非常方便地获取电子书，这意味着读者能够在一个设备当中读取并储存所有电子书资源。互不兼容的设备或互不兼容的电子书格式会阻碍前述目标的实现，而亚马逊成功的部分原因，至少源于其能够提供一站式的阅读服务与最大的线上商店，至少对于还受版权保护的书籍来说如此。即使如此，还是必须作出一些让步。例如，亚马逊从未在阅读设备市场获得显著的市场地位，[149] 就像人们希望能够在一个地方阅读一样，他们也希望在同一个地方进行其他类型的计算机活动。所以亚马逊为苹果手机用户、苹果平板用户、微软系统和安卓系统用户提供除了 Kindle 阅读器之外的免费 Kindle 阅读软件。[150] 其实，亚马逊控制权的实现有赖于其专有软件和电子书格式。读者可自由地将其他设备上的电子书传输至 Kindle 阅读软件，但 Kindle 阅读

---

[149] 2015 年的数据表明苹果平板电脑有近 28% 的市场份额，而亚马逊平板电脑只有大约 2.3% 的市场份额。Neil Hughes, Though Apple's iPad Sales Shrank, Amazon's Kindle Fire Took 70% Nosedive Last Quarter, APPLEINSIDER (Feb. 2, 2015, 9:18 AM), http://appleinsider.com/articles/15/02/02/though-apples-ipad-sales-shrunk-amazons-kindle-fire- took-70-nosedive-last-quarter.

[150] Free Kindle Reading Apps, AMAZON, http://www.amazon.com/gp/help/customer/display.html?nodeId=200783640 (last visited Apr. 4, 2016).

器中的电子书并不那么容易能转换为非 Kindle 阅读软件格式。[151]

电子书高效分销的瓶颈之一即为专利标准。虽然版权与一些专利或许可以保护电子书的格式，但不同电子书的格式可以广泛存在。大部分技术的发展史即为，在最初的阶段，由于每一位卖家都倾向于销售其偏好的格式或在其分销系统中进行销售，相关技术间存在着极强的互不兼容性。在汽车发展的早期，汽车使用许多种类的燃料，而视频录像带的早期发展阶段则见证了索尼的 Betamax 格式与 VHS 格式之间的战争。随后出现的是高解析度数字视频，蓝光格式与高清 DVD 格式进行了激烈的竞争。由于多种格式的存在导致的低效率，格式的统一是行业的大势所趋。[152]今天，一大批出版商和电子书阅读器制造商簇拥在了 ePUB 格式周围。[153] 虽然亚马逊的 Kindle 文件和阅读设备在大部分情况下并不兼容 ePUB 格式，[154] 应变之法却也一直存在。[155]

---

151 用于转换 Kindle 阅读器 AZW 电子书格式的软件一般在网上也可免费下载。参见：Kevin Pan, How to Convert Kindle AZW to EPUB/PDF/RTF/TXT Format?, EBOOK-CONVERTER, http://www.ebook-converter.com/69-how-to-convert-kindle-azw- other-format.htm （最后一次更新于 2015 年 11 月 30 日；从 AZW 格式转换为 ePUB 格式）。

152 参见：Bohannan & Hovenkamp, supra note 129, at 357–63（回顾了不统一的格式的发展历程）。

153 参见：EPUB, INT'L DIG. PUBL'G F., http://idpf.org/epub （最后访问日期为 2016 年 4 月 4 日）。

154 参见：Nelson Aguilar, How to Add Any eBook Format to Your Kindle Fire HDX, WONDERHOWTO, http://fire.wonderhowto.com/how-to/add-any-ebook-format-your-kindle-fire- hdx-0156913/（最后访问日期为 2016 年 4 月 4 日）。

155 参见：Derrick Schultz, How to Convert Your ePub to a Kindle Format, EPUBSECRETS (Apr. 13, 2014), http://epubsecrets.com/convert-epub-to-kindle-mobi-format.php (last visited Apr. 4, 2016); How to Read ePubs on Kindle Fire, WIKIHOW, http://www.wikihow.com/Read-ePubs-on-Kindle-Fire （最后访问日期为 2016 年 4 月 4 日）。

最后，作者们的困境并不难理解。正如前文所述，作者群体已经呼吁对电子书——尤其是亚马逊对电子书——的定价进行反垄断调查。在大部分情况下，作者按照销售价格的一定比例签署版权协议获得预期收益，这一比例一般是销售总价的10%到20%。[156] 由于电子书技术急剧降低了各类可变成本，电子书的价格也急剧下降。所以作者们并未因为他们写的书销量减少而受到损害；相反，书籍的销量其实更高了。[157] 作者们受到损害是因为每一本书籍的价格比以前低得多。然而，这并不是一个反垄断问题，而是在相关合同的起草阶段需要解决的问题。值得特别注意的是，那些在电子书出现之前起草的合同所根植的许多概念现在被认为是"过时的"，因为它们给作者提供的补偿实在太少了。例如，若作者按照每一份售出的书籍获得一个统一费率的版税而不是按照售出价格的百分比获得收益，作者会受益而非受损。长期来看，可以期待作者们的处境会更好。销量将会更高且出版商与作者之间将会平摊更少的生产成本。最终的输家将会是诸如实体书店这样的传统中间商。

这些得失无外乎都是技术革新所带来的典型利益分配调整，它使一些市场参与者获益，而同时损害另一些参与者的利益，在这一过程中还会引起痛苦的变化。但是，作者们的反垄断诉求也许并不比当世界开始转向电动车时加油站所有者们的反垄

---

156 例如，作者与若干出版商签订了合同，包括阿斯潘出版社、西部学术出版社、律商联讯出版社、牛津大学出版社和哈佛大学出版社。所有合同都以净批发价的10%—20%为基准设定版税。

157 参见，Hui Li, *Cannibalization or Market Expansion? The Impact of E-Books on Print Book Sales* 3 (Carnegie Mellon Working Paper, Feb. 20, 2015), http://papers.ssrn.com/sol3/papers.cfm?abstract_id=2613757（认为42%的电子书销量来自于对传统书籍市场的争夺，而剩下的58%销量来自于市场的扩张）。

断诉求来得多，也不会比运输方式开始告别马匹时铁匠们的诉求来得多。

第二巡回法院适用本身违法原则[158]并认定苹果教唆出版商们合谋对抗亚马逊的行为违法从法律角度看似乎是正确的，而从政治角度看几乎绝对是正确的。若允许出版商们缔结限价协议与联合抵制协议将会减缓整个行业转向电子书占据稳定地位的新平衡的速度。

作为反垄断法的一个事项，苹果公司的教唆是"赤裸裸"的约束行为，其成功与否完全取决于苹果公司对价格的掌控能力，或者说，取决于苹果公司的市场力量。[159]在这种情况下，在亚马逊平台销售的出版商卡特尔想要取胜，就必须迫使亚马逊提高其所销售电子书的售价。这种赤裸裸的约束行为一般受到反垄断本身违法原则的规制，其并不需要证明存在市场力量。此时，只要证明存在成功的约束行为这一事实就能推定存在市场力量。

第二巡回法院判决中的一份异议意见并未反驳上述事实，但却抗议道[160]这种对于本身违法原则的适用似乎与最高法院在勒根创意皮革制品公司诉 PSKS 公司案中的判决附带意见并不相符，该案中，法院认为：

> 一群零售商可合谋限定向消费者收取的价格，然后强迫制造商通过维持转售价格来协助执行该不法商业安排。

---

158 *United States v. Apple, Inc.*, 791 F.3d 290, 335 (2d. Cir. 2015), cert. denied, 2016 WL 854227 (Mar. 07, 2016).

159 参见：11 Herbert Hovenkamp, *Antitrust Law* ¶ 1906 (3d ed. 2012)。

160 *Apple*, 791 F.3d at 346 （雅各布斯法官的反对意见）, cited *Leegin Creative Leather Prods., Inc. v. PSKS, Inc.*, 551 U.S. 877, 893 (2007).

在这种情况下，该制造商并未实施促进其服务或宣传其品牌的行为，但却使得低效率的零售商获得了更高的利润。拥有更好的分销系统与更低成本结构的零售商因为该协议而无法收取一个更低的价格……

由相互竞争的制造商或相互竞争的零售商组成的减少产出或抑制竞争以涨价的卡特尔是——也应当被认定为——本身违法。根据本身违法规则，只要纵向协议以促进任何类型的卡特尔之实现为目的且对最低转售价格进行限定，其也应当被认为违法。[161]

这些判决附带意见[162]显然仔细构想了一种情形，该情形下预先已经存在的卡特尔通过限制转售价格协议来强迫一家制造商作为卡特尔实施的工具参与其中。这一卡特尔的存在会与制造商的独立利益相抵触，因为制造商的利益在下游市场充满竞争时才会最大化。而现在，其不得不接受限制转售价格协议来维持卡特尔们的生意。

然而，这种情形与上文提及的苹果公司的案例殊为不同，因为苹果公司实际上在诱导出版商们主动在彼此之间共同合谋对另外一家公司——即亚马逊公司——收取一个更高的价格，而亚马逊与这些出版商都具有纵向商业关系，但却与苹果公司具有竞争关系。[163] 苹果公司希望达成的限制效果旨在促进其进

---

161 *Leegin*, 551 U.S. at 893.
162 相关陈述只是判决附带意见，因为勒根案并不涉及卡特尔，而只涉及一家制造商与一家零售商之间的协议。Id. at 883. 法庭对于横向卡特尔的讨论是假设性的，出现于一处对于转售价格限制的利弊分析的讨论中。Id. at 893–94.
163 *Apple*, 791 F.3d at 308–09.

入电子书市场，但其成效却取决于苹果公司是否能够成功迫使亚马逊将定价提高。[164] 如此一来，苹果公司的盈利取决于其影响其他公司涨价的能力，故其构成横向保护苹果公司不受亚马逊更低价格威胁的赤裸裸的限制行为。最高法院在 NYNEX 公司诉迪士康公司案[165]中注意到了这一区别，并认为本身违法原则可恰当地适用于克罗尔（Klor）案中具有纵向关系的企业，该案中，某零售商被指控在主要电器制造商之间精心策划了一个要求它们共同抵制一家与其具有竞争关系的商店的合谋行为。[166] 本身违法原则在此案中得到了适用，因为涉案公司被指控教唆一众制造商以卡特尔方式抵制某公司，正如苹果公司教唆图书出版商以卡特尔方式强迫亚马逊涨价一样。[167]

第五节　网络中立性

"网络中立性"一词意涵丰富。对于一些人来说，"中立性"意味着对所有用户收取相同的阶段性价格，比如每个月 40 美元，无论他们的消费能力与使用速度如何。对于其他人来说，该词意味着根据用户的消费情况按比例收取费用，这会使得消费能力强或使用速度快的用户支付更多费用。有些人不会考虑

164　同上。
165　*NYNEX Corp. v. Discon, Inc.*，525 U.S. 128 (1998).
166　*Klor's, Inc. v. Broadway-Hale Stores, Inc.*, 359 U.S. 207, 212–13 (1959).
167　比较：*Toys "R" Us, Inc. v. FTC*, 221 F.3d 928, 932 (7th Cir. 2000)（玩具零售商组织策划了玩具制造商的卡特尔）。另见：*MM Steel, LP v. JSW Steel (USA), Inc.*, 806 F.3d 835, 849 (5th Cir. 2015)（法院拒绝解释勒根案使得本身违法原则可对下述案情强制适用：钢铁制造商通过参与——由希望获得更低价格的经营者主导的纵向联合相关钢铁分销商实施的——联合抵制行为并进而促成了该行为）。

观众而着眼于内容供应商，他们考虑的是能否通过支付更多的费用来获得更大的带宽与更快的网络传输速度，以观赏特定内容。有些人则会考量是否若干供应商遭遇了歧视性待遇或因为经济或非经济原因被排除出市场。[168] 从更普遍的角度来说，网络中立性还可以指承诺给予所有用户若干最低质量的服务这一情况。[169] 由于互联网是一个双边市场，互联网服务供应商（ISPs）同时从消费者与内容供应商处赚取利润，网络中立性的定义在该背景下更显复杂。[170]

网络中立性并不是反垄断领域独有的甚至是主要的问题。若互联网服务供应商主导的纵向整合导致了下游的内容供应竞争者被排除出市场或受到歧视性待遇，反垄断或具有了相关性。在美国，上述商业行为并未频繁违反反垄断法，虽然在并购案件[171]中它们一定会被涉及且潜在地与那些涉及排他商业行为、搭售安排或独家合同的法律相关。欧盟法管理的事项更为宽泛，且欧盟议会最近对供应商所拥有的歧视性提供各类服务的行为这一能力作出了重要的限制。[172]

对网络中立性的关切在诸如有线电视公司这样的老一代科技企业试图通过阻碍诸如互联网宽带这样的新技术的发展以保护其市场地位时更显重要。[173] 从长远来看，支持政府对网络中立性进

---

168 参见：Barbara van Schewick, Network Neutrality and Quality of Service: What a Nondiscrimination Rule Should Look Like, 67 *STAN. L. REV.* 1, 7, 16 (2015)。
169 Id. at 135.
170 关于市场的双边性，参见注 87—88 及相关上下文。
171 参见：Babette E.L. Boliek, FCC Regulation Versus Antitrust: How Net Neutrality Is Defining the Boundaries, 52 *B.C. L. REV.* 1627, 1634 (2011)。
172 参见：EU Actions, EUROPEAN COMM'N, https://ec.europa.eu/digital-agenda/en/eu-actions（最后一次更新于 2015 年 10 月 27 日）。
173 参见注 182—193 及相关上下文。

行保护的动机很可能是出于这类限制行为对创新所带来的威胁。

主导涉及网络中立性的更宏大论辩的一个议题即为互联网从所有实践意义上来说都成为了"公共高速公路",无处不在于每个人的日常生活中。因此,类似于"(互联网服务是)普遍服务"这种主导公共基础设施政策的观点不可被忽视,且该观点甚至可合理化对部分相关的市场进行保护或补贴的行为。[174] 但从根本上来说,这些并不是反垄断议题,反垄断法也没有好的工具应对这些问题。只要这些问题依然重要,就应要求政府对于这些与反垄断无关的,但与价格和服务可获得性相关的事项进行监管。

此处的讨论仅限于反垄断政策,其聚焦于由网络中立性的缺失所可能引起的竞争关切。作为一项反垄断事宜,对于互联网分销的关切主要是为了保持竞争,这意味着必须保持市场产出的最大化且不得以不合理手段将网络服务供应商或内容供应商排除出市场。[175] 这意味着,当不存在横向合谋行为时,反垄断最根本的关切就是"瓶颈"问题。

美国反垄断法恰当地认为,当完成纵向整合的企业试图将与其资产竞争的节目排除出市场时,就会产生竞争问题。例如,网络服务供应商 Comcast 有线电视公司同时也是 NBC 电视台的所有者,后者为一家包括电影在内的内容节目大型分销商。若 Comcast 有线电视公司试图通过对 NBC 的竞争对手网飞公司——一家主营电影与电视节目的知名流媒体公司——施加限制来缓解 NBC 所面临的竞争,这当然会引发反垄断问题。这类问题通常是通过有关

---

174 Universal Service, FED. COMMC'NS COMM'N, https://www.fcc.gov/encyclopedia/universal-service(最后访问日期为 2016 年 4 月 4 日;对存在于电话服务与互联网服务领域的"普遍服务"进行了讨论)。

175 参见:van Schewick, supra note 168, at 58。

纵向并购的法律预先进行处理的；而在不存在并购交易的情况下，则由排他合同或拒绝交易相关法律进行规制。[176] 当市场中存在一家具有支配地位的互联网服务供应商时，这一问题最为严重。

定价则是另外一个问题。一般来说单独的定价行为并不时常涉及反垄断问题，除非一家具有支配地位的纵向整合企业以优待其自身资产的方式定价，且此时并不存在合理的替代性方案。首先，在电话、电力、天然气等类似技术性质的行业中，按照单位进行定价是常见手段。其次，与排除竞争者无关的价格歧视行为一般会起到提升总体产出的效果，是提升效率的行为，且这几乎是公共设施政策与生俱来的特质。[177] 因此，对于用户或内容供应商的差别定价很少会引起反垄断问题，除非企业定价的动机是为了排除竞争对手或限制其竞争力。社会或希望强制执行特定的价格歧视规则以提高产出或满足明确且普遍存在的服务义务，但其并不是反垄断规则。

联邦通信委员会将互联网定义为公共承运商，这使得联邦通信委员会对互联网产业拥有一揽子类似于其对电话服务所拥有的监管权限。[178] 联邦通信委员会还颁布了一揽子有关网络中立性的

---

176 参见：7 Phillip E. Areeda & Herbert Hovenkamp, *Antitrust Law*, Ch. 14D (3d ed. 2011)。对于相应关切如何与互联网歧视性规则产生联系，参见：van Schewick, supra note 168, at 54–58。

177 参见：3A Phillip E. Areeda & Herbert Hovenkamp, *Antitrust Law* ¶ 721 (4th ed. 2015); Daniel A. Lyons, Internet Policy's Next Frontier: Usage-Based Broadband Pricing, 66 FED. COMM. L.J. 1, 22–23 (2013); Christopher Yoo, Is There a Role for Common Carriage in an Internet-Based World?, 51 HOUS. L. REV. 545, 575–76 (2013)。

178 FED. COMMC'NS COMM'N, GN DOC NO. 14-28, *Protecting and Promoting the Open Internet* 3–4 (2015), https://apps.fcc.gov/edocs_public/attachmatch/FCC-15-24A1.pdf. 值得借鉴的评论，参见：Rob Frieden, Déjà vu All Over Again: Questions and A Few Suggestions on How the FCC Can Lawfully Regulate Internet Access, 67 FED. COMM. L. J. 325 (2015)。

规定，其首要目的是禁止创制或屏蔽会优待某些内容的"快速"线路。[179]这些规则的出台招致了大量过激言论，其中就包括诸如威瑞森（Verizon）公司的愚蠢主张，即：这类监管是不请自来的，因为其基于1934年颁布的《通讯法》，而该法案主要适用于监管"蒸汽机车与电报行业"。[180]然而事实是，《通讯法》与很多联邦监管法案一样，已经被修订多次。今天我们对于公共承运商监管的定义与1934年时相比，早已大相径庭，如今的监管力度更轻且反垄断法和替代性规制手段的适用空间也更大。[181]

当具有牢固市场地位的老技术遭遇包括互联网技术在内的新技术时，反垄断或发挥更重要的作用。这一问题在最终被否

---

179 *In re Protecting and Promoting the Open Internet, Report and Order on Remand, Declaratory Ruling, and Order,* 30 FCC Rcd. 5601（2015年2月26日通过），http://transition.fcc.gov/Daily_Releases/Daily_Business/2015/db0312/FCC-15-24A1.pdf . 参见：Lawrence J. Spivak, What Are the Bounds of the FCC's Authority over Broadband Service Providers?—A Review of the Recent Case Law, 18 *J. INTERNET L.* 1 (2015)（讨论了联邦通信委员会的相关历史与采取过的措施）。

180 Press Release, Verizon, Title II Regulations a 'Net' Loss for Innovation and Consumers (Feb. 26, 2015), http://publicpolicy.verizon.com/assets/docs/VZ_NR_--_2-26-15_VZ_Statement_on_Open_Internet_Order_FINAL_1.pdf. 通过回顾1934年的相关条款嘲弄联邦贸易委员会的相关规章，并暗示相关规章是来自20世纪30年代的产物。

181 1A Phillip E. Areeda & Herbert Hovenkamp, *Antitrust Law* ¶¶ 240–241 (4th ed. 2014). 关于反垄断的作用，参见：FED. COMMC'NS COMM'N, supra note 178, at 6 n.12。"以创制或实施相关规则为目的，本命令并非意在认定一家或多家宽带供应商拥有任何特定的市场力量。因此，这些规则不能也不具有处理已经或可能发生的与市场力量的获取、维持或滥用相关的事项。此外，还应注意到本委员会是以一种既辅助反垄断执法机构的工作又支持它们实施反垄断法的方式进行的。本命令不欲以任何方式排除司法部反垄断局或本委员会本身履行依据《克莱顿法》第7条所承担的相应责任，或排除本委员会在审核相关交易时适用必须遵守的公共利益标准。"

决的 Comcast 有线电视公司与时代华纳有线电视公司的并购案与被批准的 AT&T 公司和 DirecTV 公司（一家卫星电视供应商）的并购案中被凸显。[182] 上述并购案件同时涉及使用旧有技术的有线电视公司与使用相对较新技术的互联网服务提供商。互联网的"点播"放送模式正飞速取代传统硬接线有线电视的预定节目单放送模式。[183] 更年轻的观众们抛弃有线电视是非常重要的事件。[184] 该市场如今风起云涌且越来越多的非有线电视模式的替代方案在出现。在 2015 年 1 月，ESPN 电视台与 Dish Network 公司宣布提供独立的允许拥有宽带的用户直接通过互联网观看各类频道节目的网络流媒体服务。[185] 这几乎必然会加速用户从传统的有线电视服务向基于互联网的电视服务的转

---

182 参见：Thomas Gryta & Shalini Ramachandran, FCC Delays Reviews of Two Big Mergers, *WALL ST. J.*, Mar. 14, 2015, at B4。Comcast 有线电视公司与时代华纳有线电视公司的并购并不成功。Roger Yu & Mike Snider, How Comcast, Time Warner Cable Deal Unraveled, USA TODAY (Apr. 25, 2015, 12:27 PM), http://www.usatoday.com/story/money/2015/04/24/how- comcast-deal-to-buy-time-warner-cable-fell-apart/26313471/ （为时代华纳董事会投票反对交易提供了解释）. 然而，AT&T 公司与 DirecTV 公司的并购却是成功的。Roger Yu, FCC Approves AT&T's Acquisition of DirecTV, USA TODAY (July 27, 2015, 10:01 AM), http://www.usatoday.com/story/money/2015/07/24/fcc-approves-ts-acquisition-directv/30626421/.

183 Jeffrey Prince & Shane M. Greenstein, *Measuring Consumer Preferences for Video Content Provision Via Cord-Cutting Behavior* 2 (Telecomm. Policy Research Conference Working Paper No. 41, 2015), http://papers.ssrn.com/sol3/papers.cfm?abstract_id=2241680.

184 Id. at 13, 37–38 tbl.2.

185 Emily Steel, Dish Network Unveils Sling TV, a Streaming Service to Rival Cable (and It Has ESPN), N.Y. TIMES (Jan. 5, 2015), http://www.nytimes.com/2015/01/06/business/ media/dish-network-announces-web-based-pay-tv-offering.html.

移。[186] 包括索尼公司、HBO 公司与苹果公司在内的诸多公司也已经宣布将会或正策划以更有限的方式进入相应市场。[187] 本文写就之时，联邦通信委员会已经提议将有线电视机顶盒与有线电视服务脱钩。脱钩将使"通用机顶盒"的使用成为可能，其使有线电视内容格式更方便进行转换，进而使其与非有线电视内容竞争时更具竞争力。[188]

有线电视公司不仅在提供互联网服务方面掉队，而且还在抵制用互联网作为替代方案提供节目内容与服务，这一过程显然限制了创新。原因不言自明：互联网技术相比于有线技术，更具有效率与竞争力。这种对互联网技术的恐惧，从网飞公司极力反对 Comcast 公司的并购案中便可见一斑，[189] 网飞认为有线电视企业会给带宽设置上限或以一种提高网飞与其他互联网

186　同上。
187　参见：HBO NOW, http://order.hbonow.com/（描述了只通过互联网提供的 HBO 服务）；Angela Moscaritolo, Sony Gearing Up for Official Playstation Vue Launch, PC MAG (Mar. 12, 2015, 2:10 PM), http://www.pcmag.com/article2/0,2817,2478204,00.asp（描述了 PlayStation 用户还能够使用的有线服务替代方案）；Emily Steel & Brian X. Chen, Apple Said to Plan Limited, Low-Cost Streaming Service, N.Y. TIMES (Mar. 17, 2015), http://www.nytimes.com/2015/03/18/business/media/apple-said-to-plan-limited-low-cost-stream ing-service.html（描述了苹果公司向不同网络提供节目的潜力）。
188　参见：Notice of Proposed Rulemaking, In re Expanding Consumers' Video Navigation Choices, FCC 16-18 (Feb. 18, 2016), 2016 WL 759903 (F.C.C.), http://transition.fcc.gov/Daily_Releases/Daily_Business/2016/db0218/FCC-16-18A1.pdf。
189　参见：Cecilia Kang, Netflix Opposes Comcast's Merger with Time Warner Cable, Calls It Anticompetitive, WASH. POST (Apr. 21, 2014), https://www.washingtonpost.com/news/the- switch/wp/2014/04/21/netflix-opposes-comcasts-merger-with-time-warner-cable-calls-it-anticomp etitive（讨论了网飞对 Comcast 公司与时代华纳公司并购案的反对意见）。

内容服务商成本的方式进行定价。[190]然而,这一问题是很复杂的。一方面,有线电视公司从互联网流媒体服务中获得的收入会比它们从传统节目播放中获得的收入少。另一方面,消费者为了获得互联网接入服务,往往还要额外支付一笔费用,很多时候,这笔费用相较于消费者获得的带宽,颇为不菲。[191]

另一显著的竞争威胁来自上游市场,即互联网服务供应市场。在美国,数家互联网公司提供互联网宽带服务,但它们拒绝部署更大的带宽设施。[192]谷歌公司、AT&T公司与其他小公司正在许多社区提供"超高速宽带"安装服务。[193]然而,这类宽带的安装一般与有线电视公司没有任何关系,虽然其可能会与卫星电视服务进行捆绑。

对于有线电视公司来说,上游市场的这一情况有些岌岌可危,因为其提供的替代性服务的范围与强度正与日俱增。根据现有替代方案,面对有线电视公司对网速或接入的限制,

---

190 参见: C. Robert Gibson, How a Mid-Sized Tennessee Town Took on Comcast, HUFFINGTON POST: THE BLOG (May 6, 2015, 5:59 AM), http://www.huffingtonpost.com/carl- gibson/chattanooga-socialism_b_6812368.html(提供了一个发生在美国田纳西州查塔努加地区的有趣案例)。

191 参见: Roger Yu, Cable Companies Cap Data Use for Revenue, USA TODAY (Oct. 1, 2012, 7:13 PM), http://www.usatoday.com/story/tech/2012/10/01/internet-data-cap/1595683/(讨论了 Comcast 公司与时代华纳公司收取的越来越昂贵的数据服务费用)。

192 同上。

193 参见: Mike Freeman, AT&T Working on Ultra High Speed Internet, SAN DIEGO UNION TRIBUNE (Apr. 21, 2014, 5:07 PM), http://www.sandiegouniontribune.com/news/2014/apr/21/ AT-and-T-high-speed-Internet-DSL-Reports-Google/; Milo Medin, Ultra High-Speed Broadband Is Coming to Kansas City, Kansas, GOOGLE BLOG (Mar. 30, 2011, 4:15 PM), http://googleblog.blogspot.com/2011/03/ultra-high-speed-broadband-is-coming-to.html。

观众或直接放弃使用有线电视,并直接选择相关互联网服务。[194] 尽管如此,大型有线电视公司依然在许多市场享有支配地位,[195] 且可以合理推测,只要这些公司还能够获得传统有线电视行业的预期利润,它们就会继续抵制那些速度最快同时限制也最少的互联网替代方案。与此同时,有线电视公司的经营模式也可能改变。[196] 但这会何时发生,依然取决于竞争的程度。

在任何情况下,除了反垄断之外的其他监管手段更适宜解决上述绝大部分问题。在反垄断治下,即使垄断企业一般也能够自主定价或规划其产能,只要其单边实施该行为且并没有不合理地排除竞争对手。虽然有线电视企业能够控制互联网速度,该行为本身并未违反反垄断法。只有该行为具有直接排除竞争对手的效果时,才有可能。此外,有线电视节目供应商与宽带企业之间的合并若有可能在宽带市场造成限制创新的效果,则相应交易也具有反竞争效果。此外,只要符合损害市场竞争的其他条件,限制本可被提供的更快速度的互联网服务也具有反竞争效果。2010年发布的《横向并购指南》在与限制"创新

---

194 Prince & Greenstein, supra note 183, at 2, 4.
195 参见:Research and Markets: USA—Digital TV Market—Broadcasting and IPTV, BUS. WIRE (Mar. 22, 2011, 1:20 PM), http://www.businesswire.com/news/home/20110322006178/ en/Research-Markets-USA---Digital-TV-Market#.Vglco9iFPcs。
196 参见:Ben Popper, The Great Unbundling: Cable TV as We Know It Is Dying, VERGE (Apr. 22, 2015, 10:34 PM), http://www.theverge.com/2015/4/22/8466845/cable-tv-unbundling- verizon-espn-apple。

和产品多样性"相关的章节讨论了前述各种可能性。[197]然而，在联邦与州政府层面，还有一种除了利益保护之外很难反映其他目的的、造成更大损害的监管动向，即：阻止市政当局与诸如谷歌公司这样的第三方直接签订安装合同来建造或扩大本地自有的宽带服务。[198]在2004年，当最高法院判定联邦法律在与限制市政当局发展其自身的通信服务相关的法律方面并不优先适用于州法律后，这种反对市政扩张网络服务的运动获得了政治抓手。[199]日积月累，这造成了现有的有线电视公司与电话公司不断游说州立法机关颁布类似立法，现有大约20个州通过了类似法律。[200]

这些立法的基本目的就是防止在现有互联网服务供应商已经处于落后境地的情况下，市政当局进一步利用互联网所提供的更大的技术优势。[201]这些市政当局计划采购的网络在很大程

---

197 U.S. Dep't of Justice & Fed. Trade Comm'n, supra note 65, § 6.4. 2010年发布的该指南还在开篇部分陈述道："若某并购交易有可能鼓励一家或多家企业实施提高价格、减少产出、抑制创新或其他损害消费者的减损竞争的限制或激励行为，则该并购交易会加强相关企业的市场力量。" Id. at § 1; 4 Phillip E. Areeda & Herbert Hovenkamp, *Antitrust Law* ¶ 900.1c (2015 Supp.).
198 参见：John Blevins, Death of the Revolution: The Legal War on Competitive Broadband Technologies, 12 *YALE J.L. & TECH.* 85, 107–15 (2009)（回顾了截至该文发表之时相关行业的技术发展）。
199 参见：*Nixon v. Mo. Mun. League*, 541 U.S. 125, 128–29 (2004)。
200 参见：Susan Crawford, *Captive Audience: The Telecom Industry and Monopoly Power in the New Gilded Age* 255–56 (2013)。
201 同上。

度上（尽管不完全）是独立于内容供应商的。[202] 因此，市政当局并没有显著的动力歧视性对待或阻碍与其采购安装的网络竞争的节目。市政系统还能够同时提供附属服务，比如在市中心、公园、公共图书馆或其他公共建筑，甚至是地铁与公交车上提供免费 Wi-Fi 服务。[203] 至此，不难理解为何主要的有线电视公司正在发起凶猛的游说攻势以对抗市政当局采购其自有宽带网络。首先，市政当局的这类行为会加剧宽带领域的竞争。[204] 其次，由于这类网络与有线电视公司或内容供应商并不具有依附关系，市政当局成立的网络公司并没有动力扭曲或阻碍宽带技术的发展。[205]

诚然，市政当局过度投资或迟迟不兑现投资会成为一个问题。[206] 此外，得到过度补贴的市政宽带公司或可与其他宽带公司不公平地进行竞争。[207] 当某地区的宽带市场从一开始就富于

---

202 其中的一个例外是谷歌公司提供的光纤服务，虽然谷歌公司拥有 YouTube 公司，但在本文写就之时，谷歌公司似乎并未以歧视性方式对待其他节目供应方。Behind the Scenes with Google Fiber: Working with Content Providers to Minimize Buffering, GOOGLE FIBER BLOG (May 21, 2014), http://googlefiberblog.blogspot.com/2014/05/minimizing-buffering.html.

203 参见：Elissa Vallano, The Five Best Cities for Free Public WiFi, MY CITY WAY (Aug. 17, 2011), http://www.mycityway.com/blog/2011/08/17/the-five-best-cities-for-free-public-wifi-2/。

204 参见：Joshua J. Romero, FCC Gives Municipal Broadband Providers (and Internet Competition) a Boost, IEEE SPECTRUM (Feb. 26, 2015, 6:37 PM), http://spectrum.ieee.org/tech-talk/telecom/internet/municipal-broadband-providers-and-internet-competition-get-a-boost。

205 同上。

206 参见：Michael O'Reilly, *Comm'r, Fed. Commc'ns Comm'n, Remarks at the American Enterprise Institute Luncheon* (Jan. 21, 2014)。

207 同上。

竞争时，这就有可能成为一个问题。市政当局在停车服务、本地交通服务、垃圾处理服务、火警服务、电力服务甚至是教育服务与医疗服务方面永远都在与私企竞争。[208] 与宽带服务不同，所有这些服务之间的一个重要区别——它们可能从一开始就以一种市场中富于竞争的方式被提供，进而弱化了市政当局作为市场参与者加入竞争的需求。只要这些问题还存在，立法要求市政当局的宽带项目对财政负责是更好解决这些问题的方式。越来越多的包括市政当局在内的非纵向一体化宽带服务供应商进入市场肯定是一件利大于弊的事情。

再次强调，反垄断的作用是有限的。普遍的观点依然是，任何限制行为都须源于立法。正如最高法院最近再次重申的，当州立法给予并未得到政府机关足够监管的[209]利益相关市场参与者以过多的权限，或州立法未能明确授权利益相关的市场参与者实施某特定反竞争行为，[210] 州立法也能够成为反垄断审查的对象。然而，总的来说，州立法所规定的禁止事项并不具备上述特征。此外，打击限制市政当局提供互联网服务的反竞争行为更明确地来看应当属于联邦通信委员会的职权范畴，因该机构的宗旨为在互联网发展的过程中促进公共利益；在这一背景下，联邦通信委员会当然会打击限制产出或创新的商业行为。

---

208 Dennis A. Rondinelli, Partnering for Development: Government-Private Sector Cooperation in Service Provision, in *Reinventing Government for the Twenty-first Century: State Capacity in A Globalizing Society*, 219 (Dennis A. Rondinelli & G. Shabbir Cheema eds., 2003).

209 *N.C. State Bd. of Dental Exam'rs v. Fed. Trade Comm'n*, 135 S. Ct. 1101, 1111 (2015).

210 *Fed. Trade Comm'n v. Phoebe Putney Health Sys., Inc.*, 133 S. Ct. 1003, 1007 (2013).

第六节　反垄断与信息技术领域的专利

今天，许多人认为专利系统已经失灵。常见的批评即为美国专利和商标局颁发了过多的专利，这使得识别专利有效性与专利范围这一工作变得成本极高并会产生不确定的结果。[211] 这些批评并非新事，即使最高法院的法官在一个世纪前都发表过类似观点。[212] 然而，这些担忧并非均匀分布在专利制度所涉及的各行各业中。在诸如化工生产及前沿制药领域，专利制度的运行相对良好。[213] 在其他包括电力、软件与信息技术为主导的市场中，其运行状况堪忧。[214]

在信息技术领域，更加饱受争议的专利与竞争法事项涉及标准制定、公平合理无歧视授权义务、要求对负有公平合理无歧视义务之专利发出禁令的权利、[215] 软件和商业方法专利以及与交叉授权和一揽子授权相关的事项。这些事项通常出现在与数字信息的创制、制式化、传播与消费相关的技术领域。其中的一个原因即为网络效应在信息技术中的突出重要性，其实现

211　例如：James Bessen & Michael J. Meurer, *Patent Failure: How Judges, Bureaucrats, and Lawyers Put Innovators at Risk*, 120–121 (2008); Bohannan & Hovenkamp, supra note 129, at xi。

212　例如：David J. Brewer, The Patent System, 3 *YALE L.J.* 149, 149, 151 (1894)。"太多无用的专利获得许可，这预示着也许如今的机制并不是最适合获得最优结果的机制。"参见：Hovenkamp, *Opening of American Law*, supra note 145, at 184–205。

213　Bessen & Meurer, supra note 211, at 88–89.

214　Id. at 89; 另参见：Alan Devlin, Antitrust Limits on Targeted Patent Aggregation, 67 *FLA. L. REV.* 775, 779 (2015)（主张反垄断法可规制专利系统滥用行为）。

215　参见本文第六节第一部分。

有赖于不同竞争者提供的设备与程序之间的互操作性,也即技术兼容性。

在何种程度上反垄断法应当支持甚至代替专利法来处理这些问题一直饱受争议。首先,反垄断法的目标并不是修补其他联邦政府规制体系当中的疏漏,这其中就包括专利体系。[216] 对于大部分滥用行为,专利系统本身就足以维持原有秩序。《专利法》对专利有效性、专利范围和专利侵权以及绝大部分不当诉讼行为作出了规定。[217] 对于专利侵权行为是否有资格获得法院发出的禁令或计算版税的机制本质上都是专利法甚至是合同法问题,而不是反垄断法问题。[218]

另一方面,专利系统并未提供满意的工具以允许消费者或终端用户挑战对他们造成损害的专利行为。实施侵权行为的被告,几乎永远都是制造商,他们可以对专利有效性、专利范围、过度索赔或诉讼不当行为等问题提起诉讼,他们确实也一直如此行事。然而《专利法》对于消费者起诉上述行为的权利只字未提。消费者在绝大多数情况下只有依据反垄断法才能获得这种允许他们挑战这类涨价或降低产品质量的反竞争行为的权

---

[216] 参见:Herbert Hovenkamp, Antitrust and the Patent System: A Reexamination, 76 *OHIO ST. L.J.* 467, 475 (2015)(将反垄断与专利视为两个独立的监管制度,每个制度都拥有其存在的首要目的,并以此为基础纠正其治下的市场失灵问题)。

[217] 《专利法》规定的"例外案例"条款授权法官通过评估向违法者所主张的律师费来惩戒不当诉讼行为 [35 U.S.C. § 285 (2012)];参见:*Octane Fitness, LLC v. ICON Health & Fitness, Inc.*, 134 S. Ct. 1749, 1758 (2014)(使得联邦法官可更简单地评估如何进行惩戒)。

[218] 参见:*eBay Inc. v. MercExchange, L.L.C.*, 547 U.S. 388, 390 (2006)(在一宗法院考虑发出永久禁令的专利侵权案件中适用专利法)。

利。[219] 例如，虽然只有专利侵权被告可以依据《专利法》直接挑战不当专利侵权行为——此时，只有通过抗辩、反诉或提出要求支付律师费这几种途径——消费者只能依据反垄断法起诉造成垄断或更高价格的不当专利侵权行为。[220]

在反垄断法领域，消费者诉讼事宜至关重要是因为消费者福利对于良好的知识产权政策和良好的竞争政策一样重要。消费者持续从降低成本或提高产品与服务质量的创新中获益。[221] 因此，消费者是专利效率的最佳代言人。对于制造商来说，故事脉络更显模糊。制造商显然从他们自己的创新或他们可从其他制造商处获取的辅助性创新中获益。然而，他们也能从限制其他企业的创新竞争中获益；或从主张那些并不会带来任何社会效益的法律权利这一行为中渔利。[222] 总而言之，消费者天生就应该成为实施知识产权权利的原告，正如他们实施反垄断法那样。但如今的知识产权法律中，并没有为消费者的参与设置

219 参见：15 U.S.C. § 15（允许"任何人"在遭受反垄断违法行为的损害后提起损害赔偿之诉）。参见：2 Phillip E. Areeda & Herbert Hovenkamp, *Antitrust Law* ¶ 303d (4th ed. 2014)（将损害赔偿之诉视为一种惩罚被告违法行为的方式）；2A Phillip E. Areeda, Herbert Hovenkamp, Roger D. Blair & Christine Piette Durrance, *Antitrust Law* ¶ 330 (4th ed. 2014)（相同的观点）。

220 参见：*Walker Process Equip., Inc. v. Food Mach. & Chem. Corp.*, 382 U.S. 172 (1965)（在由被控专利侵权的被告提起的反诉中，以通过欺诈获得的专利为基础提起的专利侵权诉讼行为本身就可构成反垄断违法行为）；*Ritz Camera & Image, LLC v. SanDisk Corp.*, 700 F.3d 503, 508 (Fed. Cir. 2012)（认可了沃克处理设备公司案的判决，即：依据反垄断提出的主张与依据专利法提出的主张是不同的）；*In re DDAVP Direct Purchaser Antitrust Litig.*, 585 F.3d 677, 690–91 (2d Cir. 2009)（描述了沃克处理设备公司案的相关主张）。

221 参见：Herbert Hovenkamp, Consumer Welfare in Competition and Intellectual Property Law, 9 COMPETITION POL'Y INT'L 53, 59 (2013).

222 Id. at 61.

任何制度性机制。

用反垄断政策评估专利行为的另一个优势是其经济性，因为这是一种事前决策的方法。一个可喜的进展是，2013年美国最高法院在阿特维斯案的判决中确认法院可以在不判定专利有效性或专利范围的情况下，裁决与专利相关的若干贸易限制。[223] 反垄断的这一针对限制行为的经济性分析方式，为人们在策划相关行为之时就根据合理信赖推测行为结果从而指导人们的行为提供了适当的激励。[224] 因此，和解结案的反垄断案件应当以当事人在达成和解时对专利有效性与侵权行为的合理信赖[225]，以及当事人对这些行为对竞争造成影响的客观指标的合理信赖为依据。行之有效的政策必须是政策制定者给予行为人在谋划行为之时以激励的政策。

当我们评估专利行为的竞争效果时，反垄断法相对于专利法来说确实拥有一些独到的优势。数十年来，工业经济学家一直在研究工业行为对产出与竞争的影响。相比之下，经济学家、国会或其他政府部门认定的事实都未曾给出与专利颁发、专利期限、专利范围或专利执行如何影响经济福利这一问题相关的信息。以此观之，竞争政策在何种程度上应让位于专利政策这

---

223 *Fed. Trade Comm'n v. Actavis, Inc.*, 133 S. Ct. 2223, 2236 (2013); 参见: Aaron Edlin, Scott Hemphill, Herbert Hovenkamp & Carl Shapiro, Activating Actavis, 28 *Antitrust* 16, 19 (2013)（将阿特维斯案解读为授予审判法院"限制证据仅用于证明专利的有效性和范围与只审查对于'延迟付款'行为具有高度证明力的证据"的权力）; Aaron Edlin, Scott Hemphill, Herbert Hovenkamp & Carl Shapiro, Actavis and Error Costs, *Antitrust Source*, Oct. 2014, at 1, 1–2。

224 参见: Edlin et al., supra note 79, at 606。

225 Id. at 617.

一问题的答案,远不明晰。[226]

一、标准制定与负有公平合理无歧视义务之专利

"公平合理无歧视义务"指的是专利权所有人负有的合同或准合同性质义务,其要求专利权所有人以"公平、合理且非歧视性"的条件授权许可其所拥有的一项或多项专利。[227] 该协议一般出现在与标准制定组织(SSOs)相关的场景下,特别是在数字视频技术或移动电话[228]这两个兼容性与互联互通能力至关重要的行业。通常创立标准制定组织是为了在那些需要不同的设备制造商都能够在单一网络中运行其设备的行业中识别与确立技术标准。[229] 没有相应标准,像移动电话或数字视频这样存在多个制造商的市场不可能存在。[230]

通常来说,标准制定组织会提供若干技术方案来解决某特定问题,或向所有采用其标准的生产商们提供新的功能特性。在这

---

226 Herbert Hovenkamp, The Rule of Reason and the Scope of the Patent, 52 *SAN DIEGO L. REV.* 515 (2015); Herbert Hovenkamp, *Institutional Advantage in Competition and Innovation Policy* 1 (Univ. Iowa Legal Stud. Research Paper No. 13-43, 2013), http://papers.ssrn.com/sol3/papers.cfm?abstract_id=2307141.

227 Jorge L. Contreras, A Brief History of FRAND, 80 *ANTITRUST L.J.* 39, 39 (2015). 对于公平合理无歧视承诺与相关议题的值得借鉴的介绍,参见:Thomas F. Cotter, Comparative Law and Economics of Standard-Essential Patents and FRAND Royalties, 22 *TEX. INTELL. PROP. L.J.* 311 (2014)。

228 参见:Cotter, supra note 227, at 311–13(讨论了公平合理非歧视协议与移动设备专利战之间的关系)。

229 Id. at 311–12.

230 Herbert Hovenkamp, *Competition in Information Technologies: Standards-Essential Patents, Non-Practicing Entities, and FRAND Bidding* 6 (Univ. Iowa Legal Stud. Research Paper No. 12-32, 2012), http://papers.ssrn.com/sol3/papers.cfm?abstract_id=2154203.

种情况下,标准制定组织或会邀请技术的所有者们进行"投标"以获得将其技术作为标准技术的权利。[231] 这类投标可被部分认为是一种对公平合理无歧视义务的承诺。即:技术所有者提前同意若其技术被采纳为标准技术,其会以公平、合理、无歧视的条件向所有用户进行授权。[232] 一旦技术被选择,两件事将会发生。首先,被选中的技术的市场价值将急剧攀升。在被选中之前,该技术标准只是众多备选技术标准之一,且必须与包括并未获得专利保护的技术在内的其他技术竞争。然而,其一旦被选中,相应网络中的所有希望利用该技术的制造商就必须使用该技术标准。相较之下,未被选中的技术的价值一般也会降低。甚至一些技术会变得一文不值,尤其当这些技术就是为成为单一标准所开发的,而其却不再拥有市场。因此,当某技术标准落选后,一些失望的技术拥有者们会发起反垄断诉讼。[233]

胜出的专利成为被选中的标准技术(现在它被称为"标准必要专利"),同时,也成为"负有公平合理无歧视义务之专利"(FRAND-encumbered),这意味着任何人都可以以公平合理无歧视的条件对其进行授权。[234] "负有公平合理无歧视义务之专利"这一概念已经导致了不少诉讼纠纷,其中一些与竞争政策相关。比如负有公平合理无歧视义务之专利的所有者是否有资格获得针对特定用户的使用禁令,或与此相关的,在何种情

231　Id. at 7.

232　同上。

233　参见:*Golden Bridge Tech., Inc. v. Motorola, Inc.*, 547 F.3d 266, 269–70 (5th Cir. 2008)。

234　参见:Cotter, supra note 227, at 311–12; Hovenkamp, supra note 230, at 7–8。

况下这种禁令是合适的。[235] 后一问题其实与公平合理非歧视授权义务的定性有关。[236]

美国法律一般在较为限制性的范围内才会适用反垄断法。因此，当前述问题出现时，大部分法院将其视为专利法或合同法纠纷，而非反垄断法纠纷。这其中就包括负有公平合理无歧视义务之专利的所有者是否有资格获得针对特定用户的使用禁令这一问题。

在美国法庭中，允许在相关场景中适用反垄断法的一个首要例外情形，即为当事人公司提出的法律主张是如此缺乏依据以至于他们几乎不可能合理期待胜诉。[237] 但大部分与负有公平合理无歧视义务之专利相关的禁令指控都不属于前述范围。在2014年，美国联邦巡回上诉法院的判决对于该问题发表了三种不同意见，[238] 这意味着这三种立场都有其合理性。时任联邦巡回法院首席法官的兰德尔·雷德法官在判决的异议意见中写道，

---

235 Hovenkamp, supra note 230, at 14.
236 Cotter, supra note 227, at 356–59; Hovenkamp, supra note 230, at 9–12.
237 参见：*Prof'l Real Estate Inv'rs, Inc. v. Columbia Pictures Indus., Inc.*, 508 U.S. 49, 51 (1993)（确认了美国第九巡回上诉法院的判决，即：相应案件可适用反垄断指控豁免，除非相应诉讼"客观上毫无依据"）；Phillip E. Areeda & Herbert Hovenkamp, *Antitrust Law* ¶ 706 (2d ed. 2002)（讨论了"毫无依据"的标准）。
238 参见：*Apple, Inc. v. Motorola, Inc.*, 757 F.3d 1286, 1332 (Fed. Cir. 2014)[判决认定摩托罗拉公司没有资格获得禁令并认定"在侵权人单边拒绝支付公平合理无歧视版税时"禁令或许才是合适的救济手段，该案判决随后基于其他理由被推翻，相应案件为：*Williamson v. Citrix Online, LLC*, 792 F.3d 1339 (Fed. Cir. 2015)]；同上（主审法官雷德发表的反对意见如下：其认为地区法院过于重视公平合理无歧视责任且关于苹果公司并不愿意支付许可费这一重要事实的争议是存在的）；id. at 1334（普罗斯特法官发表的反对意见如下：不同意被控侵权者拒绝签订授权协议可以合理化另一方获得禁令的诉求这一观点；但同意公平合理无歧视责任是决定是否发出禁令的分析中的一个因素）。

负有公平合理无歧视义务之专利的所有人应当与其他专利权所有人一样有资格获得禁令。[239] 许多重要的判决，例如易趣公司诉 MercExchange 有限责任公司案[240] 驳回了对专利侵权者的几乎自动生效的禁令诉求，[241] 而最近的其他公平合理无歧视义务相关案件[242] 也都不是反垄断案件。

这并非意味着反垄断将无用武之地。首先，与原告本身所负义务相冲突的法律诉讼或是不正当的，甚至可能招致反垄断责任。第九巡回法院在苹果诉摩托罗拉案的判决中清楚无误地表明了此观点，并援引了若干判例。[243] 然而，上述事实并不意味着反垄断是推进前述诉讼的最佳工具。虽然发起缺乏根据的排他商业行为指控能够满足反垄断违法的行为构成要件，但责任的证成还需要证明垄断力量的存在或实现这种垄断力量的危险可能性。《专利法》本身规定的诸如"例外情况"条款这样的救济手段，能够提供更直接的救济路径，虽然获胜的原告并不能获得高达损失三倍的赔偿。[244] 当然，以公平合理无歧视的条件进行授权的合同义务也必须规定得足够清晰。

---

239 Id. at 1333–34（主审法官雷德的反对意见）。
240 *eBay Inc. v. MercExchange L.L.C.*, 547 U.S. 388 (2006).
241 Id. at 394（判决认定地区法院有权决定是否准予或驳回要求法院发出禁令的救济请求）。
242 参见：*Apple*, 757 F.3d at 1332（多数意见）; *Microsoft Corp. v. Motorola, Inc.*, 696 F.3d 872, 885 (9th Cir. 2012); *Microsoft Corp. v. Motorola, Inc.*, 963 F. Supp. 2d 1176, 1193–94 (W.D. Wash. 2013)。
243 *Microsoft Corp. v. Motorola, Inc.*, 795 F.3d 1024, 1047 (9th Cir. 2015)（对于合同违约案件不存在豁免情况）；另见：*Powertech Tech., Inc. v. Tessera, Inc.*, 872 F. Supp. 2d 924, 931 (N.D. Cal 2012); *Spear Pharm., Inc. v. William Blair & Co.*, 610 F. Supp. 2d 278, 288 (D. Del. 2009)。
244 参见注 217 及相关上下文。

人们可以想象负有公平合理无歧视之义务的专利所有者们之间存在拒绝给予救济的合谋，或制造商们之间合谋拒绝适用某企业的技术标准以保护它们自己的技术。[245] 但有关公平合理无歧视义务之法规的意义和范围的根本问题，是专利法问题，而不是反垄断法问题。相比之下，欧盟竞争法的管辖范围则更广。欧盟法院判决，依据《里斯本条约》第 102 条的规定，在以相应禁令作为手段强迫达成授权协议的情况下，负有公平合理无歧视之义务的专利有可能涉嫌从事滥用其支配地位的不法行为。[246]

二、专利池与相关技术分享

在专利法中，"专利池"指的是两家或多家企业通过共同的授权系统分享技术的情况。[247] 例如，若两家电视制造商各自拥有一些专利使得他们生产的电视都拥有一些吸引消费者的特点，他们可以相互授权以使得他们的产品共同分享这些特性。[248] 一般来说，只要这些特性对于消费者来说具有吸引力且能够在整个市场分销，这种分享行为能够提升消费者福利。[249] 由于专利具有非竞争性，能够吸引消费者的相应特征可以不受数量限

245　参见：*Golden Bridge Tech., Inc. v. Motorola, Inc.*, 547 F.3d 266 (5th Cir. 2008)（拒绝了相应主张）。

246　Case C-170/13, *Huawei Tech. Co., Ltd. v. ZTE Corp.*, 2015 E.C.R., http://curia.europa.eu/juris/document/document.jsf?text=&docid=165911&doclang=EN.

247　Erik N. Hovenkamp & Herbert Hovenkamp, *Patent Pools and Related Technology Sharing* (Cambridge University Press Antitrust Intellectual Property and High Tech Handbook, Roger C. Blair and D. Daniel Sokol, eds., 2016), http://papers.ssrn.com/sol3/papers.cfm?abstract_id=2645905; 12 HOVENKAMP, supra note 4, ¶ 2043, at 283.

248　同上。

249　U.S. Dep't of Justice & Fed. Trade Comm'n, *Antitrust Enforcement and Intellectual Property Rights: Promoting Innovation and Competition* 57 (2007).

制地被复制。若两家公司的专利组合大致价值相当，那么他们彼此的交叉授权行为或不须收取许可费；如若不然，其中一家公司或许要支付给另一家公司许可费。[250]

上述公司也可能会就是否向其他企业分享他们的技术达成一致。有一些专利池全部由专利组合所有人组成，它们彼此互相授权自己拥有的专利组合。然而，很多时候，一个拥有众多专利的专利池同时拥有"许可人成员"与"被许可人成员"；前者制造并向专利池提交其专利以供授权，后者制造一种或多种产品但在专利池中并没有属于自己的专利。一个好的例子即为"MPEG-LA"专利池，其汇聚了数千项与数字视频技术相关的专利并免费授权给专利池之外的人。[251]

我们对于专利池的经济学原理及在竞争方面影响的认识已经有了长足进步。今天看来，在网络信息密集的技术领域专利池的出现原理与更加传统的技术领域专利池出现的原理是不同的。在技术较为简单的时代，专利池的出现最常见的解释即为：在专利池中的专利彼此具有辅助作用且若它们相互竞争会带来反竞争的效果，这种情况下，专利池的存在是促进竞争的。[252]

---

250 Id. at 61 & n.17.
251 MPEG-LA 专利池网站列出了作为许可人的专利池成员及被许可人成员。参见：MPEG-2 Licensees, MPEG LA, http://www.mpegla.com/main/programs/M2/pages/ Licensees.aspx（最后访问日期为 2016 年 4 月 4 日）；MPEG-2 Licensors, MPEG LA, http://www.mpegla.com/main/programs/M2/Pages/Licensors.aspx（最后访问日期为 2016 年 4 月 4 日）；U.S. Dep't of Justice & Fed. Trade Comm'n, supra note 249, at 68–69（描述了编号为 MPEG-2 的专利池）。
252 参见：Richard J. Gilbert, Antitrust for Patent Pools: A Century of Policy Evolution, 2004 *STAN. TECH. L. REV.* 3, ¶ 5（认为那些不具有替代作用的专利并不必然会引起竞争问题）；Josh Lerner & Jean Tirole, Efficient Patent Pools, 94 *AM. ECON. REV.* 691, 692 (2004)（注意到虽然专利极少成为完美辅助品或完美替代品，但一般来说，完美辅助品提升福利，完美替代品伤害福利）。

当两类产品互相辅助，例如硬件与软件，它们共同使用就会提高效率。相比之下，用户则会在诸多竞品中择优选择。从最宏观的角度来看，这样审视专利池是符合经济原理的。例如，若某数字内存设备制造商与另一数字显示设备制造商共同建立了专利池，他们都可更有效率地生产诸如一台笔记本电脑这样同时需要内存专利与显示专利的设备。另一方面，若拥有相同技术的两个专利权所有人建立专利池，原理更有可能是为了限定价格。[253] 被许可人只需要从他们中的一方而不是双方获得技术，而该专利池就有可能成为一种限定价格的工具。

然而上述原理却无法解释广泛存在的复杂数字技术专利池。这类市场的诸多其他特征必须被考虑。首先，信息技术相关专利通常都较为复杂且涉及诸多权利要求。因此，这些专利技术通常既是相关市场商品的替代品又是其他商品的辅助品，这使得替代品与辅助品之间的界限变得模糊。[254] 一个很好的例子即为联邦巡回法院于2010年作出的巨擘科技股份有限公司诉国际贸易委员会案[255] 判决。本案涉及的专利池与复写式DVD相关，具体而言相关争议与一项专利技术有关，该技术用于定位电子"光刻笔"，使得光刻笔可以精确地从上次在DVD光盘上写入数据的位置上再次开始写入数据。[256] 一家公司已经开发了模拟技术并申请了专利，而另外一家公司则研

253　参见：U.S. Dep't of Justice & Fed. Trade Comm'n, supra note 249, at 74。

254　同上。

255　*Princo Corp. v. International Trade Commission*, 616 F.3d 1318 (Fed. Cir. 2010)（全体法官出庭审理）；参见：Christina Bohannan & Herbert Hovenkamp, Concerted Refusals to License Intellectual Property, 1 *HARV. BUS. L. REV. BULL.* 21, 21–22 (2011)。

256　Bohannan & Hovenkamp, supra note 255, at 22。

发了一种数字技术的替代方案。[257] 评论者们认为数字技术替代方案更加先进，但稳定性欠佳且还有一些程序错误。[258] 因此，长久以来，制造商们更加偏爱模拟技术方案。而在设备中，这两种方案并不是彼此辅助而是彼此替代的关系。制造商一般只会采用其中一种方案而非全部。然而，在巨擘案中，使用模拟技术时，必然会涉嫌侵权数字技术方案及专利中的至少一项权利主张。[259] 总之，即使在市场中这两种技术方案看上去是彼此替代的关系，希望使用模拟技术方案的公司还是必须同时获得两种方案的授权，因为在法律效果上，两种方案依然存在互补关系。

替代品—辅助品理论对于复杂信息技术市场中专利池的存在并不是一个特别具有说服力的解释。确实，存在像 MPEG-LA 这样的大型专利池，其包含了数千项专利，彼此之间既可能互为补充，又可能互为替代，且其中很多专利的范围本身就没有被明确界定。[260]

此外，相关专利究竟起到的是替代作用、辅助作用还是两者都不是，可能还和特定被许可人相关。比如，在 MPEG-LA 专利池中的专利都是基于共同的标准运行的数字视频技术。[261] 使用这些技术的设备包括相机和摄像机等数字视频内容生成设备。还包括接受由显示器、存储设备、编译器、编辑器等导出的数字

---

257 *Princo*, 616 F.3d at 1322.

258 Bohannan & Hovenkamp, supra note 255, at 22.

259 同上。

260 MPEG-LA 专利池据称控制超过 5000 种专利。A History of Success—A Future in Innovation, MPEG LA, http://www.mpegla.com/main/Pages/AboutHistory.aspx（最后访问日期为 2016 年 4 月 4 日）。

261 同上。

内容并进行处理的设备。用户则包括读取与处理数字视频内容的软件，这些软件并不生成或展示内容。一台诸如智能手机这样的设备拥有前述部分或全部的功能，而诸如电脑显示器（仅用于显示）或摄像机（仅用于视频摄录）只拥有前述功能中的一小部分。

在这样的市场中，辅助性专利与替代性专利的区别在很大程度上并没有什么意义。专利池其实是作为一种管理公共所有权的机制而存在的，该机制使得财产权的共享相较于各自为政并保护各自的知识产权成本更低且效率更高。[262] 换言之，现代数字技术专利池的运作方式更像是渔业、畜牧业与农田灌溉市场中常被采用的传统公共资源池系统。[263]

为什么一片渔场湖区的若干所有人会将他们的权利汇聚为一个"权利池"并使得每一位成员都可以获得整片渔场的若干权利而不是将湖区分为若干小块由每一位成员管理各自投资的区域？首先，在这样的渔场确立、划定并固定边界的成本极高。其次，如此划分整个渔场的湖区，可能会对产量带来巨大不利影响。

类比前述第一个理由，信息技术专利时常由各类权利主张模糊的书面材料构成，这使得对其进行解释成本高昂，时常一项专利的解释需要耗资数千美元，而常常与专利解释相关的法

---

262 参见：Hovenkamp, supra note 104, at 1130。

263 参见：Elinor Ostrom, *Governing the Commons: The Evolution of Institutions for Collective Action* 18–22 (James E. Ault & Douglass C. North eds., 1990)（本文以土耳其阿拉尼亚的近海渔业作为公共资源池的例子）。

律纠纷会涉及几十或上百项专利。[264] 通过交叉授权他们各自拥有的专利组合或集体授权给制造商，各家企业可以解决绝大部分与解释独立的专利相关的成本问题。[265] 一旦他们将全部拥有的专利都进行了授权，他们也就没有必要去查明某个授权人使用了他们的哪些专利。这只是简单地——尽管并未得到普遍认同地——对罗纳德·科斯的著名文章《公司的性质》的一种特殊应用。[266] 科斯主张企业通过不断比较自己从事某种行为的成本和通过市场从事某种行为的成本来决定企业的行为边界。[267] 在本场景中，维持独立边界的成本远胜于共享并共同管理所有资源的成本。一家试图将利润最大化的企业会选择边际成本更低的替代方案。

数字技术领域的专利池确实引发了一些反垄断问题，但考虑到更大型的专利池所拥有的市场力量，这些问题的数量少得令人吃惊。商品市场领域的限价协议或明确的限制产出协议绝对会招致反垄断调查，但这类行为并不多见。[268] 传统的公共资

---

[264] 参见：*Nero AG v. MPEG LA, L.L.C.*, No. 10-cv-3672-MRP-RZ, 2010 WL 4878835, at *2 (C.D. Cal. Nov. 24, 2010)（声称被许可人将花费 700 万美元以判定其需要获得哪些来自 MPEG 专利池的专利许可）；*Ultramercial, Inc. v. Hulu, LLC*, 772 F.3d 709, 718–19 (Fed. Cir. 2014)（梅耶法官发表了判决同意意见，讨论了权利主张规划的高成本）；*Cybor Corp. v. FAS Techs., Inc.*, 138 F.3d 1448, 1475–76 (Fed. Cir. 1998)（雷德法官发表了反对意见，注意到了高成本与权利主张规划的被驳回率），*abrogation recognized by Teva Pharm. USA, Inc. v. Sandoz, Inc.*, 789 F.3d 1335 (Fed. Cir. 2015)。

[265] U.S. Dep't of Justice & Fed. Trade Comm'n, supra note 249, at 57.

[266] R. H. Coase, The Nature of the Firm, 4 *ECONOMICA* 386 (1937).

[267] Bohannan & Hovenkamp, supra note 129, at 331; Coase, supra note 266, at 390–92.

[268] 一个值得借鉴的历史案例，谴责了对产品的限价行为，参见：*United States v. Line Material Co.*, 333 U.S. 287, 312–14 (1948)。

源池模式与专利池模式之间的重要区别即为被前者聚集的资源,诸如渔业资源,彼此之间的关系是竞争性或"零和"的。[269]这意味着任何一位成员对聚合资源的利用都减少了其他成员能够使用的资源。[270]此外,过度使用也是一个问题,鉴于每一位成员都不会承担资源开发的全部成本。例如,过度捕捞在渔业的"资源池"中是很普遍的问题,因为可以合理期待每位成员都会尽可能少地投入资源与他人分享但同时尽量多地从"资源池"中捞取共享资源。正因为这个原因,捕捞与相关的使用限制几乎肯定是必要的。[271]毋庸置疑,在一片由十位渔户共同管理的渔业资源池,他们彼此之间肯定会以协议形式限制每一户的捕捞量,例如100尾鱼每周。[272]

相比之下,专利池中的专利权利并不是互为竞争的关系。某人对于相关专利的使用并不会减损剩余专利的质量。因此,专利池成员共同达成的产出限制合谋更加值得怀疑且必须以是否具有限价可能来进行审核。[273]

与信息技术领域的专利池相关的大部分反垄断指控并不涉及限价行为而涉及搭售或相似行为指控。例如,某大型专利池的被许可人或主张其被要求为专利池中的1200余项专利支付费用,而其认为其产品只可能侵权该专利池中的一小部分专利。例如,尼奥公司,一家没有成功挑战MPEG专利池的软件公司,其产品被用于照片和视频编辑,但不具有创制新内容或显示新

269　Bohannan & Hovenkamp, supra note 129, at 328.
270　Id.
271　Id. at 332–33.
272　Id.
273　Id. at 333.

内容的功能。[274] 在替代品与互补品的区分依旧作为专利池技术出现解释的年代，尼奥公司的一些主张是合理的。通过主张其并不需要某特定专利，被许可人实际上在主张，就其从事的生产活动而言，这一特定专利并不是具有辅助功能的技术。如若不然，被许可人自然会想要得到它。

但替代品与互补品的区分很难合理化大型信息技术专利池的存在。更核心的问题是确定每项专利范围的成本、审查被授权人产品的成本与判定相应设备侵犯了专利池中哪些专利的成本。相关成本可以轻易超过许可协议本身的成本，而后者当然才是专利池这种许可模式会出现的真正原因。确实，当上述原理扩展适用于所有被许可人时，审核所有相关专利并确定哪些被许可人的产品侵权了哪些专利的成本将是难以想象的。如果这会是一种有效率的手段，专利池模式根本就不会存在。

第七节　结论

数字技术与其他信息技术给反垄断案件中的公权力机关原告与私人原告带来了艰巨的挑战。这其中就包括对于市场力量的评估并理解相应的单边行为与合谋行为。在这一过程中，案例法与各类文献既低估也高估了与竞争相关的问题。

没有什么理由可以支持一种观点，即：竞争无法在绝大部

274　参见：*Nero AG v. MPEG LA, L.L.C.*, No. 10-cv-3672-MRP-RZ, 2010 WL 4366448, at *1 (C.D. Cal. Sept. 14, 2010); News Release, MPEG LA,Nero Settle Litigation 2 (Apr. 12, 2012),http://www.mpegla.com/Lists/MPEG%20LA%20Legal%20Action%20List/Attachments/47/n-12-04-12.pdf。

分涉及数字和其他信息技术的市场中存在。尽管如此，高效的制度设计要求对其深思熟虑。秘诀在于保持市场新进入者、资源流动与消费者选择渠道的畅通——这些都是反垄断政策善于达到的目标。知识产权必须被尊重，但太多时刻，它们阻碍而非促进了信息的自由流动。反垄断及背后指导反垄断的竞争经济学拥有优良的经验性工具、丰富的数据以及由司法确认的在竞争与创新方面保障消费者福利的政策目标这几项优势。与此同时，反垄断的管辖领域也是有限的。首先，反垄断要求相关行为的效果不只是减损经济福利，同时还须具有损害竞争的效果。最后，法院从来没有打算将反垄断作为规制其他联邦机构的工具，尽管反垄断确实拥有一些受限的权力来监督国家实施的不足够透明的监管。

附录一　关于美国国会众议院对于数字市场竞争质询的陈述

尊敬的齐齐里纳（Cicilline）主席与森森布伦纳（Sensenbrenner）议员：

我是来自宾夕法尼亚大学法学院与沃顿商学院的詹姆斯·G. 迪南讲席教授。我的首要研究与教学领域为反垄断法。我是《反垄断法》一书的作者之一（我先与菲利普·E. 阿里达教授合著此书，后与唐纳德·F. 特纳教授合著此书），本书为反垄断法领域被援引次数最多的法学教材。[1] 你们向我提出了数个问题，这些问题事关现有的反垄断政策是否能够应对数字市场中的竞争问题。在正式回答这些问题前，供记录在案，我已经超过十年未曾因咨询事宜或研究工作获得任何涉及这类市场的实体的资助。

反垄断法的目标是识别与惩治具有反竞争效果的行为，这

1　参见：Phillip E. Areeda & Herbert Hovenkamp, *Antitrust Law* (4th ed. 21 vols., 2014-2020)。

些行为通过不合理地减少产出、涨价、使产品质量下降或减少创新等方式伤害消费者。对于与之相关的政治问题、专利问题、违约行为、欺诈行为、侵犯隐私行为或其他违反侵权法的行为，反垄断法并非"包治百病"，只有在相应行为也同时伤害了竞争的情况下，其才会发挥作用。反垄断法也并非为扩大商业公司的规模而设计。只有在企业的巨大体量损害了竞争时，其才会成为反垄断法问题。若确实如此，（企业的体量所涉之）商业利益与消费者利益往往大相径庭，企业能从更高的产出与更高的价格成本利润率中获利，前者往往惠及消费者，而后者则会带来产出的减少并伤害消费者。从消费者的视角看待反垄断法的一个重要优点即为（它昭示了）产出最大化也有益于经济增长，而这惠及所有人，包括商人与劳动者。

你们最先提出的两个问题事关现有的法律是否能够应对数字市场中的垄断行为与反竞争交易，包括相关并购交易。

区分用词用语十分宽泛的成文法条文与相对具体的判例法是非常重要的。《谢尔曼法》第1条的管辖对象为每一份"限制贸易"的协议，这意味着其可以规制所有具有反竞争效果的产出减损行为。《谢尔曼法》第2条的管辖对象为所有"垄断"市场的行为。《克莱顿法》的主要条文用语更加宽泛，其可以管辖所有搭售、排他交易与并购行为，只要"这类行为具有可能实质性减损竞争或趋于创制垄断的效果"。若我们只看这些条文，它们似乎足以应对今天的问题。

相比之下，出于种种原因，联邦司法机构对这些条文的解释则狭义得多。第一个原因源于对20世纪70年代及更早时期激进反垄断执法的正当回应，这类执法行为很多是以牺牲消费者利益为代价的。然而，从那时开始，反垄断法向着另一个方向走得非常远。如今的反垄断执法决定反映更多的是执法不力而不是执法过度。另一个原因即为许多法官所受的反垄断法训练均发生于四分之一世纪以前或更远的时间。而从那时开始,理论经济学与实证经济学关于反垄断的分析手段均取得了长足进步,这些分析的结论也呼吁更多的反垄断执法,尤其是在具有显著科技特征或数字技术特征的市场。第三个原因源于对效率的天真态度,这一态度假设从效率的角度可以解释很多反竞争行为,但实际却并不如此。[2] 最后,第四个原因,源于一种曾广为传播理论之余音,这一理论假设市场天然地趋于自我调整,故其对反垄断执法成见颇深。但在经济学领域这一理论的发展已经证明前述假设是错误的,而我们也以更低的产出、不必要的高价格成本利润率以及创新的减少为代价为这一错误假设买单。经济体系中存在的垄断现象正以令人担忧的速度上升,达到了几十年来的最高水平,无数采用各种不同方法论的研究也都证明了这一点。[3] 从任何角度来看,反垄断法似乎都未达到国会曾经的预期。

---

[2] 该观点可被视为罗伯特·博克理论的延续,其认为垄断行为对于效率的影响是无法被证明的,但它们却又是普遍存在的,且相对而言较小的效率提升的累积可以弥补对于竞争的伤害。这些观点都难经推敲。参见:Herbert Hovenkamp and Fiona M. Scott Morton, Framing the Chicago School of Antitrust Analysis, *Univ. Pa. L. Rev.* 2020, available at https://papers.ssrn.com/sol3/papers.cfm?abstract_id=3481388。

[3] 其中一个例证即为:Jan De Loecker & Jan Eeckhout, The Rise of Market Power and the Macroeconomic Implications, Q. J. Econ. (Nat'l Bureau of Econ. Research, Working Paper No. 23687, 2017), https://www.nber.org/papers/w23687.pdf。对于经营者集中与高利润相关政策之间的关系,参见:Herbert Hovenkamp & Carl Shapiro, Horizontal Mergers, Market Structure, and Burdens of Proof, 127 *Yale L.J.* 1996 (2018)。

在某些领域，联邦司法机构展现出的"反反垄断执法"的偏见有可能造成不小的破坏。例如，最高法院以一种不合理的严厉标准界定了适用合理原则的反垄断案件中原告必须满足的举证责任。根据该合理原则，原告必须证明被告具有市场力量且被告实施了足够可疑的必须得到解释的限制竞争的行为。只有做出了这些证明，举证责任才转移至被告。而在诸如加州牙医协会诉联邦贸易委员会案[4]与运通案[5]这样的案件中，法院甚至要求原告做出的证明在诉讼起始阶段就远甚于此。这造成的结果就是合理原则作为一种反垄断执法工具的作用已大不如前。另一个例子，即为最高法院对于集体诉讼与仲裁协议执行的不合理的高要求。《联邦仲裁法》旨在提供不同的且司法负担更轻的诉讼管辖规则，而不是剥夺法律赋予当事人的权利。固然立法机关对于合理原则的重构是一个复杂的问题，前述仲裁相关问题则并不复杂：国会应当清楚无误地表明若仲裁协议旨在剥夺某个体的权利，该私人被告应当享有在法庭申诉该权利的自由。例如，若某仲裁协议排除了当事人提起集体诉讼维权的可能，受到影响的原告集体应当有向法院提起相应诉讼的权利。[6]

您首先提到的主要问题事关现行法律是否足以规制垄断行为，这与具有实质性市场力量的企业所实施的排他行为相关。

---

4 *California Dental Assn. v. FTC*, 526 U.S. 756 (1999).
5 *Ohio v. American Express*, 138 S.Ct. 2280 (2018).
6 参见：*American Express Co. v. Italian Colors Rest.*, 570 U.S. 228 (2013)。该案认可了排除适用集体诉讼之仲裁协议条款的效力，这导致受害方完全不可通过集体诉讼方式维权。一个更好的法律解释即为该仲裁协议不适用于其所排除的诉讼形式，这便使得涉案原告有机会在联邦地区法院提起集体诉讼。

此处，我给出的答案是"我们可以做得更多"。反垄断法的专家们对于如何评估市场力量越来越讳莫如深，而它指的就是企业通过收取一个高于成本的价格牟利的能力。在现代经济分析方法论崛起之前，法院几乎永远都"间接地"通过参考企业的市场占有率去评估其市场力量。这一方法如今依然盛行，即使更加先进的方法触手可得。间接评估方式在界定数字产品的相关市场时尤其可能导致错误，因为相关市场中的产品差异性极大。例如，断言"谷歌与脸书控制了数字广告市场70%的市场份额"[7]传递的信息极为有限，除非我们知晓数字广告究竟在何种程度上与传统广告媒介进行竞争。另一方面，若我们将传统广告业务归入相关市场，我们就将这两种广告形式视为完美竞争者，这显然不当陈述了相关企业在相关市场所具有的市场力量。相关市场的界定必须是二元的，企业或产品要么处于相关市场，要么不处于。总之，将差异化产品归入同一相关市场的行为不当界定了市场力量。这一点在高科技市场的影响是尤其令人遗憾的，因为反垄断执法行为在这类市场中的对象往往是差异化产品。

今天，我们已经掌握了更精准的在不界定相关市场的前提下处理这类市场力量问题的经济技术手段。[8] 从历史上看，对于使用这类技术手段的限制之一即为销售数据往往无法被全部获得，但在数字市场这类数据几乎无处不在。另一个限制来源于最高法院于2019年作出的运通案判决，其要求在涉及纵向关系

---

[7] E.g., https://www.cnbc.com/2019/08/02/facebook-and-googles-ad-dominance-is-showing-more- cracks.html (Aug. 2019).

[8] 相关介绍，参见：2B *Antitrust Law* ¶¶ 520, 521 and current Supp.。

的反垄断案件中，必须界定相关市场。[9]从任何角度来看，该案判决的效果都是纯粹"成文法性的"且只有国会才有权对相关事项进行修订。任何与互联网商业领域相关的立法改革都应当清楚无误地表明：以反垄断为目的，必须以可获得的最佳技术手段来评估企业的市场力量，且应当避免不断以相关市场的市场占有率来评估企业市场力量这一错误。[10]诚然法院不可能永远避免使用传统的市场界定手段，但直接的评估方式很多时候确实能提供更好的解决方案。

从现有的公开信息来看，现存的平台企业似乎不太可能拥有充分的市场力量在大多数它们运营的产品市场成为"垄断者"。其中一个可能的例外便是亚马逊公司在电子书市场所占据的巨大市场份额。然而，电子书市场只占书籍总体销售量的大约20%，这便回到了刚才有关市场界定的讨论。[11]另一个颇具争议的领域即为互联网广告市场，该市场中的市场份额数据或不具参考价值，对于相应企业的市场力量，较宜基于经济数据进行直接评估。实际上，互联网广告业务拥有一些独特的成本与推广优势，这使得相关企业更容易施展其市场力量。在任何情况下，

---

9 *Ohio v. American Express Co. (AmEx)*, 138 S. Ct. 2274 (2018). 有关涉案焦点问题的分析技术已取得发展。参见：*Antitrust Law* ¶ 520e (2020 Supp.)。
10 运通案之判决所衍生出的另一个严重错误即为关于市场中竞争情况的事实问题在判决中被界定为"法律问题"，这使得事实问题的涉及范围远胜于案情事实本身。参见：*United States v. Sabre Corp.*, 2020 WL 1855433 (D.Del Apr. 7 2020)。此案依据运通案判决得出，其认为作为一个法律问题，一个双边市场与一个更加传统的市场之间无法进行竞争。然而数以千计的出租车公司与司机的生计受到了优步公司业务的影响，我们无法想象优步公司的业务与传统出租车业务不存在竞争。
11 鉴于电子书与传统书籍的产生技术极为不同且电子书的边际成本很低，这使得即使面对传统书籍的竞争，电子书市场依然享有显著的市场力量。

大型平台企业所拥有的市场力量或足以使它们实施诸如排他交易、最惠待遇协议与搭售等违反反垄断法的行为。

违反反垄断法的指控同样需要证明存在反竞争的行为。诸如排他交易这样的排他性缔约行为可被认定为具有反竞争的效果，即使涉案被告并不足够成为垄断者。[12] 虽然掠夺性定价或其他形式的排他定价手段能够被实施，但想要通过证明某互联网销售商实施了该类行为从而使法院对案件进行受理的难度却一点也不小。首先，数字平台企业所处的市场是"双边的"，这意味着对于企业利润的评估必须统筹考察所有相关一侧的市场。例如，虽然谷歌公司与脸书公司大部分的业务都免费向用户提供，它们几乎确定无疑并没有实施掠夺性定价行为。它们大部分的利润来源于广告。亚马逊曾经被指控在电子书市场实施了掠夺性定价行为，但这些指控最终同时被司法部与法院认定为缺乏足够的说服力，我无意对这些结论表示异议。[13] 执法机构正在进行的针对主要平台企业的调查或许会揭示它们实施的其他反竞争定价行为，但此时此刻我并没有意识到其他这类行为的存在。

另一饱受关注的单边垄断商业行为即为拒绝交易行为，行为对象主要是竞争对手。美国反垄断法对于单边拒绝交易行为的规定较之欧盟与其他法域来说并未过多遵从干涉主义的要求。而更严格但却更审慎的立场则有益于促进市场竞争与提振经济增长。鉴于许多企业都会利用其他企业在相关市场中的既有资产实施搭便车行为，界定过于宽泛的"交易义务"会导致后一

12　参见：3B *Antitrust Law* ¶¶ 767-768。
13　参见：*United States v. Apple*, 889 F. Supp.2d 623, 641-642 (S.D.N.Y. 2012)（批准以双方同意的判决结案，并驳回了主张亚马逊实施了掠夺性定价行为的指控）。

类企业谨慎地在新市场进行投资。然而，若规定保守到允许具有市场支配地位的企业以显而易见的方式出尔反尔，这会同时弱化价格竞争与创新。这所造成的伤害不仅殃及特定企业，同时也祸及整个市场。总而言之，在设计拒绝交易相关规则时，应当通过保护企业投资以促进企业之间的合作，但同时对搭便车行为予以防范。先于第九巡回法院审理高通案的地区法院在该案中发表的意见，就合理地阐释了这一观点。[14]

对于那些拆分亚马逊公司与脸书公司的提议，我并未看到多少益处。这些提议似乎把企业的体量本身视为一种需要被谴责的错误，且对于拆分后价格机制或产出的提升鲜有分析。而拆分导致的，恰恰可能是相反的结果。美国反垄断法中关于垄断企业强制拆分的历史也鲜有值得借鉴的记录。[15] 除了新近发生的并购交易或可撤销外，似乎并不存在一种在不对消费者或投资者造成严重伤害的前提下拆分内部高度融合的数字平台企业的显而易见的方式。剥离企业的一些业务只会降低相应平台企业对用户的吸引力，但并不会缓解相关市场存在的垄断问题。任何打乱规模经济安排的企业拆分最终都会导致更高的生产成本与更有可能产生的高价或商品质量降低。在任何情况下，拆分方案的提出都不是一

---

14 *FTC v. Qualcomm, Inc.*, 411 F.Supp.3d 658 (N.D.Cal. 2019), app. docketed and stay granted, 935 F.3d 752 (9th Cir. 2019). 对于该案中有关拒绝交易规则的原理，参见：Herbert Hovenkamp, FRAND and Antitrust, *Cornell L. Rev.* (2020), available at https://papers.ssrn.com/sol3/papers.cfm?abstract_id=3420925。

15 参见：William Kovacic, Failed Expectations: The Troubled Past and Uncertain Future of the Sherman Act as a Tool for Deconcentration, 74 *Iowa L. Rev.* 1105 (1989)。例外案例为：*United States v. AT&T*, 552 F. Supp. 131 (D.D.C. 1982), aff'd mem. sub nom. *Maryland v. United States*, 460 U.S. 1001 (1983)（以双方同意判决形式拆分 AT&T 公司）。

句空话。相应方案必须详细阐述哪些企业资产需要被剥离，并对拆分可能造成的产出、价格或产品质量影响进行预测。

另一种流行的"准拆分"方案也问题颇多，其要求亚马逊被拆分为专门销售其自有品牌的平台与专门销售由其作为掮客所推介的其他无数商家产品的平台。[16] 这一方案的首要受害者是消费者，首要受益者则为那些正在亚马逊上销售其产品的大型经销商。例如，亚马逊自有品牌亚马逊倍思销售的家用电池在亚马逊网站与金霸王电池、Ray-O-Vac 牌电池、劲量牌电池和德科牌电池进行竞争，所有这些电池品牌都由大型公司拥有。其销售的家用小电器与百得集团进行竞争，后者为美国最大的家用小电器生产商。其销售的箱包与新秀丽进行竞争，后者为世界最大的箱包生产商。其销售的便利贴和其他消耗性办公用品与 3M 进行竞争，后者也是一家大型公司。这个清单可以继续列下去，我想说的也很明确。亚马逊自有品牌与其他第三方品牌之间的竞争所带来的影响便是促使大型品牌降价，这些品牌中的很大一部分都受益于显著的品牌吸引力与高利润。将亚马逊的自有品牌与这些知名品牌分隔开（或要求亚马逊从相关市场中退出）将会减轻这些知名品牌的竞争压力，使得它们收取更高的价格。消费者显然会受到伤害而小经营者似乎也无法受益。健全的反垄断执法机制要求在采取执法行动前识别出受到伤害的对象及其如何被伤害的过程。

---

16 这一方案的另一个版本曾被广泛讨论，其由前总统候选人伊丽莎白·沃伦在参议院提出。参见：https://medium.com/@teamwarren/heres- how-we-can-break-up-big-tech-9ad9e0da324c。本文对该观点进行了批判，参见：Herbert Hovenkamp, The Looming Crisis in Antitrust Economics, *Boston Univ. L. Rev.* (2020), available at https://papers.ssrn.com/sol3/papers.cfm?abstract_id=3508832。

附录一　关于美国国会众议院对于数字市场竞争质询的陈述

你们提到的第二个问题与缔约商业行为相关。关于这一问题，反垄断法拥有有效但却经常被忽视的工具。如今执法机构正对若干大型平台企业可能实施的反竞争滥用行为进行调查。除了我公开发表过的相关言论外，我与这些调查并无利害关系。反垄断政策应当对诸如最惠待遇条款[17]、反转介条款[18]、排他交易和包括搭售安排在内的相关合同条款发挥作用。虽然相关指控的成立要求证明涉案企业拥有市场力量，在网状市场满足这一证明要求的门槛应比更加传统的市场低。互联互通的网状市场趋于放大市场被扭曲的效果，且网状市场中协同合作行为相较于传统市场更依赖于企业间的合作默契。另一方面，虽然我们对企业之间协同限价的行为感到恐惧，市场中企业数量与多样性的增加一般都能缓解我们的这一担忧。

反垄断法对上述合同性的违法行为采取的规制方式通常并不包括资产剥离或其他结构性救济手段。在大多数情况下，禁止性禁令与没收违法所得的救济方式已经足够。我确实认为没收违法所得应当作为执法机构可适用的一般性救济措施。[19] 简单的停止并终止违法行为的命令几乎很难起到足够的威慑作用，因为这种救济方式允许企业继续拥有其违法所得。这就像要求

17　MFN 条款要求某公司给予或得到的待遇不低于处于相同情景下的其他公司。
18　反转介条款禁止中间商游说顾客使用其他产品、服务或支付方式，即使这会对双方更有利。
19　参见：*FTC v. Credit Bureau center, LLC*, 937 F.3d 764 (7th Cir. 2019)（拒绝以没收违法所得作为救济手段），reversed *FTC v. Amy Travel Serv., Inc.*, 875 F.2d 564 (7th Cir. 1989)。参见伍德法官在拒绝当事人的重新听证要求时所发表的异议意见，其注意到了巡回法院判决的冲突。在任何情况下，判决的多数意见似乎都与加州政府诉美国商店公司（495 U.S. 471[1990]）案不符（一般的同等救济权限包括请求法院判决资产剥离的权利）。

在商店扒窃的惯犯停止偷盗，但并不要求其交出先前被偷的赃物。商店扒窃因此变得有利可图。这是一个立法问题，国会应当确保执法机构拥有包括没收违法所得或近似的进行罚款的同等执法权限。

我对过于简单地看待大型平台企业的合同性反垄断违法行为对各类团体，尤其是小企业与消费者所造成的影响这一论断持审慎态度。例如，虽然与亚马逊竞争的一些小企业确实受到了伤害，许多其他企业却从中获益，因为亚马逊有效地成为它们的网络掮客。通过亚马逊，它们获得了自己无法完成的包括出账与结账程序在内的网络经销工具。因此，对于上述问题，我们不能过于绝对化地处理。如今并没有什么好的手段可以取代基于案件事实来评估合同性反垄断违法行为所造成的伤害。特定的诸如最惠待遇条款与排他性交易这样的反竞争商业行为必须被区别对待，且同时采用禁令或可在适格案件中被主张的私人损害赔偿请求予以救济。

基于相同的原理，鉴于许多平台企业提供的服务的名义零售价格往往是零元，消费者从大型平台企业的存在中收益的假设是经得起推敲的。但这一问题需要区别开来加以评估。例如，以打击竞争对手为目的的诸如将免费的服务与昂贵的广告或担保服务进行搭售的行为，即使其名义收费为零元，依然可以伤害竞争。针对这类场景需要的是仔细进行个案分析，而非笼统的分类处理。

一个尤其值得注意的重要议题——也与现在正进行的诉讼案件结果有关——就是与FRAND许可承诺相关的违法行为。许多网络技术，包括通信技术、视频技术与自动驾驶技术，都是合作创新的产物。这些网络技术要求产品之间可以兼容且互联互通。技术合作方同意以公平合理非歧视的方式将专利主动授权给彼此。这一合作方式在法律和经济领域中早已为人所知：当市场中寻求替代方案的竞争激烈之时，企业都愿意出价以获得现有技术方案的使用权。随后，当技术选择变得更加有限时，企业就必须依据通过竞争总结出的这种授权方式履行他们的授权承诺。[20]在相关领域，技术的进步与成果的转化有赖于企业投资与发展的能力，以及企业随时可以有竞争力的价格获得它们所需的专利权的自信。

FRAND 承诺是合同性的，对于这一合同的违反并不排除或被认定为反垄断违法行为。[21]然而，当市场力量与反竞争效果同时显现，涉及 FRAND 专利授权的诸如选择性的拒绝授权行为、搭售行为、履行忠诚义务行为或排他交易行为则会破坏上述竞争体系并触犯反垄断法。科赫（Koh）法官在高通案的判决中对此便多有论述。[22]

若高通的行为得到了允许，那么其他企业也会进一步效仿，正如欧洲市场正在发生的一样，[23]这将会使得 FRAND 体系分崩离析。国会应当考虑以立法形式保护在激烈竞争的环境中仍缔造了大量创新的 FRAND 体系。我不赞同保护企业的市场支配地位能够促进国家安全或 5G 技术发展这一观点。鼓励创新竞争的竞争激烈的市场对于科技进步与产出提高有着大得多的

---

20 Harold Demsetz, Why Regulate Utilities?, 11 *J.L. & Econ.* 55 (1968).
21 Hovenkamp, FRAND and Antitrust, supra.
22 *FTC v. Qualcomm, Inc.*, 411 F.Supp.3d 658 (N.D.Cal. 2019), app. docketed and stay granted, 935 F.3d 752 (9th Cir. 2019).
23 参见：https://theconversation.com/car-wars-how-nokia-could-find-itself-at-centre-of-eu- investigation-over-technology-patents-129643 （涉及诺基亚公司与有关自动驾驶的 FRAND 专利）。

促进作用。高通的许多行为，例如施压苹果公司要求其在相关领域不再与英特尔公司进行合作，就是在以一种社会化的高成本方式限制创新。

具有反竞争效果的并购交易同样值得关注。《克莱顿法》第7条的规定极为宽泛，禁止所有"可能具有实质性减损竞争或趋于创造垄断"的并购交易。

法条原文的规定并未区分横向并购、纵向并购或混合式并购；其也未规定对特定行业的经营者集中行为采取特定手段。然而，实证研究不断证明太多被批准的并购交易最终伤害了竞争并导致了价格上涨。[24] 推崇与追求企业的大体量不应该成为并购政策的目标。其应建立在坚实的经济学理论基础之上，即：何时并购交易会导致更低的产出与更高的价格。相应标准应当是客观的，而不应基于相关企业的证词。有关并购可提升效率的主张，时常在相关诉讼中被提及，只有在相应证据具有特别强的证明力、并非是投机性的论断且其只用于在刚刚勉强满足经营者集中要求的并购中作为关键性证据的情况下才能被接受，否则，都不应当被采纳。[25] 并购法律法规还应当反映与试图将利润最大化的企业之间的议价行为相关的值得借鉴的经济分析；这类分析常常能够解释为何横向与纵向并购会导致价格上涨。近期由相关执法机构颁发的《纵向并购指南（草案）》便是一

24　例如：John Kwoka, *Mergers, Merger Control, and Remedies* (2014)。
25　比较：*New York v. Deutsche Telekom AG*, F.Supp.3d, 2020 WL635499 (S.D.N.Y. 2020)。在适用了一个并不算严格的举证标准证明在一个经营者高度集中的市场中的并购行为对于效率的影响后，法院批准了斯普林特公司与T-Mobile公司这两家手机运营商之间的并购交易。

个好的开端。[26]

如今一个迫在眉睫的并购威胁即来自于数字平台企业对于体量小得多的企业的收购。[27]我也认可这一主张，即：现行反垄断执法机构的审查框架并不适用于许多这类收购交易。[28]首先，这类交易若收购的是竞争对手，由于被收购企业体量太小，依据现行法律，这类交易无法触发相应的审查机制。许多这样的并购交易涉及辅助性产品，例如，某平台企业会通过这类收购获得提高其信息传输能力的技术或增加其生产线。总的来说，收购辅助性产品或服务对竞争是有益的。但这类收购也可能限制潜在的竞争。虽然执法机构在20世纪60年代叫停了部分具有限制竞争效果的并购[29]，这些年来的执法实践中，执法机构逐渐放弃了该领域的执法。最近面世的两部并购政策指南（《2010横向并购指南》与《2020纵向并购指南（草案）》），均未对此作任何规定。

这类收购行为对潜在竞争造成的威胁即为其可能消灭新兴市场进入者。现在的科技巨头均发迹于某人的车库便是明证。那些拥有光明未来技术的新兴企业将来就有可能变为科技巨头。收购此时便成为一种通过阻止新的大型竞争者出现来消除竞争威胁的手段。这一点是尤其重要的，因为对于平台企业的支配地位及相关问题，一个好的解决方案即为创造更多的平台企业竞争者。

---

26 参见美国司法部与联邦贸易委员会：《纵向并购指南（草案）》（2020年1月10日公布），https://www.ftc.gov/system/files/documents/public_statements/1561715/p810034verticalmergergu idelinesdraft.pdf。

27 维基百科总结了被大型平台企业收购的企业名录。且可以"收购时间""交易规模""交易领域"与其他关键词进行检索。

28 参见：*Antitrust Law*, Chs. 9 (horizontal mergers) & 10 (vertical mergers)。

29 例如：*FTC v. Procter & Gamble Co.*, 386 U.S. 568 (1967)（否决了一家洗面奶公司对一家漂白剂生产企业的收购）。

预测哪些新兴企业会成长为巨头真正的对手是非常困难的，而并购相关法律法规一直以来就对交易相关证据有着具体性要求。尽管如此，对相应并购交易的影响进行预测才是相关法律法规的要旨所在。对平台企业发起的收购进行分析需要以一种更加分门别类的方式区别对待不同类别的商业行为，正如反垄断法中本身违法原则的适用情境一样。一种行之有效的解决方案即为较为普遍地禁止类似收购交易，但允许具有支配地位的企业取得其所欲收购之技术的非独占所有权。换言之，若脸书公司希望收购 WhatsApp 公司以提升其信息服务，其只能被允许购买 WhatsApp 公司相关技术的非独占所有权。[30] 这样一种权利安排可以让脸书公司充分利用 WhatsApp 的相关产品技术，但又不会阻止 WhatsApp 公司进一步发展其技术或授权技术予第三方。对于这一方案的反对意见认为这会降低 WhatsApp 公司的剩余收购价值。事实上，是的。从脸书公司的角度来看，WhatsApp 公司的价值既体现在其与外部交互的资产，也体现在其排他占有的资产。这一方案实际上起到的效果便是只允许脸书收购前一种资产，而非后一种资产。[31]

你们的第三个问题涉及反垄断执法机构的制度框架。反垄

---

[30] 这一交易实际发生于 2014 年。参见：https://money.cnn.com/2014/02/19/technology/social/facebook-whatsapp/index.html。对于将非独占许可作为部分解决方案的讨论，参见：Kevin Bryan & Erik Hovenkamp, Startup Acquisitions, Error Costs, and Antitrust Policy, 87 *Univ. Chi. L. Rev.* 331 (2020)。

[31] 该规则也可能减损相关交易对于卖方的价值，虽然具体的影响并不明晰。一方面，由于脸书只能获得非独占许可，WhatsApp 的要价会相应降低。另一方面，WhatsApp 仍能拥有公司所有剩余的权利与技术。任何情况下，专利显然都符合该书第七章谴责反竞争的资产收购相关内容中关于"资产"的定义。参见：5 *Antitrust Law* ¶1202f。

断执法机构的配套资金并未跟上经济发展的脚步。公共执法颇显疲态，而超竞争性行为的回报率却持续攀升。在一定程度上，各州的反垄断执法人员一直试图力挽颓势，但面对在所有州经营的数字平台企业，现有手段依然捉襟见肘。联邦反垄断法自诞生伊始就以建立全国统一管辖适用的法律制度为目标。此外，执法机构也应该有权在合适的情况下没收相关企业违法所得，尤其在某些长期存在反垄断执法不足的领域或私力救济以对抗反垄断违法行为成效甚微的领域。

至于现有不同执法机构之间具有重叠但不同权限的情况，我认为两个机构是至关重要的。只有司法部才有权提起刑事指控，这一职能也是联邦反垄断政策的关键部分。相较之下，联邦贸易委员会作为行政机关可以在不动用机制更为复杂的联邦法院体系的情况下推进反垄断政策的实现。对于复杂的非刑事反垄断事宜，上述区分尤为重要。此外，联邦贸易委员会在反垄断执法领域的主导地位使其相较于司法部下辖的反垄断局在政治上更具稳定性。反垄断局的负责人随着每一届总统而变化，其执法理念的变化有时十分迅速，正如布什政府与奥巴马政府之间的变化一样，相同的变化随后又在奥巴马政府与特朗普政府换届后发生。相比之下，联邦贸易委员会的五位委员拥有固定且间隔的任期，执法理念的剧变因此不太可能发生。

依据现行法律，以上两个机构都有权依据《克莱顿法》进行执法，这就意味着对于并购交易，存在管辖权分立，但该问题通过机构之间的协调已经得到了妥善解决。虽然联邦贸易委员会并无直接依据《谢尔曼法》执法的权限，《联邦贸易委员会法》第5条的规定覆盖了所有《谢尔曼法》规定的内容，而且还规定了额外的内容。这一有些模糊的法定权利所蕴含的潜力从未被充分挖掘。因为依据《联邦贸易委员会法》第 5 条的规定，不需要证明存在协议或存在如《谢尔曼法》第 1 条所规定的"合同、协作或合谋"就可认定存在类似共谋的反垄断违法行为。

因现有法律规定的缺位，导致基于尚未认定为违法的缔约行为而实施的类似共谋的反垄断违法行为无法被规制，是如今反垄断执法领域所面临的最为严重的问题之一。[32] 联邦贸易委员会可发布规则或《指南》以识别并禁止特定趋于促进共谋的且并无显著可证明社会益处的商业行为。鉴于法院对跟进这些努力的谨慎态度，[33] 达成相应目标或需要特定立法的授权。其中一种可行方法便是修改《联邦贸易委员会法》第 5 条的规定，以使其管辖"不合理地限制贸易"的单边与多边行为，并授权相应机构制定具体规则。

《联邦贸易委员会法》第 5 条的实施在以私力救济反垄断违法行为或被视为过于激进或不明智的情况下也能发挥有价值的作用。不同于反垄断法，私人主体不可依据第 5 条的规定提起诉讼。这对于在通过私力救济可能产生过度威慑或过度诉讼的领域进行执法是有价值的。

大部分时候，这两个机构的共存似乎是相安无事的，偶有例外，也很难据此考虑将这两个机构合并。例如，在司法部于

---

32 对于此问题，法院的态度较为坦诚。参见：*Valspar Corp. v. E.I. Du Pont De Nemours & Co.*, 873 F.3d 185, 193 (3d Cir. 2017)。该案注意到在一个高度集中的市场中，企业可以不通过订立《谢尔曼法》所定义的"协议"来成立类似卡特尔的组织。

33 例如：*E.I. du Pont de Nemours & Co. v. FTC*, 729 F.2d 128 (2d Cir. 1984)（此案推翻了联邦贸易委员会对于平行价格互促行为违法的认定）。

近半个世纪前就已放弃追求《鲁宾逊-帕特曼法》的立法目标之后,联邦贸易委员会依然在执行该法规定。[34] 如今,就与协同创新和标准必要专利相关事宜,两家机构之间的态度可谓大相径庭,甚至在一起受到高度关注的案件中对簿公堂。[35]

在《鲁宾逊-帕特曼法》的适用方面,司法部终止执行该法律的决定正逢其时。相比之下,如今的法律纠纷中,联邦贸易委员会对于标准必要专利的态度也是正确的。关于这个问题,两个机构似乎遵循着两种非常不同的有关创新的立场。联邦贸易委员会的执法工作基于一种协作创新模式,这种模式对网状市场中信息技术的发展至关重要。这类市场以存在大量品质参差不齐的专利、对于互操作性有需求以及通过履行协议来规范创新和技术传播为特征。相比之下,司法部的执法模式似乎更着眼于独立的企业家、专利中心化以及一些显而易见的对于共谋的怀疑。所有这些不同恰好反映了两家机构对创新的本质与不同行业专利权的不同定义。

上述领域或值得国会关注,具体情况还取决于正在进行中的高通案。若 FRAND 系统中的某个参与者被允许违反相关规则而又不受惩罚,其他参与者将会很快效仿之。已经被证明在信息科技领域非常成功的协同创新模式将会分崩离析。若果真如此,美国将会在给其带来了快速经济增长的信息科技领域失去重要的一席之地。执法机构还应当意识到阻碍 FRAND 权利实现的专利彼此之间是不同的。虽然这个专利系统本身是统一

---

[34] 参见:DOJ, *Report on the Robinson-Patman Act* (1977)。

[35] 参见:*FTC v. Qualcomm, Inc.*, 935 F.3d 752 (9th Cir. 2019)(在高通案中,依照美国司法部的要求,仍维持了相应救济手段)。

且涵盖各种类型的技术的,FRAND 体系所规制的专利领域主要与信息技术、网络技术及协同创新相关。因此,在某些领域更加激进的执法态度不应影响其他领域的执法态度。

谢谢给予我机会阐述我的见解。如果我还能提供进一步的帮助,请随时让我知悉。

由衷地,

赫伯特·霍温坎普

2020 年 4 月 17 日

附录二　三篇短评

1. 在不造成过度伤害的情况下控制平台垄断

本文总结了我即将在《耶鲁法律评论》发表的《反垄断与平台垄断》的主要论点。今时今日，人们从许多不同的政治立场出发，均认为对于大型互联网平台企业必须采取行动。它们体量太大并拥有太大的力量。左翼与右翼评论者们均将它们形容为"通吃的赢家"，或认为它们处于具有自然垄断特性的市场。然而自然垄断市场只允许某一时间段存在一家企业。对于右翼评论者来说，这意味着反垄断法很难有所作为且对企业进行拆分无法达到政策目标。因为将自然垄断市场中的企业进行拆分将不可避免地导致被拆分后成立的新企业进行合谋或陷入破产境地，这最终将会促使一个新的垄断者诞生。左翼评论者也接受这一假设，但他们主张平台企业应当像提供公共服务的企业一样被监管。

我们越仔细地分析数字平台企业，就越能发现它们与处于自然垄断市场中的企业鲜有相似之处。如若不然，（它们必须像处于自然垄断市场中的企业一样)通过实施具有反竞争效果的商业行为来维持其市场支配地位,这才能够给反垄断法以执法空间。而历史告诉我们,具有市场支配地位的企业实则"来去匆匆",有时它们可以存在数十年,有时它们的消失则快得多。柯达公司在民用摄影市场坐拥近80年的霸主地位,但也难逃最终破产的命运。柯达押宝于胶卷技术,并未敏感地抓住产品数字化转变的机遇。IBM与施乐(Xerox)两家公司依然存在,但它们同样也因技术的更新换代而丢失了曾经的霸主地位。平台企业的生命周期其实更短。不久之前,AltaVista还享有搜索引擎市场中的支配地位,而那时具有支配地位的社交平台则为MySpace。一位著名的评论家曾在2007年发出了MySpace是否有可能失去其垄断地位的疑问。而今天相应市场中的领头羊则为脸书公司,MySpace甚至都未跻身社交网站前15强。

大型数字平台企业并非具有自然垄断地位之企业的另一个重要原因是产品差异化,这意味着不同公司的目标客户是不同的。柯达与IBM就因为新技术的出现失去了其市场支配地位。谷歌却能在微软的阴影下崛起,这并不仅仅因为其提供了与微软相似的服务,而是因为其核心技术更少聚焦于桌面生态,而更多聚焦于互联网,并最终聚焦于云技术。产品若相同,所有消费者最终会选择那一个提供最低价格的企业。而在产品差异化的情况下,消费者群体总会因为偏好差异而选择不同企业提供的产品。因此,相互竞争但又提供不同产品的平台企业可以永久地共存下去。

假设我们认定存在一家具有支配地位的企业且其从事了违反反垄断法的行为,我们应当如何对其行为造成的损害进行救济?即使一家企业并非是自然垄断企业,但若其受益于规模经济带来的优势,将其拆分的社会成本依然是高昂的。在过去,这样的结构性救济手段带来的是更低的产出、更高的价格或相关公司的衰败,无人从中受益。

对于平台企业垄断更好的治理方式即为拆分其所有权或管理结构。这意味着将公司的管理权交给与公司具有商业利益关系的"外人",比如在亚马逊平台销售产品的商户或与脸书和谷歌打交道的广告商。保持平台企业生产资料的完整性但同时确保其所有权的结构更富有"竞争性"能够最终提升产出。美国反垄断法的历史中充斥着在公司结构上被认定为单一经济实体,但实际上以一种多公司联营方式存在的企业,它们包括芝加哥交易所(世界最大的谷物交易所)、美国大学生篮球联赛、美国橄榄球联盟以及数不胜数的房产中介协会。当一家企业由多位外部竞争者同时运营时,反垄断法就能够在条件被满足的情况下将其认定为合营企业或卡特尔。这意味着通过鼓励平台内部出现更加激烈的竞争,而不是鼓励平台企业与其他企业进行竞争,反垄断法反而能够更好地对这些企业的行为进行更加严格的审查。

这样的救济手段显然不合那些认为企业的大体量本身就应该成为反垄断法治理目标的学者的胃口。但它却能够带来更高的总体产出,对于消费者、劳动人员和其他与平台企业打交道的小公司来说,也能够带来更多的益处。

2020 年 9 月 4 日

2. 高科技企业的反垄断救济手段

　　法院适用的反垄断救济手段应当与市场竞争的根本原则相一致。

　　美国司法部、联邦贸易委员会及若干州总检察长已向脸书公司和谷歌公司发起了重要的反垄断诉讼。指控涉及多种反竞争协议，由司法认定这些高科技企业须承担反垄断违法责任似乎有了现实可能性。

　　太多时候政府已经证明大型企业实施了违反反垄断法的行为，但最后案件总是在确定救济方式的阶段败下阵来。反垄断法在这方面有一些势单力薄：它授权政府"阻止并约束"反垄断违法行为，但却没有明言如何做到。

　　不明确反垄断的政策目标，我们就无法确定适当的反垄断救济措施。反垄断法以清楚无误的经济学术语讨论"垄断""贸易限制"和"竞争"。相关法律不能被解释为对政治权力、庞大规模或某些诸如盗窃、侵犯隐私或欺诈这样的普通法犯罪或刑事犯罪的限制，除非这些不法行为会损害竞争。存在其他成文法来追究这些违法行为所造成的损害，这些成文法是法律政策的重要组成部分。

　　然而，若我们希望反垄断法规范这些行为，那么反垄断法必须被修订。反垄断法不应被视为是对美国国会认为不适宜由国会直接处理的问题的某种一般性规范手段。

　　根据反垄断中的消费者福利原则，反垄断法的目标是建立富于竞争的市场，从而使得商品与服务的产出在保持可持续竞争的同时达到最高。高经济产出带给消费者的是实惠的价格。

这也同时保护了劳动力与其他供应商，它们总是在市场能够提供更多的商品与服务时受益。

然而更富于竞争的市场并不必然意味着大型企业的消亡。在规模经济使大公司的生产更便宜，或网络效应使得某公司随着其用户数量的增加而更有价值的情况下，这一论断更显其正确。反垄断救济手段的目标也应当被上述规则所驱动——使市场更加富于竞争。法院有能力将企业拆分为若干小公司或甚至将之解散。难点在于法院需要同时以一种使得竞争性产出最大化的方式解决问题。

通常来说破坏性最小且最有效的反垄断救济手段是对造成竞争损害的行为发出禁令。针对脸书与谷歌发起的反垄断诉讼指控这些企业缔结了禁止其合作伙伴与其进行竞争或与其竞争对手进行交易的协议。例如，针对谷歌的指控声称谷歌每年支付数十亿美元以使得谷歌搜索引擎成为苹果手机的默认搜索引擎，谷歌与许多安卓设备制造商的合作也如出一辙。

要求谷歌剥离其搜索引擎业务并不必然解决上述问题——剥离可能导致的只是垄断地位所有权的转移。相比之下，一纸禁令——禁止谷歌向其他公司支付佣金以使得谷歌搜索引擎成为其默认搜索引擎的法律工具——通过将选择权交回用户手中，从而能够直击问题的要害。欧盟采取的便是此方法：新设备的初始界面允许用户从若干搜索引擎当中选择默认搜索引擎。

许多拆分具有垄断地位之企业的过往实践所造成的损害多于带来的益处，使得相关企业效率降低、侵蚀了消费者福利且在极端情况下使企业破产。上述论断的一个例外是法院剥离被企业收购之资产的情况。尝试拆分高度一体化的公司几乎总是比对尚未结束的并购交易中的收购方进行相关资产剥离会造成更大的损害。此处，脸书对 Instagram 公司和 WhatsApp 公司的收购交易能够提供一个值得借鉴的参考，因为这两家公司均未完全整合融入脸书公司之中。另一个值得思考的案例是安卓公司，当谷歌将其收购时，其还仅仅只是一家初创企业。

但还有更好的使平台企业所处的市场富于竞争的救济手段。

对于亚马逊这样的平台企业来说，法庭发出的控制其商业决策流程的命令或是可取得良好效果的救济手段。反垄断法对不同实体之间订立的协议的规制强度远胜于单边行为。作为一家独立的公司，现时亚马逊作出的有关产品选择、定价、如何与竞争者交易及其他业务决定只能被视为单边垄断行为。

然而一些企业董事会的成员具有独立的商业利益，他们同样会作出重要的经济决定。比如房产经纪委员会（一般这些公司的决定由它们具有执照的独立经纪人作出），医院（具有获得独立执业医师委员会认可的收治权）以及诸如美国国家橄榄球联盟这样的运动大联盟（大联盟的会员球队皆以公司化形式进行诸如商标授权这样的商业化运作）。

亚马逊的商业决策可交由一个委员会决定，其成员包括亚马逊、其他商家的代表及与亚马逊做生意的伙伴。这一委员会对商品的选择、定价及分销模式拥有决定权。这一改变也不太可能缩小亚马逊的规模。而且更激烈的内部竞争还可能导致亚马逊的规模进一步扩大，但却能使亚马逊以一种更富竞争性的方式运行。

另一救济手段，可适用于诸如脸书或谷歌这种处理大量信息数据的平台，即要求法院对其发出强制信息交互的命令。平台企业之所以对消费者具有价值是因为它们利用了网络效应，即：随着平台各侧用户人数的增加，其价值也在不断增加。这一原则也适用于电话网络、信用卡平台、网约车服务等。

与其将平台企业拆分,法院不如通过要求平台与它们的竞争者分享其收集的信息以促进这些企业的互操作性,但用户对与其相关的数据具有保留权。如此分享数据可以为消费者创造价值,也能够同时削弱市场中最大的企业所拥有的规模优势。如此,这些企业不得不采取其他方式进行竞争。

电话网络服务市场就成功践行了上述救济模式。1984年,某联邦法院作出反垄断判决,要求将只由一家电话公司提供服务的网络重组为由数百家相互竞争但同时共享互操作协议与信息的企业共同运营的电话网络。互操作性的提升是如此之成功,以至于某公司用户在拨打电话时甚至都无法确定另一用户使用的是哪家公司的设备或服务。

这些反垄断救济手段均反映了一个重要原则:救济手段需要与反垄断法的根本目标保持一致,即:在一个更富竞争的环境中,通过扩大而不是缩减产出使得市场更好地运行。这一原则将惠及更广泛的市场主体,包括消费者、劳工与其他供应商。

2021年1月18日

3. 反垄断与监管关系简史

随着任何行业政府监管的收紧，潜在的反垄断责任的范围变得更广了。

反垄断法可被视为兜底监管者，在立法规制留下空白时发挥作用。反垄断法与行业监管之间的关系在任何时候都取决于监管机构对于自由市场的态度。

这些问题随着新政时期联邦政府监管范围的扩张而浮出水面。最高法院只有在国会明确授权的情况下才会给予反垄断法适用豁免。这便是最高法院于1939年在合众国诉伯登（*United States v. Borden*）案作出判决的要旨所在，该案涉及《农业销售协议法》；随后，在1945年的格鲁吉亚诉宾夕法尼亚铁路公司（*Georgia v. Pennsylvania Railroad*）案中，前述判决被再次确认，该案涉及《州际商业法》。两部法律均未明确表示给予反垄断适用豁免，最高法院认为这一事实具有决定性意义。

然而，在20世纪60年代，最高法院开始担忧若反垄断法在监管盛行的行业被适用后所可能产生的冲突，即：一家被监管机构以综合性手段控制其市场行为的公司成为反垄断法的执法对象。例如，在1963年作出的泛美世界航空公司诉合众国（*Pan American World Airways v. United States*）案（以下简称"泛美案"）判决中，最高法院认定美国民用航空委员会对于民航公司的行为拥有"广泛的管辖权"。于是，在《联邦航空业法》对反垄断适用豁免没有任何规定的情况下，反垄断法被判定无权规制航空业的卡特尔。这一现象随后被称为"默示反垄断豁免"。

泛美案的判决对于监管的范围与效率所持的依然是非常乐

观的态度，将监管视为自由市场力量的完全替代。但现实却大相径庭。监管行为从未触及哪怕一处可由被监管的企业触及的受竞争影响的事宜。从泛美案的判决要旨来看，上述现实似乎是一种缺陷，但今天我们更愿将这一现实视为必要的优点。鉴于监管机关在效仿竞争性行为方面的不堪记录，也许最好的方案就是收窄监管的范围，只有在市场失灵状况得到确认时才要求监管介入，除此之外的一切交给市场与反垄断政策。

另外一种竞争性观点也随之出现，其认为反垄断应当填补为数不少的监管空白。例如，在合众国诉费城国家银行（United States v. Philadelphia National Bank）案中，法院认为，虽然银行业监管机关有权批准银行的合并，但其并不会如反垄断法那样评估这些行为对竞争的影响。因此，与并购相关的反垄断法可以适用于银行并购案件。在1973年的水獭尾电力公司诉合众国（Otter Tail Power v. United States）案中，政府指控被告拒绝向其他公共设施批发出售其电力服务。随后成立的联邦电力委员会控制了电力的零售分配，但却无权管理该公司的批发出售行为。法院认定反垄断法应当填补该空白。

这些"填补空白"的判决为今天反垄断与监管之间更具"交易型"关系的建立铺平了道路。与其将监管机构视为一个整体，法院更应当聚焦于受到指控的涉案行为。若相关市场主体的行为受到了某机构的控制且该机构对该主体的反竞争行为的监管是恰当的而不是走过场，那么反垄断便无用武之地。"即使一个行业受到了实质性监管"，最高法院在1981年依然认为，这并不意味着"行业内的每个行为都具有抵制反垄断法适用的意图"。反之，"面对反垄断诉讼时，若监管机构有权依据法律的授权对特定行业行为进行许可或提出要求"，那么便可主张反垄断法适用豁免。

20世纪80年代以来的宽松监管造成的结果之一便是反垄断法通过持续填补不断涌现的监管空白从而实现了管辖范围的扩张。例如，航空业曾被宣告不受反垄断法的规制，如今，现实已恰恰相反。

在如今的框架下，反垄断的目的并非"修正"监管。即使监管政策以牺牲消费者利益为代价向行业利益妥协，反垄断能做的也仅仅是遵守行业监管的强制性要求。反垄断真正需要达成的是确保被指控的行为是"被监管的行为"，这意味着该行为已经被政府机关所授权并审查，并非是不受管控的私人行为。这一路径也解释了为何反垄断法中的请求豁免制度保护了那些被反垄断法监管的人，这些人游说政府出台服务私人集团利益而非大众利益的监管政策。

相同的原则也适用于指导联邦反垄断法与州和地方政府监管之间的关系。美国宪法承认联邦政府与各州政府的主权。它们在各自的统治范围内享有监管权威。但联邦反垄断法涉及许多地方性活动，包括专业资质认可、职业许可、土地使用、公共交通、市政服务及健康和安全事务。反垄断法中的主权行为原则（state action doctrine）——此处不能与《宪法第十四修正案》的主权行为原则相混淆——豁免了联邦反垄断法对私人行为的适用，但只有在州政府明确"授权"了某受到指控行为的实施且州政府官员已对相应行为如何被实施进行了审核的情况下才能适用该原则。

例如，在北卡罗来纳州牙科检查员委员会诉联邦贸易委员会（North Carolina State Board of Dental Examiners v. Federal Trade Commission）案中，最高法院适用反垄断法宣告完全由执业牙医组成的专业"机构"颁布的禁止非牙医从事商业牙齿美白业务的规定违法。这一私人团体拥有绝对的权威去执行该规定,而该行为并未受到任何公务人员的监管。

主权行为原则是美国联邦制下一个极为特殊的产物。其允许各州按照其认为合适的方式行使权力,只要各州对相应行为进行了授权且该行为得到了州政府而不是私人团体的充分监管。这使得法庭对各州立法所适用的"交易型"处理手段与法院对联邦监管制度所采取的手段极其相似。

2020 年 10 月 1 日

图书在版编目（CIP）数据

数字平台企业反垄断救济新论 /（美）赫伯特·霍温坎普著；李中衡译. —北京：商务印书馆，2023
（法律与科技译丛）
ISBN 978-7-100-22147-4

Ⅰ.①数…　Ⅱ.①赫…②李…　Ⅲ.①网络公司—反垄断法—研究—美国　Ⅳ.① D971.222.94

中国国家版本馆 CIP 数据核字（2023）第 069698 号

权利保留，侵权必究。

国家社科基金重点课题（21AZD017）成果

法律与科技译丛
数字平台企业反垄断救济新论
〔美〕赫伯特·霍温坎普　著
李中衡　译

商务印书馆出版
（北京王府井大街36号　邮政编码100710）
商务印书馆发行
北京冠中印刷厂印刷
ISBN 978 - 7 - 100 - 22147 - 4

2023年6月第1版　　开本 880×1230　1/32
2023年6月北京第1次印刷　印张 10¼

定价：86.00元